Ein Band der Reihe
»Informationen zur Zeit«
Originalausgabe

über dieses buch

Die fähigkeit zu schreiben war noch bis ins vorige jahrhundert ein privileg der gebildeten stände und damit der reichen. Heute gilt im deutschen eine fülle von ausnahmeregeln, die aus dem jahre 1901 stammen und von niemandem richtig beherrscht werden. Die benachteiligung von kindern der unterschichten ist bewiesen; die rechtschreibung trägt somit zur erhaltung traditioneller sprachbarrieren und der überkommenen sozialstruktur bei. Um auf dem wege zur verwirklichung dieser längst überfälligen reform einen schritt voranzukommen, veranstalteten der Verband deutscher Schriftsteller, das PEN-Zentrum der BRD und die Gewerkschaft Erziehung und Wissenschaft in Frankfurt einen kongreß, dessen ergebnisse in diesem band ebenso dokumentiert werden wie die abschließende podiumsdiskussion mit Ludwig von Friedeburg, Gerhard Zwerenz, Rudolf-Walter Leonhardt, Erich Frister, fachleuten aus der Schweiz und Österreich u. a. Ein anhang mit dokumenten ergänzt diesen band, der arbeitsgrundlage sein soll für lehrer und schüler, für kulturpolitiker und eltern.

Verband deutscher Schriftsteller
PEN-Zentrum der BRD
Gewerkschaft Erziehung und Wissenschaft

vernünftiger schreiben
reform
der rechtschreibung

herausgegeben von
Ingeborg Drewitz / Ernst Reuter

Fischer
Taschenbuch
Verlag

Der abdruck der »wiesbadener empfehlungen«, veröffentlicht in den duden-beiträgen, heft 2, Mannheim 1959, erfolgt mit freundlicher genehmigung des Bibliographischen Instituts, Mannheim.

Der abdruck des textes vom wiener kongreß, als sonderdruck veröffentlicht, Wien 1973, erfolgt mit freundlicher genehmigung der österreichischen gesellschaft für sprachpflege und rechtschreiberneuerung, Wien.

originalausgabe
Fischer Taschenbuch Verlag
märz 1974
umschlagentwurf: Jan Buchholz / Reni Hinsch
unter verwendung einer marke von Arno Ploog
Fischer Taschenbuch Verlag GmbH, Frankfurt am Main

gesamtherstellung: Hanseatische Druckanstalt GmbH, Hamburg
printed in Germany
ISBN 3 436 01886 4

inhalt

podiumsdiskussion »vernünftiger schreiben«

die situation im ausland

anhang

vorbemerkung

»Hat nur ein einziges geschlecht der neuen schreibweise sich bequemt, so wird im nachfolgenden kein hahn nach dem alten krähen.«

(Jacob Grimm, 1854)

Der »kongreß vernünftiger schreiben«, gemeinsam veranstaltet vom PEN-Zentrum der Bundesrepublik, dem Verband deutscher Schriftsteller (VS) und der Gewerkschaft Erziehung und Wissenschaft (GEW), hat eine breite diskussion über die notwendigkeit der rechtschreibreform ausgelöst. Um diese auseinandersetzung zu versachlichen, werden hier kongreßbeiträge, resolutionen und einige wichtige materialien veröffentlicht. Die herausgeber danken den autoren, vor allem aber den schreibenden und setzenden mitarbeitern dafür, daß dieses buch so schnell und in dieser form den interessierten, betroffenen zur hand gegeben werden kann.
Gegenstand des kongresses war die reform der rechtschreibung. Sie ist — noch — nicht verwirklicht. Wie weit sie gehen soll, ist umstritten. Im mittelpunkt der auseinandersetzung: die gemäßigte kleinschreibung, die frage: sind die texte nach der rechtschreibreform noch lesbar? Um dem leser bei dieser antwort zu helfen, haben wir uns entschlossen, im »vorgriff« diese reformmaßnahme bei allen hier abgedruckten beiträgen zu verwirklichen. Andere rechtschreibregeln (z. b. für das komma, die getrenntschreibung, den ersatz des ß durch ss, die eindeutschung von fremdwörtern usw.) sind in einzelnen beiträgen unterschiedlich gehandhabt. Hier muß eine generelle regelung noch gefunden werden.
Zum aufbau des buches: zunächst drei einleitende beiträge, es folgen die grußworte von Bundesregierung, kultusministerkonferenz, duden-redaktion, Verband deutscher Schriftsteller (VS) und der »aktion kleinschreibung«. Siegfried Jäger eröffnet die reihe der arbeitsgruppenreferate; sie reichen von der frage »welche auswirkungen haben die heutigen rechtschreibregeln in schule, familie und betrieb?« bis zur erörterung der veränderungsmöglichkeiten und -notwendigkeiten.
Am abend des ersten kongreßtages fand eine öffentliche diskussion statt, thema: »vernünftiger schreiben«. Schriftsteller, verleger, lehrer, sprachwissenschaftler und bildungspolitiker diskutierten. Ihre beiträge — zumindest die, die sie hätten halten wollen — sind dokumentiert. Siegfried Unseld — er sprach

sich gegen die reformen aus – ist leider nicht dabei; er will an anderer stelle publizieren.
Weil der gesamte deutschsprachige raum in die reform eingeschlossen werden soll, folgen berichte über den stand der diskussion in Österreich und der Schweiz. Die eingeladenen DDR-wissenschaftler waren nicht zum kongreß gekommen. Die begonnenen kulturverhandlungen zwischen den beiden deutschen staaten werden hoffentlich in zukunft auch solche kontakte ermöglichen. Der beitrag über das dänische beispiel zeigt, wie die rechtschreibreform pragmatisch realisiert werden kann.
Im anhang sind dokumente zusammengestellt, die den willensbildungsprozeß der letzten zeit verdeutlichen: zunächst die »wiesbadener empfehlungen«, zum schluß die resolution der beiden rechtschreibreformkongresse in diesem jahr. Der rechtschreibtest der Industrie- und Handelskammer Ludwigshafen dient als beleg für die zu verändernde heutige rechtschreibpraxis. Angefügt sind einige literaturhinweise und ein knapper pressespiegel rund um den kongreß »vernünftiger schreiben«. In klammern gesetzte namen und buchtitel in den beiträgen beziehen sich auf diese literaturhinweise im anhang.
Urteilen sie selbst, liebe leser, über inhalt und lesbarkeit dieser dokumentation. Stellungnahmen, fragen und eigene beiträge richten sie bitte an die ständige kommission »vernünftiger schreiben«, c/o GEW, 6000 Frankfurt/M. 18, postfach 180109, Unterlindau 58. Wir wünschen uns eine sachliche, faire diskussion!
Frankfurt/Main, ende november 1973

Ingeborg Drewitz / Ernst Reuter

zur einführung

Ingeborg Drewitz

»vernünftiger schreiben« – ein neues verständnis kulturpolitischer initiative?

Warum sich die GEW, das PEN-Zentrum der Bundesrepublik Deutschland und der Verband deutscher Schriftsteller zur vorbereitung und durchführung des kongresses »vernünftiger schreiben« zusammenfanden, hätte keiner anderen begründung bedurft als der gemeinsamen leidenschaft für sprache und schrift, die lehrer, hochschullehrer, autoren und verleger miteinander verbindet. Die dem kongreß in der frankfurter Nordweststadt nachfolgende publizistische diskussion hat dann allerdings erwiesen, daß es eine begründung mehr gab: daß die information über den stand der pädagogischen und der linguistischen fachdiskussion nachzuholen war, und daß die autoren nicht nur das bedürfnis nach öffnung der fachdiskussion hatten, sondern daß sie sich auch in ihrer verantwortung für die sprache und die schrift aufgerufen fühlten. Und das ist gut so, weil der kongreß, als arbeitskongreß geplant und durchgeführt, dadurch die kritische öffentlichkeit gefunden hat, die der reform der deutschen rechtschreibung angemessen ist; weil der entschluß der bundesregierung, mit den drei deutschsprachigen staaten über die reform ins benehmen zu kommen, dadurch weitgehender demokratisch gesichert wird als durch noch so differenzierte gremien-diskussionen.
Die materialien, die hier vorgelegt werden, die referate und texte aus den arbeitsgruppen werden die öffentliche diskussion versachlichen helfen und hoffentlich entpolarisieren. Denn die propagierung der gemäßigten kleinschreibung, verbunden mit einer reduzierung von rechtschreibnormen, ist keine sache des parteibuches, ist kein gesinnungsnachweis, sondern resultiert aus dem kompromiß, als den alle beteiligten das ergebnis der konferenz zur vereinheitlichung der deutschen rechtschreibung von 1901 angesehen haben; ein kompromiß, der zum weiterdenken nötigt, schon wenn man die seit 1901 erheblich veränderte umwelt bedenkt, in der wir leben. Schreibmaschine, fernschreiber, computerspeicherung statt handgeschriebener briefe und manuskripte haben das verhältnis zur schrift verändert, die sorgfältige handschrift ist längst außer kurs geraten, die kommunikationsaufgaben der schrift sind um ein viel-

faches angewachsen und damit die belastung durch die vielzahl der oft nicht einsehbaren rechtschreibregeln für beinahe jedermann, beinahe in jedem beruf.
Daß die ausgangssituation, der ist-stand der schrift, als so unveränderbar angesehen wurde, wie es nach dem kongreß erscheinen konnte, war nicht zu erwarten. Die argumentation von der im deutschen erschwerten lesbarkeit einer schrift, die auf die großschreibung der substantive verzichtet, ist so lange nicht stichhaltig, wie bei den empirischen untersuchungen mit personen gearbeitet wird, die irgendwann einmal auf die großschreibung eingeübt waren. Die behauptung vom verlust der übersichtlichkeit der sehr frei strukturierten deutschen sätze bei einführung der gemäßigten kleinschreibung läßt sich durch die dänischen erfahrungen nach einführung der reform vor einem vierteljahrhundert widerlegen, die auch die sorge der verleger entkräften, daß die reform den alten buchbestand unlesbar machen werde.
Man geht wohl nicht fehl, wenn man die politische polarisierung des problems, die sich in der presseberichterstattung spiegelt, darauf zurückführt, daß es in den letzten jahren die lehrer waren, die immer wieder an die »wiesbadener empfehlungen« von 1958 erinnert haben, in denen vor fünfzehn jahren schon die reform auf abruf vorbereitet worden ist. Die lehrer sind durch ihren engagierten einsatz für den abbau von sozialschranken im bildungsbereich immer wieder als sündenböcke vorgeschoben worden, wo tradierter bildungsbegriff und schulreformvorstellungen aufeinanderprallten, und stehen immer wieder unter ideologie-verdacht, weil sie allzu genau mit den mängeln unseres bildungssystems vertraut und täglich mit der sozial noch immer vorgegebenen chancenungleichheit konfrontiert sind, an der die bildungspolitiker herumoperieren. Sie sehen und benennen die belastung durch die vielzahl der oft nicht einsehbaren rechtschreibregeln, der die schüler in den anfangsjahren des lernens ausgesetzt sind.
Daß die schriftsteller, bei aller aufgeschlossenheit gegenüber der sozialen argumentation, subjektiv urteilen, haben die inzwischen veröffentlichten stellungnahmen erwiesen. Ihre sympathische unbekümmertheit gegenüber den zwängen der rechtschreibung, verbunden mit der gralshütergebärde der verantwortung für sprache und schrift, kann die diskussion entkrampfen helfen, sobald das informationsgefälle zwischen linguisten und pädagogen einerseits und der öffentlichkeit andererseits ausgeglichen ist.
Eines hat der kongreß jedenfalls erwiesen: daß sprache und schrift die deutschen nicht gleichgültig lassen, daß sie sich darüber erbittert und begeistert streiten können, eine erfahrung, die jeden freuen muß. Die artikulation in sprache und schrift

ist ja die voraussetzung für demokratie, ihre verfügbarkeit für jedermann die beste waffe gegen jede diktatur, die diktatur des konsums eingeschlossen. Man muß sie nur *verfügbar* halten. Die beschäftigung mit den kongreßmaterialien wird diese tendenz der diskussion um die rechtschreibreform einsichtig machen. Zugleich dokumentieren die materialien die gemeinsame kulturpolitische initiative von lehrern, hochschullehrern, autoren und verlegern, eine gemeinsamkeit über meinungsverschiedenheiten hinweg — vielleicht ein neues verständnis von kulturpolitischer verantwortung?

Gerd Köhler/Ernst Reuter

der kongreß »vernünftiger schreiben«

Eigentlich sind die positionen klar, seit über 100 jahren wird über die reform der rechtschreibung diskutiert — aber eben nur diskutiert. Warum beteiligt sich die GEW an einem kongreß »vernünftiger schreiben«? Weil der kreis der reformwilligen vergrößert werden muß, weil von den politisch verantwortlichen taten verlangt werden müssen, weil klarheit über die ziele und wege der reform gefunden werden muß.
Auf initiative von Ingeborg Drewitz, der stellvertretenden vorsitzenden des PEN-Zentrums der Bundesrepublik, und in zusammenarbeit von Gewerkschaft Erziehung und Wissenschaft, PEN und dem Verband deutscher Schriftsteller (VS) kamen am 5./6. oktober in Frankfurt über 200 reformwillige lehrer, schriftsteller, journalisten, setzer und betroffene eltern zusammen. Sie diskutierten im plenum und bereiteten eine resolution in arbeitsgruppen vor. In einer podiumsveranstaltung erfuhren sie die diskussionsbreite in bezug auf die rechtschreibreform — von politikern, die für diese reformen sind, sie aber nicht umsetzen (H. R. Laurien, von Friedeburg), vom vertreter des Börsenvereins des deutschen Buchhandels, der vor gesamtwirtschaftlichen auswirkungen warnt und die kalkulationen der verlage meint (S. Unseld), vom liberalen »Zeit«-vertreter, pro und contra abwägend und dann doch die totale kleinschreibung zu bedenken gebend (R. W. Leonhardt), bis hin zu den deutlichen befürwortern — dem ironisierenden, von seinen kritikern polemisch mißverstandenen schriftsteller (G. Zwerenz), dem kühl faktenliefernden sprachwissenschaftler (Thümmel) und den engagiert agitierenden gästen aus der Schweiz (R. Schild) und aus Österreich (Pacolt).
Leonhardt bescheinigte der GEW: »Sie erfüllt den auftrag einer

großen mehrheit ihrer mitglieder ... das sind die lehrer, die ›vor ort‹ ... den kampf um die rechtschreibung in den grundschulen ausfechten müssen. Sie erleben tag für tag das verzweifeln der kinder und eigenes versagen vor den in der tat unnötig komplizierten und einigermaßen anachronistischen orthographieregeln des jahres 1901, die im duden festgeschrieben sind.«

drei von vier »sitzenbleibern«

- An der rechtschreibung scheitern grundschüler doppelt so oft wie am rechnen, bei drei von vier »sitzenbleibern« gibt mangelnde rechtschreibkenntnis den ausschlag. Das diktat ist immer noch entscheidend dafür, ob ein kind die weiterführenden schulen besuchen darf.
- In der berufsausbildung entscheiden nach intervention des »deutschen industrie- und handelstages« (DIHT) auch heute noch rechtschreib»leistungen« über die soziale zukunft des kraftfahrzeugmechanikers.
- Unsicherheit in der rechtschreibung, die angst vor der blamage bei fehlern führt häufig zu sozialem scheitern: In seinem einleitungsreferat weist prof. Gössmann hin auf die vielen briefe, eingaben und beschwerden, die aus dieser angst nicht geschrieben werden.

Dieses umreißt den ausgangspunkt der kongreßinitiative:

- die heutigen rechtschreibregeln sind zu kompliziert, sie sind inkonsequent, deswegen nicht zu verstehen, sondern nur zu pauken;
- die überbewertung dieser irrationalitäten verstärkt die vorhandenen bildungsbarrieren;
- die dadurch bewirkten unsicherheiten haben gesellschaftliche auswirkungen, sie tragen bei zu einer besseren manipulation einer »unmündig« gehaltenen bevölkerung.

Sofort der einwand der kritiker: alles ideologie! Doch dieser diskriminierungsversuch verfängt nicht, dieses sind die fakten: Prof. Jäger verweist in seinem arbeitsgruppenreferat auf eine repräsentative erhebung von R. Rigol zur korrelation von rechtschreibleistung und sozialer herkunft (gemessen werden durchschnittliche fehlerzahlen):

	diktat	aufsatz
untere unterschicht	19,2	13,6
obere unterschicht	13,2	9,1
untere mittelschicht	9,6	7,8
obere mittelschicht	6,6	6,9
oberschicht	6,8	6,7

Der berliner sprachwissenschaftler prof. Bauer interpretiert: »Daß ... arbeiterkindern die rechtschreibung schwerer fällt als bürgerkindern, die von anfang an mehr zeit und mehr bücher haben, mehr fürsorge erhalten und mehr stimulation zum lesen sowie zur aufmerksamkeit auf solche verdinglichten moden wie die schriftgestalt, das ist eine simple ... tatsache.«
Als soziale folge sieht Bauer die frühzeitige und lang andauernde disziplinierung, die zur abdankung des eigenen denkens von einem nicht verstehbaren regelsystem führt: eine schikane für die schüler, aber auch für die lehrer, die zur ausübung der schikane gezwungen sind. Sind sie es?

abbau der barrieren durch vereinfachung der regeln

Eine einheitliche sprach- und schreibregelung ist voraussetzung für jedes soziale handeln. Sie muß geschaffen werden, denn sie existiert noch nicht. Die regelvielfalt — allein für die groß- und kleinschreibung gibt der duden 78 regeln an — ist nicht zu beherrschen. Eine vereinfachung wird gewollt, die beseitigung der wichtigsten fehlerquellen steht an:

— die silbentrennung soll im wesentlichen den sprechsilben folgen;
— das komma soll denk- und sprechschritte kennzeichnen;
— ß soll durch ss ersetzt werden, pronomen und konjunktion werden einheitlich ›das‹ geschrieben;
— bei den allgemein gebräuchlichen fremdwörtern griechischen ursprungs sollen ph, th, rh durch f, t, r ersetzt werden;
— zusammen- und getrenntschreibungen sollen nicht normiert werden, sie sollen allein der besseren sinnerfassung dienen;
— die jetzige großschreibung der hauptwörter soll durch die gemäßigte kleinschreibung ersetzt werden (s. resolutionstext, s. 177).

gründe für die vereinfachung

Das beispiel der nicht eindeutig zu vollziehenden abgrenzung der substantive zeigt, daß die jetzigen regeln auch aus *sprachwissenschaftlichen* gründen nicht zu rechtfertigen sind. Prof. Weisgerbers schätzung, daß jährlich ungefähr 200 millionen schüler- und rund 7 millionen lehrerstunden für das einpauken der rechtschreibregeln aufgewendet werden, ist begründung genug für eine *pädagogisch* sinnvollere gestaltung des sprachunterrichts.
Unter *bildungs- und gesellschaftspolitischen* gesichtspunkten soll die unterrichtszeit nicht zur weiteren benachteiligung der

ohnehin benachteiligten (Erich Frister) verwendet werden. Die widersprüchlichkeiten der rechtschreibung dürfen den schülern nicht als individuelles »versagen« angerechnet werden. Rechtschreibleistungen dürfen nicht entscheidend sein bei versetzung und umschulung. Die additive fehlerzählung, überall verwendet, weil »einfach« und »objektiv«, ist ein völlig unzureichendes diagnoseinstrument. Das beispiel des mechanikerlehrlings, der am ersten tag — nach einem diktat — wegen untauglichkeit nach hause geschickt wird, belegt die heutige praxis. Statt die kommunikative kompetenz (Engelen) der schüler zu fördern, sie auf reale gesellschaftliche verhältnisse vorzubereiten, dienen die alten regeln — so prof. Jäger — »vorzüglich als mittel der stabilisierung und legitimierung der bestehenden hierarchischen sozialstruktur . . .«. (Vergleiche dazu das beispiel einer Industrie- und Handelskammer, das Ernst Reuter in seiner rede auf dem hauptschulkongreß der GEW brachte, siehe anhang s. 181).

debatten — aber keine taten

Seit geraumer zeit gewinnt das thema rechtschreibreform wieder anhänger: Die in den einzelnen bundesländern durchgeführten »grundschultage« stimmen genauso zu wie die »fachschaft deutsch« an den pädagogischen hochschulen Nordrhein-Westfalens oder die sektion I. des »deutschen germanistentages«. Die »aktion kleinschreibung« hat über 10 000 unterschriften von reformbefürwortern gesammelt. Als grundlage der reform sehen sie alle die »wiesbadener empfehlungen des arbeitskreises rechtschreibreform« der KMK (s. seite 139).
Die taten der politisch verantwortlichen aber fehlen. Diese sind notwendig. Die rechtschreibung ist zwar »eine macht der gewohnheit« (Bauer), aber sie ist staatlich, kulturell und beamtenrechtlich abgesichert. Eine neue gewohnheit — also vereinfachte rechtschreibregeln — wird sich nicht durchsetzen können, solange der staat die geltung der alten in schulen, berufsschulen, behörden und damit indirekt in allen wirtschaftsbetrieben und büros sanktioniert. Dies ist charakteristisch für die reformdiskussion. Die zeit der grundsatzdebatten sollte vorbei sein, politische konsequenzen müssen gezogen werden. Die gesetzliche verantwortung wird verlangt, um soziale diskriminierungen z. b. in der berufsausbildung, beim beruflichen »aufstieg« zu verhindern.

das beispiel Dänemark

Einen anderen weg ging Dänemark:
»Um die mitte der 40er jahre ging eine zeitschrift nach der andern, eine organisation nach der andern zur substantivkleinschreibung über, so daß nur noch eigennamen und satzanfänge groß geschrieben wurden. 1947 erklärten die verwaltungen einiger größerer städte, sie würden nun diese schreibweise anwenden, und anfang 1948 teilte unterrichtsminister H. Frisch mit, daß er die reform in allen schulen durchzuführen beabsichtige. Eine mehrheit im parlament war für die reform, die dann im märz 1948 offiziell verwirklicht wurde.
Die schulen bekamen selbstverständlich eine angemessene frist zur durchführung der änderung, und man führte diese auch in der ganzen verwaltung durch. Nach weniger als 20 jahren schrieb keine tageszeitung mehr die substantive groß. Auch die verlage gingen nach und nach zur neuen schreibung über, respektierten jedoch immer den wunsch einzelner schriftsteller, ihre werke in der alten schreibweise herauszugeben. Es zeigte sich, daß die buchbestände, die vor dem übergang zur kleinschreibung gedruckt worden waren, allmählich ausverkauft wurden. Einzelne firmen und viele privatpersonen, die die schule vor der reform verlassen haben, verwenden noch die alte orthographie, und niemand nimmt ihnen das übel.«
(Arne Hamburger)

tradition und wirtschaftliche gründe

Die Allensbacher demoskopen stellten kürzlich fest: 53 prozent der bevölkerung bejahen die gemäßigte kleinschreibung, 23 prozent sind dagegen, 24 prozent ohne meinung. Prof. Jäger charakterisiert die reformgegner: »eher reich als arm, eher konservativ als liberal, eher kopfarbeiter als handarbeiter, eher dem traditionellen bildungserbe der kaiserzeit verhaftet ... Sie haben die macht, durch meinungsmache und direkt ausgeübten druck ihre irrationalen liebhabereien der gesamtbevölkerung aufzuzwingen«. Ihre argumente sind mannigfaltig, ein kleiner ausschnitt:

– W. Mentrup (duden) spricht von »schriftlichkeit ..., die durch ein jahrhundertelang gewachsenes und heute ausgefeiltes system massiv genormt ist und deren verwurzelung fast in die ethisch-moralischen bewußtseinsschichten hineinreicht« (zitiert nach Jäger).
– Der kongreß-berichterstatter (D. H.) der Frankfurter Neuen Presse vom 8. oktober 1973 zieht geradezu phantastische vergleiche: »Nachdem der 30jährige krieg, 1618–1648, die

deutsche schriftsprache schwer geschädigt hat, soll nach dem 30jährigen frieden, 1945—1975, die rechtschreibung unwiderruflich zerstört werden.«

— Karl Korn, kulturkritiker der FAZ, verweist auf das »allgemeine nachlassen der kraft, geschichtliche zeichen noch festzuhalten . . . Für das immense kulturelle, im weiteren sinne auch politische potential (als macht zu verstehen) einer festgehaltenen orthographie, am deutlichsten an der orthographisch unendlich schwierigeren englischen weltsprache darstellbar, scheinen deutsche erzieher und ihre pädagogischen ausbilder kein organ zu haben.« (FAZ, 8. 10. 73).

Diese traditionsbeladene, politische sehnsüchte wärmende argumentation ist es, für die Korn in seinem kongreßbericht belege zusammenzutragen versucht. »Die heiligen kühe der rechtschreibregeln aber werden nicht von den körnern der FAZ leben können«, so die antwort eines kritikers.

Zu diesen argumenten treten *»wissenschaftliche«*: Wie bei jeder reformmaßnahme wird der mangel an wissenschaftlichen untersuchungen kritisiert (prof. dr. Digeser).

— Vor den *gesamtwirtschaftlichen* auswirkungen einer überstürzten reform warnt der verleger Unseld; auch Korn fragt: »Wer soll das bezahlen?« Das dänische beispiel zeigt, daß — wer will — auch weiter »deutsches wort in deutscher schrift« verbreiten kann, daß auch die »bücher auf halde« und der stehsatz der lexikonverleger noch umgesetzt werden können. Die verringerung der satzkosten, die erhöhung der »schreibleistung« im technischen bereich werden sogar die kosten senken, so der Österreicher Pacolt.

— Wichtiger sind die einwände der schriftsteller. Dieter Lattmann beklagt den *»verzicht auf ausdrucksvielfalt«*, differenzierungsmöglichkeiten würden eingeengt, wenn die großbuchstaben auch als lesehilfen wegfielen. Dem wurde entgegengehalten, daß die bedeutung eines satzes häufig durch die verben getragen werde, die großbuchstaben heute also falsche bedeutungsträger hervorheben würden.
  Das beispiel der anderen europäischen sprachen belege darüber hinaus, daß gemäßigte kleinschreibung keineswegs die aussagekraft literarischer texte beschneide. Heinrich Böll stellte dazu in einer grußadresse an den kongreß fest: *»Eine sprache verliert weder an informationswert noch poesie,* wenn sie — wie die englische und die dänische — von der groß- zur kleinschreibung übergeht.«

— Die mit der orthographiekonferenz von 1901 gewonnene *einheitlichkeit* der schrift in den deutschsprachigen ländern sollte durch einen alleingang der Bundesrepublik nicht aufs spiel gesetzt werden. Angesichts der probleme mit den anderen staaten antwortet prof. Gössmann: »Einheitlichkeit in der rechtschreibung braucht nicht unbedingt einheitlichkeit im gemeinsamen vorgehen zu bedeuten.«

Die »gegenreformer« sind differenziert zu betrachten — das zeigt diese aufzählung. Den verschreckten, die angst vor der umstellung haben, soll gesagt werden, daß niemand gezwungen werden soll, daß ein reformprozeß eingeleitet werden soll, dessen verbindlichkeiten in der grundschule beginnen und langsam darüber hinaus altern sollen.

was ist zu tun?

Die konferenzteilnehmer waren sich einig, daß nur ein zusammenspiel von basisaktivität und forderung nach parlamentarischer umsetzung weiterführt; bürgerinitiativen wie die »aktion kleinschreibung« haben dabei wichtige funktionen übernommen. Die unterstützung des DGB wird bestimmend sein für den fortgang der reformauseinandersetzung. Den forderungen soll nachdruck verliehen werden durch die ankündigung der lehrer, die unsinnigkeiten der heutigen rechtschreibung nicht weiter einüben und zensieren zu wollen.

Eine »ständige kommission vernünftiger schreiben« soll gebildet werden und mit der erforderlichen aufklärungs- und koordinierungsarbeit beauftragt werden (siehe resolution, s. 179). Dieses ist inzwischen auch vom hauptausschuß der GEW beschlossen worden.

Die diskussion hat gezeigt, daß rechtschreibreform nicht »nebenkriegsschauplatz« (von Friedeburg), sondern integraler bestandteil einer demokratischen schulreform ist.

Als erster erfolg der kongreßinitiative wurde die ankündigung von staatssekretär Baum gewertet, daß die Bundesregierung die notwendigen voraussetzungen geschaffen hat, »um die offizielle kontaktaufnahme mit den anderen deutschsprachigen ländern mit dem ziel einer gemeinsamen lösung des problems jetzt vornehmen zu können«. Vielleicht kann dann auch mit den auf dem kongreß vermißten vertretern der DDR die diskussion wieder aufgenommen werden.

Wilhelm Gössmann

die richtigkeit der rechtschreibung einführung in den stand der rechtschreibreform

Wenn man die schriftlichkeit der deutschen sprache in der öffentlichkeit überschaut, ist alles in bester ordnung: eine einheitliche richtige rechtschreibung, von allen beherrscht, von allen akzeptiert. Die mit schreibmaschine geschriebenen briefe — wo gibt es da orthographische fehler? Wo sie auftreten, sind es tippfehler; bei den zeitungen, zeitschriften und büchern spricht man von druckfehlern. Sie stören nicht, werden als kleine schönheitsfehler hingenommen, so lange sie ein bestimmtes ausmaß nicht überschreiten.
Die schreibenden, tippenden und buchstaben setzenden beherrschen die rechtschreibung, die innenwelt des dudens, Deutschlands meist benutztes buch. Man ist froh, daß es den duden gibt, neuerdings durch konkurrenz-unternehmen verstärkt, die sich ebensogut verkaufen. Die richtigkeit der rechtschreibung ist im erscheinungsbild von text und schrift untadelig vorhanden. Der deutschunterricht ist also erfolgreich, die sprachlichen anstrengungen haben sich gelohnt.
Und die rückseite der bildungsmedaille? Dazu ein kleines erlebnis. In einem münchener etagenhaus mit etwa dreißig wohnungen, anonym genug für die darin lebenden menschen, hing am morgen ein handgeschriebener zettel der hausmeisterin, der auf die müllabfuhr hinwies. Am abend war er von mindestens fünf verschiedenen handschriften auf seine orthographischen fehler hin korrigiert, wobei sich wiederum neue fehler eingeschlichen hatten. Wochenlang genierte sich die hausmeisterin; jede bekanntmachung kommt nun offiziell und fehlerfrei von der höheren hausverwaltung, im stil der verwaltungsrichtigkeit.
In einem von akademikern bewohnten hochhaus in Düsseldorf steht schon seit jahr und tag an der innenseite der kellertür eine aufforderung zum abschließen der tür mit einigen orthographischen fehlern, ohne korrekturen. Hintergründe oder beweggründe solchen verhaltens zeigen die soziale einschätzung der richtigkeit der rechtschreibung. Man möchte von sozialkritischer komik und lächerlichkeit sprechen. Es ist nicht gelogen, ein lehrer, der später schulrat wurde, hat seine erste liebesgeschichte spontan abgebrochen, als er von seiner freundin einen brief mit ein paar orthographischen fehlern bekam. Wie viele briefe oder eingaben werden aus angst vor rechtschreibfehlern überhaupt nicht erst geschrieben! Und das telefon kann nicht immer ersatzdienste leisten. Im lebenslauf

zwei rechtschreibfehler, und das bei einem abiturienten, ausspruch eines oberinspektors, der sich außer der rechtschreibung gewiß nur noch die für ihn gültigen paragraphen angeeignet hat und nun stolz auf diesen erwerb ist.
Komik und lächerlichkeit können uns allein aus dem fatalen system der regelrichtigkeit befreien. Wir brauchen auflockerungsübungen. Man hat von der religion der rechtschreibung gesprochen (G. u. S. Bauer), von den durch sie bewirkten autoritären herrschaftsstrukturen (R. Rigol), auch dagegen brauchen wir auflockerungsübungen, so daß sich das verfestigte durch neue vorurteile nicht weiter verfestigt.
Jeder von uns verstößt gegen die rechtschreibung, der eine mehr, der andere weniger. Oft besteht der unterschied nur darin, daß der eine lieber mit dem duden umgeht als der andere. Gegen die resignation, bestätigt durch die richtigkeit der rechtschreibung in der öffentlichen schriftlichkeit, haben die schulen seit je ihr unumstößliches lernziel gesetzt: vollkommene beherrschung der rechtschreibung. Wie dieses lernziel in der tat aussieht, zeigt ein blick in die diktat- und aufsatzhefte. Da rechtschreibung bis in unsere zeit hinein als ein zeichen von intelligenz galt, sieht es in den volksschulen anders aus als in den höheren schulen. Ich habe bisher keinen volksschullehrer getroffen, der sich gegen eine rechtschreibreform stellt, wohl aber eine anzahl von studienräten, die sich meist aus didaktischen gründen umstimmen ließen. Welcher lehrer möchte schon, daß die schüler nicht weiterkommen?
Der rechtschreibunterricht, so könnte man einmal formulieren, ist ein bundesligaspiel, das wegen der eigentore immer verlorengeht, trotz der ungeheuren anstrengungen. Es liegt nicht an den spielern, auch nicht am schiedsrichter, sondern an der spielregel. Jeder, der über die rechtschreibung und die rechtschreibreform mitredet, sollte nicht nur die schöne vorderseite der bildungsmedaille sehen, sondern ebenso sich über die fatale rückseite orientiert haben.
Damit keine mißverständnisse aufkommen, möchte ich gleich zu anfang drei thesen nennen, hinter denen eine breite übereinkunft steht:

1. Es ist ein gewinn für die öffentlichkeit, daß es eine einheitliche deutsche rechtschreibung gibt. Hierdurch wird jegliche form von kommunikation erleichtert, und mißverständnisse werden erschwert. Eine solche einheitlichkeit muß erhalten bleiben.
2. Da die rechtschreibung trotz jahrzehntelanger bemühungen nur von einem teil der bevölkerung in ausreichendem maße beherrscht wird, ist eine reform vonnöten, und sie sollte nicht mehr weiter verschoben werden. Erleichterungen sind anzustreben, die das verständnis der schriftlichen sprache

nicht verschlechtern, unter umständen sogar verbessern. Die reduzierung der großschreibung auf satzanfänge, eigennamen und anredefürwörter bewirkt das.

3. Diffamierungen im hinblick auf die rechtschreibung müssen mit allen mitteln abgebaut werden. Fehler gegen die rechtschreibung sind keine verfehlungen gegen soziale wertvorstellungen. Nicht gleichgültigkeit gegen die rechtschreibung, sondern reform und beseitigung einer falschen überbewertung der rechtschreibung.

I. rechtschreibung und rechtschreibreform

Bei der durchsicht der literatur zur rechtschreibreform kann man zu der überzeugung kommen, daß die groß- und kleinschreibung wie kaum ein anderes gebiet der sprachwissenschaft erforscht und durchdiskutiert ist. Begründungen und gegenäußerungen zur reform liegen schon seit jahren so umfassend und klar gesichtet vor, daß man im grunde nur referieren und schlußfolgerungen daraus ziehen kann. Einen überblick des forschungsstandes bis 1955 gibt die zeitschrift »der deutschunterricht«, 7. jahrg., heft 3 (1955).

Bei den anderen problemen der rechtschreibreform, der dehnung und schärfung zum beispiel, ist der forschungsstand dagegen noch recht unterentwickelt. Man tut deshalb gut daran, die einzelnen problemkreise der rechtschreibung nicht zu vermischen.

Auf eine so gründliche vorarbeit bei der groß- und kleinschreibung zurückgreifen zu können, ist mehr als erfreulich. Dankbar müssen wir jener älteren generation gegenüber sein, die hierfür die wissenschaftlichen voraussetzungen geschaffen hat, wenn es auch lange so schien, als wäre ihre arbeit vergeblich gewesen und für immer auf eis gelegt. Die rechtschreibreform darf auf der theoretisch wissenschaftlichen, didaktisch jammernden und gesellschaftskritisch polemisierenden ebene nicht stehenbleiben. Was fällig geworden ist, sind keine weiteren allgemeinen grundsatzdebatten, die das für und wider abwägen, sondern politische konsequenzen, gründliche überlegungen, in welcher form die rechtschreibreform wirksam durchgeführt werden kann. Es fehlt noch der mut, aus dem gewohnten herauszutreten, um das zu tun, wovon man überzeugt ist. Hier hat der diskussionsstand anzufangen.

Ein kurzer rückblick soll bis zu diesem punkt hinführen. Für die deutsche rechtschreibregelung wurde das jahr 1901 entscheidend. (Bei der geschichte der rechtschreibung wird auf die publikation von L. Weisgerber, »die verantwortung für die schrift«, zurückgegriffen.) Die »berliner orthographische konferenz« dieses jahres griff die voraufgegangenen bestrebungen zur vereinheitlichung der deutschen rechtschreibung auf und brachte sie zu einem vorläufigen, bis heute gültigen abschluß. Mit der annahme ihrer beschlüsse durch alle bundesländer des damaligen Deutschen Reiches, Österreichs und der Schweiz war ein lang angestrebtes ziel erreicht: eine einheitliche schreibweise im gesamten deutschsprachigen gebiet. Es ist mehr als verständlich, daß man trotz damals schon offenkundiger mängel diesen erreichten stand im laufe der zeit nicht so schnell wieder aufgeben wollte.

Das von Konrad Duden geschaffene »orthographische wörterbuch« wurde zu einem normativen nachschlagewerk für die deutsche sprache, nach dem sich die staatlichen behörden und die schulen zu richten hatten. Der regelkatalog umfaßt 225 regeln, von denen das regelsystem der groß- und kleinschreibung allein 78 regeln umfaßt (W. Mentrup). Nach Konrad Dudens tod hat sich der Dudenverlag bzw. das Bibliographische Institut in Mannheim die fortführung seines lebenswerkes zur aufgabe gestellt und die dudenredaktion zur neubearbeitung und neuschöpfung von nachschlagewerken über die deutsche gegenwartssprache ins leben gerufen. Die jeweilige neuherausgabe des dudens und ähnlicher wörterbücher, die vom regelkatalog der »berliner orthographischen konferenz« ausgehen, braucht man dennoch nicht als dogmatische festlegungen anzusehen. Sie sind eher verbindliche empfehlungen, von denen man im schulunterricht nicht abweicht. Die unterscheidung von sprachnorm und sprachbrauch wirkt sich äußerst positiv aus.

Durch beschluß der kultusminister vom 18./19. november 1955 sind die überkommenen rechtschreibregeln und damit auch der duden für die gegenwärtige schreibung wiederum verbindlich gemacht. Für die rechtschreibung gibt es einen spielraum wissenschaftlicher überlegungen, auch sind geringfügige änderungen auf der grundlage des allgemeinen sprachgebrauchs möglich, noch mehr bevorzugen autoren eine individuell freizügige schreibweise, aber letzte instanz bleibt wie bei der schrift der staat. Der staat beansprucht zum wohl der allgemeinheit, der gesamten gesellschaft, das recht auf einheitlichkeit und richtigkeit der rechtschreibung. So sind probleme der rechtschreibreform aufgrund der geschichtlichen entwicklung probleme, die nicht ohne politische entscheidungen gelöst werden können. Und es hat sich auch gezeigt, daß sich die »konferenz der kultusminister« dieser verantwortung voll bewußt ist. Schon die amtlichen wörter- und regelbücher der einzelnen deutschen staaten hatten im 19. jahrhundert die staatliche zuständigkeit deutlich gemacht.

Wie sah die entwicklung der groß- und kleinschreibung vor

1901 aus? Hugo Moser hat dies folgendermaßen zusammengefaßt:

»Ohne auf einzelheiten einzugehen, rufen wir uns die grundzüge der entwicklung ins gedächtnis, die zur heutigen regelung geführt haben. Am satz-, strophen- und versanfang findet sich der großbuchstabe in ungeregelter weise seit dem frühen mittelalter. Er wird am beginn eines absatzes oder einer strophe im 14./15. jahrhundert, am versanfang im 15., am satzbeginn (mit dem punkt am satzende) dagegen erst etwa seit der mitte des 16. jahrhunderts fest, wobei er in dieser zeit auch noch häufig am anfang von nebensätzen steht. Im satzinnern dient die majuskel am beginn eines wortes zunächst nur zu dessen hervorhebung, und sie ist darum auf keine besondere wortart beschränkt.

Schon früh, besonders aber seit dem 13. jahrhundert, jedoch regelmäßig erst seit der mitte des 16. jahrhunderts, schreibt man die eigennamen groß. Bei den übrigen substantiven erscheint großschreibung vereinzelt schon im 12. jahrhundert, häufiger jedoch erst seit dem 14. jahrhundert; sie breitet sich aber seit dem zweiten viertel des 16. jahrhunderts rasch aus und ist am ende des jahrhunderts fast ganz zur herrschaft gelangt. Ausgehend von der großschreibung der eigennamen gebraucht man die majuskel auch für bezeichnungen, die mit eigennamen verknüpft waren, wie kaiser, könig, papst, aber auch herr usw., für kollektivbegriffe von personen wie welt, mensch, christ, für versammlungsorte von personen, wie konzil, kloster, vor allem aber für die nomina sacra, wie gott, christus, jungfrau, evangelium, sakrament ...

Hervorgehoben werden sollten seit der frühen neuzeit die sinntragenden wörter und die substanzen. Der großbuchstabe ist also zunächst ein signalzeichen wie heute die unterstreichung, die anführungsstriche oder der kursivdruck. Dazu tritt in zunehmendem maße die ästhetische aufgabe, das schriftbild zu schmücken.

Die grammatiker sind zunächst hinsichtlich des gebrauchs der majuskel uneins. Den meisten grammatikern des 16. jahrhunderts erscheint das problem der großschreibung nicht wichtig, und sie übergehen es ... Aber 1690 verlangt dann der berliner rektor Bödiker im sinne der heutigen regelung: ›Alle substantiva und was an deren statt gebraucht wird (also die substantivierungen) müssen mit einem großen buchstaben geschrieben werden.‹

Wohl vor allem durch die autorität Gottscheds wird dann im 18. jahrhundert ›ein ursprünglich frei spielendes stilisticum zu einem orthographisch-grammatischen obligatorium eingefroren‹. Allerdings schwankt Adelung zum teil noch, und in Jacob Grimm ersteht dann seit den 20er jahren des 19. jahrhun-

derts der großschreibung der hauptwörter ein erklärter gegner, der in ihr wie Frisch eine ›erschwerung des schreibens‹ sieht und die durch sie ›verscherzte einfachheit der schrift‹ bedauert.«
Dieser rückblick auf die geschichte der groß- und kleinschreibung macht deutlich, daß man von einer langen tradition nicht sprechen kann, eher von einer gewöhnung seit der klassik und dem 19. jahrhundert. Selbst wenn man unter diesen voraussetzungen von tradition sprechen will, so darf man nicht übersehen, daß sprache und schrift geschichtlichen entwicklungen unterliegen und deshalb nicht von außen für immer in einer unumstößlichen form konserviert werden sollten.
Wie wird nun die rechtschreibung seit 1901 beurteilt? Leo Weisgerber kennzeichnet den stand der kritik mit folgenden sätzen:
»Die überlegungen der zweiten hälfte des 19. jahrhunderts waren mehr und mehr in der richtung gegangen, daß man eine annäherung der nach vielen seiten wild gewachsenen deutschen rechtschreibung an die prinzipien der buchstabenschrift anstreben sollte. Dieses in der konferenz von 1876 am deutlichsten hervortretende mühen war zurückgestellt worden, um die nach Bismarcks abgang endlich mögliche vereinheitlichung nicht aufzuhalten. Aber es war kein wunder, daß es nach erreichter einigung lebendig blieb und in einer art katalog der noch offenen fragen weiter geführt wurde. Man kann es veranschaulichen an der wunschliste, die O. Brenner, einer der bayerischen vertreter auf der konferenz von 1901, kurz darauf in größerem zusammenhang veröffentlichte:

›1. Eine getreue lautschrift wird nicht möglich sein. Der oberste grundsatz wird lauten müssen: Für jeden laut ist ein zeichen zu wählen, das den verschiedenen gleichwertigen ausspracheformen des deutschen sprachgebietes in gleichem maße gerecht wird. Man schreibe also nicht zweierlei o, da diese nicht allgemein und wesentlich sind, nicht ä, wo ein teil unangefochten e spricht, nicht ein zeichen für weiches s, wo ein solches nicht überall als wesentlich hochdeutsch anerkannt ist.
2. Ein weiterer grundsatz wird sein: nicht mehrere zeichen für einen laut: also nicht ai und ei, nicht äu und eu, nicht s und ß nebeneinander.
3. Keine lautverbindungen, wo einfache laute vorliegen; kein sch, ng, ch.
4. Große anfangsbuchstaben in engster beschränkung.
5. Länge- oder kürzebezeichnung nur in den nötigsten fällen und jedenfalls entweder nur die länge- oder nur die kürzebezeichnung.‹

Damit ist gegenüber den historischen und phonetischen bestrebungen nochmals das hervorgehoben, was für eine buchstabenschrift als erforderlich erscheint. Die vier hauptpunkte: eindeutige zuordnung von lauten und buchstaben, einheitliche buchstaben für einheitliche laute, ablehnung der großschreibung der ›hauptwörter‹ und ordnung der quantitätsbezeichnung, bleiben für die folgezeit die kernanliegen der reformer, umrahmt von sonderproblemen wie fremdwortschreibung, interpunktion, silbentrennung u. a.«

Das jahr 1901 hat keine neuen initiativen gebracht; um der vereinheitlichung willen wurden alle reformen zurückgestellt, ja sogar als unwesentlich erachtet. Diese einheitlichkeit lastet seither auf der rechtschreibreform. Da die politischen verhältnisse nicht einfacher, sondern komplizierter geworden sind, ist sie zum hauptbremsblock geworden. Schon allein in der Bundesrepublik sind nur reformen mit zustimmung aller kultusminister möglich; jedes einzelne bundesland ist gebunden. Dabei wäre es doch durchaus denkbar, daß im bereich der schule ein bundesland versuchshalber den ersten schritt wagte, schon allein, um diesem schritt eine nicht allzu große bedeutung zuzumessen. Politische entscheidungen auf einer generalebene Bundesrepublik, DDR, Österreich, Schweiz, so erstrebenswert sie sind, lassen sich eher im nacheinander als im gleichzeitigen miteinander erreichen, insbesondere bei den derzeitigen schwierigkeiten. Hinter entscheidungen wie der rechtschreibreform muß ja in einem demokratischen staatsgefüge ein öffentlicher bewußtseinsprozeß stehen, wie man heute so gern sagt: und der wird nur durch kleine, aber sehr konkrete schritte eingeleitet, die dann, wenn es sein müßte, widerrufbar sind.
Einheitlichkeit in der rechtschreibung braucht nicht unbedingt einheitlichkeit im gemeinsamen vorgehen zu bedeuten, so lange kein affront, ein unterdrucksetzen einer anderen instanz beabsichtigt ist. Erforderlich ist ein erster mut, der auch für die konsequenzen die verantwortung übernimmt, weil es sich politisch als notwendig herausstellt. Die gegenwärtige situation sehe ich durch das jahr 1901 fixiert, daher mein versuch, mit der auflockerung gleich hier anzusetzen.
Nach dem ersten weltkrieg ging die diskussion um die rechtschreibreform weiter. In den leitsätzen aus der »sachverständigen-beratung« über die vereinfachung der rechtschreibung vom 8. april 1921 wird die kleinschreibung im heutigen sinne zwar nicht gefordert, aber in vielen fällen als zulässig erklärt. Man möchte den schreibenden alternativen offenlassen, ohne alles, vor allem die zweifelsfälle, als regelverstöße anzusehen. Ironisch ausgedrückt heißt das: Man soll nicht immer im duden nachschlagen müssen.

Von größerer bedeutung war das »erfurter rechtschreibprogramm« von 1931, das vom buchgewerbe getragen wurde. Man forderte unter anderem die beseitigung der griechisch-lateinischen sonderschreibung: ph wird f, th wird t, rh wird r und y wird i, wo es wie i gesprochen wird, beschränkung des dehnungs-h, eindeutschung der fremdwörter, beseitigung aller selbstlautverdoppelungen, vereinfachung der zusammenschreibung. Am anfang steht hier wie bei allen späteren reformvorschlägen die kleinschreibung mit ausnahme von satzanfängen und eigennamen. Die entschließung der buchdrukker, die ja bekanntlich am besten die rechtschreibung beherrschen, hat damals eine breite zustimmung gefunden. Selbst Thomas Mann, der später in unglücklicher weise mit den »stuttgarter empfehlungen« verquickt wurde, fand alles recht vernünftig und sympathisch.

Die vorschläge zur rechtschreibreform seit 1945 stehen in der spannung zwischen sprachwissenschaftlichen überlegungen und dem problem ihrer realisierbarkeit. Das wichtigste dokument sind die »stuttgarter empfehlungen« von 1954. Sie wurden von der »arbeitsgemeinschaft für sprachpflege«, in der namhafte sprachwissenschaftler sich zusammengeschlossen hatten, der öffentlichkeit vorgestellt. Sie lösten eine heftige diskussion aus. Das verdienst dieser »empfehlungen« besteht darin, sehr exakt und begründet eine umgreifende rechtschreibreform formuliert zu haben, wie es sie bis dahin nicht gegeben hatte – was es vorher gab, entsprang wunschvorstellungen. Sie bewirkten, daß kaum eine zuständige stelle nunmehr vor dieser fragestellung ausweichen konnte. Wie sich die »stuttgarter empfehlungen« verstanden, geht aus dem prolog hervor:

»Die arbeitsgemeinschaft, die sich aus vertretern der sprachpflege in Deutschland, Österreich und der Schweiz zusammensetzt, unterbreitet den amtlichen stellen der beteiligten länder die folgenden empfehlungen. Die arbeitsgemeinschaft ist sich darüber einig, daß die geplante rechtschreibreform unsere rechtschreibung wesentlich vereinfachen soll. Damit werden dringende forderungen erfüllt, die seit mehr als einem halben jahrhundert von weiten kreisen der beteiligten länder immer wieder erhoben worden sind. Vor allem im interesse der schule, der verwaltung und der wirtschaft, insbesondere des verlags- und druckereiwesens, empfiehlt die arbeitsgemeinschaft nachdrücklich, die reform in einem zuge zu vollziehen, um auf lange sicht hinaus in rechtschreibfragen eine feste grundlage zu schaffen und eine allgemeine befriedigung herbeizuführen.«

Dieses umfassende programm, so abgerundet es aussieht, und so sinnvoll es sich gibt, in einem zuge durchzusetzen, damit es für lange zeit keine rechtschreibreform mehr zu geben brauche, erwies sich als utopie, aber als eine utopie, die weiterwirkte. Acht problemkreise werden genannt und durch konkrete vorschläge ausgewiesen:

1. gemäßigte kleinschreibung — ein ausdruck, der sich von nun an eingebürgert hat und oft kritisiert worden ist, den man aber am besten vermeidet
2. vereinheitlichung der buchstabenverbindungen
3. beseitigung rechtschreiblicher doppelformen
4. angleichung der fremdwörter an die deutsche schreibweise
5. getrennt- oder zusammenschreibung
6. silbentrennung
7. vereinfachung der zeichensetzung
8. behandlung von familien- und ortsnamen

Über die kennzeichnung langer und kurzer vokale bringen die »stuttgarter empfehlungen« eine zusätzliche erklärung. Der gesamte themenkatalog wurde genannt, um zu zeigen, in welch großem rahmen die groß- und kleinschreibung hier behandelt worden ist. Da der text die gemäßigte kleinschreibung von den »wiesbadener empfehlungen« der intention nach übernommen wurde, sei er hier angeführt:

»Die arbeitsgemeinschaft versteht darunter die grundsätzliche kleinschreibung aller wortarten. Die großen anfangsbuchstaben sollen beibehalten werden für den satzanfang, für eigennamen (z. b. personennamen; namen von amtsstellen, organisationen und betrieben; geographische namen, namen von straßen und gebäuden; titel im schriftwesen), für die fürwörter der anrede und für bestimmte abkürzungen (z. b. MEZ, NO, H2O). Auch der name gottes (und andere bezeichnungen für ihn) wird weiterhin groß geschrieben.«

Zur großschreibung des namens gottes, um ihn nicht als tabu unter den tisch fallenzulassen, möchte ich von mir aus sagen, daß hier keine ausnahme gemacht werden sollte: in der anredeform und als name fällt dieses wort oder ähnliche bezeichnungen sowieso unter die großschreibung. Sonst aber sollte man es klein schreiben; theologisch gesehen beansprucht gott keine sonderrechte. Bei der allgemein angestrebten freizügigkeit über die klaren festlegungen der »stuttgarter« und »wiesbadener empfehlungen« hinaus, können solche fragen per se in der kompetenz des einzelnen und der verschiedenen gruppen stehen.

Von der nicht-realisierbarkeit der »stuttgarter empfehlungen« ausgehend, zugleich aber von der notwendigkeit einer rechtschreibreform nach der intensiven diskussion in der öffentlichkeit überzeugt, wurde vom bundesminister des inneren und der »ständigen konferenz der kultusminister« 1956 der »arbeitskreis für rechtschreibregelung« begründet. Mit einer

mehrheit von 14 gegen 3 stimmen ist am 15. oktober 1958 auch von diesem arbeitskreis die einführung der sogenannten »gemäßigten kleinschreibung« beschlossen worden. Eine eingehende begründung, auch der gegenposition, wurde abgegeben. Sie ist in heft 2 der »duden-beiträge« nachzulesen. (S. a. »wiesbadener empfehlungen«, in diesem buch s. 139.)
Außer der sogenannten gemäßigten kleinschreibung wurden vereinfachende und erleichternde vorschläge für die zeichensetzung, die silbentrennung und die zusammen- und getrenntschreibung gemacht, ebenso die angleichung der fremdwörter an die deutsche schreibung empfohlen.
An den verschiedenen publikationen, die im zusammenhang mit den »wiesbadener empfehlungen« erschienen, kommt zum vorschein, wie sehr diese entscheidungen von sprachwissenschaftlichen untersuchungen begleitet waren. Dies bestätigt sich auch an dem aufstellen von wortlisten, die sich bis in die leserbriefe von zeitungen ausgewirkt haben.
Die »österreichische kommission für die orthographiereform« reagierte auf die aufgeworfenen fragen nach der groß- und kleinschreibung mit einem ›remis‹. Die stellungnahme der »schweizerischen orthographiekonferenz« war eindeutig negativ. Schon einige jahre nach den »wiesbadener empfehlungen« sah es so aus, als wäre die situation endgültig festgefahren. Wenn es heute anders aussieht, vor allem auch in Österreich und in der Schweiz, so sollte man sich dennoch keinen illusionen hingeben.
Der rückblick zeigt, wie unsäglich schwer man es mit einer rechtschreibreform hat. Die stimmung ist für die kleine rechtschreibreform umgeschlagen. Damit ist gemeint, daß alles bis auf den ersten punkt der »wiesbadener empfehlungen« ausgeklammert, beziehungsweise zurückgestellt worden ist, um nun endgültig zum erfolg zu gelangen.

II. rechtschreibung und rechtschreibunterricht

Um die gegenwärtige diskussion um die rechtschreibreform zu verstehen und zu bejahen, ist ein einblick in den rechtschreibunterricht erforderlich. Der anstoß kommt hierher. Seit den »wiesbadener empfehlungen« hat sich das interesse von der fachwissenschaft auf die fragen der didaktik und vermittlung verlagert und damit auch auf den gesellschaftskritischen aspekt. Mit diesem wandel ist im gesamten bereich des unterrichts, nicht zuletzt im deutsch-unterricht, eine reformfreudigkeit aufgekommen, die nun auch die rechtschreibreform tangiert. Die diskussion über die richtlinien der einzelnen bundesländer läßt dies erkennen. Wir haben es mit einer reformfreu-

digkeit zu tun, die praktikable lösungen will und keine unzulänglichen wunschvorstellungen hegt.
Was mit dem »kosogschen diktat« immer wieder belegt wurde, daß keiner die regeln der groß- und kleinschreibung beherrscht, wird im schulischen bereich als bedrückendes faktum empfunden, das man nicht länger ertragen will. Kosog hatte schon 1912 ein diktat zusammengestellt, das alle rechtschreibschwierigkeiten der groß- und kleinschreibung enthält, um damit zu beweisen, wie unsinnig diese regeln sind.
In den letzten jahren hat man verschiedene repräsentative rechtschreibtests durchgeführt, um zu ermitteln, wie hoch die fehlerquote in der groß- und kleinschreibung ist. Die prozentzahlen schwanken zwischen 15 und 30 prozent. Ich selbst habe vor einigen wochen einen anders gearteten rechtschreibtest durchführen lassen. (Der rechtschreibtest wurde von dem studenten Theodor Brauer ausgeführt.) Das gleiche diktat wurde von einer dritten bis neunten volksschulklasse in verschiedenen schulen geschrieben. Das ergebnis war frappierend. Die fehlerzahl nahm, wie zu erwarten, mit den höheren klassen ab, aber nicht im gleichen ausmaß die fehler gegen die großschreibung. Sie blieben nahezu gleich, so daß die fehler gegen die großschreibung prozentual in den höheren klassen erheblich anwuchsen. Die großschreibung wurde nahezu ausnahmslos bei satzanfängen, eigennamen und den dinghaft greifbaren hauptwörtern beherrscht. Hieran zeigt sich ein zweifaches, was auch ein interview mit den lehrern bestätigte: Die komplizierten fälle der großschreibung werden von den schülern nicht beherrscht. Noch schwieriger ist es, den schülern die rechtschreibregeln für diese schwierigen fälle zu vermitteln. Was für ein methodischer und didaktischer aufwand! Lohnt sich überhaupt diese anstrengung?
Wenn man die geschichte des rechtschreibunterrichts überschaut, so kann man zwei, schließt man die augenblicklichen bestrebungen mit ein, im großen und ganzen drei epochen bzw. einstellungen unterscheiden. Die erste einstellung, vielerorts noch bis in unsere gegenwart fortwirkend, ist bestimmt von einer ausgesprochenen überbewertung, verbunden mit strengen lernmethoden, um nicht gleich drill zu sagen. Vermittelt wurde auf diese weise ein enger sinn von richtigkeit. Was richtigkeit ist, wußte man in Deutschland durch den rechtschreibunterricht: übereinstimmung mit einer vorgegebenen, festgelegten norm. Und der lernerfolg: relativ hoch. Wer die rechtschreibung lernte, konnte mit seiner ausbildung weiterkommen. Deshalb blieb die rechtschreibung ein schwelendes problem aller klassen der volksschule. Ein ausgleich zwischen den schulen, wie wir ihn heute bildungspolitisch

wünschen und durchsetzen, macht die überkommene diskrepanz überdeutlich.

Mit den arbeiten von Artur Kern, auch schon vor ihm, zurück bis zu den reformpädagogen, wurde der rechtschreibunterricht zusehends pädagogischer gesehen. Man überdachte die unterrichtsmethode, vor allem die funktion des diktates, erforschte die sprach- und schreibfähigkeit des kindes, relativierte vom standpunkt des bildungswertes her die bedeutung des rechtschreibunterrichts innerhalb des deutschunterrichts, setzte es auch prinzipiell durch, daß die note des aufsatzes nicht mehr von der rechtschreibung beeinträchtigt wurde. Das alles führte zu dem heute hoffentlich allgemein angewandten standpunkt, daß die rechtschreibung nicht mehr für die versetzung entscheidend sein darf.

Zu dieser pädagogischen aufweichung, positiv ausgedrückt: erleichterung, trat die einführung des programmierten lernens, das innerhalb des deutschunterrichts in besonderer weise für den rechtschreibunterricht einlaß fand. Pädagogisches und funktionales verständnis des rechtschreibunterrichtes gehen heute hand in hand. Bei den rechtschreibprogrammen liegt allerdings oft noch ein altmodisches methodenbewußtsein zugrunde, ein regelverständnis, das mehr erschwert als förderlich ist.

Ein künftiger rechtschreibunterricht muß sich mit dem problem der richtigkeit auseinandersetzen. Welche methodischen konsequenzen dies haben kann, ist von Bernhard Weisgerber in den »zehn thesen zum rechtschreibunterricht in der grundschule« dargelegt (abgedruckt in B. Weisgerber, »elemente eines emanzipatorischen sprachunterrichts«). Ich halte solche ansätze deshalb für so wichtig, weil sie alte verfahrensweisen überdenken und neue bereitstellen.

Mit der freigabe der groß- und kleinschreibung in der grundschule, was wir als erstes teilziel bei der kleinen rechtschreibreform verwirklicht sehen möchten, sollte ein neuer rechtschreibunterricht parallel laufen. Dieses neue verständnis ist bereits da: Die rechtschreibung steht dem rechtschreibunterricht im wege. Wenn Rudolf Walter Leonhardt, um einmal polemisch zu werden, in der »Zeit« befürchtete, die kinder würden die wortart des substantivs nicht mehr in der schule lernen, sobald die großschreibung abgeschafft wäre, so kann man darauf nur sagen, daß die wortarten seit eh und je anders vermittelt werden sollten; gebunden an die großschreibung ist dies, linguistisch gesehen, mehr als fragwürdig und didaktisch gesehen eine absolute verfrühung.

Das didaktische verständnis des deutschunterrichts hat uns dazu gebracht, die groß- und kleinschreibung neu zur diskussion zu stellen (vgl. »fachschaft deutsch« in den literaturhinwei-

sen). Weil es in der grundschule am notwendigsten ist, sollte man hier ohne verzug anfangen.
Noch einmal das problem der richtigkeit. Bei befragungen von schülern, weshalb sie mit ihren eltern so wenig dialekt sprächen – ob soziolekt oder landschaftlich gefärbter dialekt ist hier unwichtig –, wurde einstimmig betont, daß es wegen der richtigen aussprache und der richtigen schreibweise des hochdeutschen geschähe. (Solche umfragen wurden von H. Reich in den letzten jahren kontinuierlich durchgeführt.) Durch ein solches verständnis der richtigkeit geht viel unmittelbarkeit und vertrautheit im umgang mit der sprache verloren. Das aber sollte verhindert werden. Nicht die richtigkeit ist entscheidend, sondern das sich-verständlich-machen durch sprache und schrift.
Das neue verständnis des rechtschreibunterrichts darf nicht durch eine allgemeine laxheit und gleichgültigkeit in frage gestellt werden, gleichsam so, als wäre der rechtschreibunterricht überflüssig und lästig. Ohne zweifel hat die gesprochene sprache den vorrang. Aber ohne einen bestimmten grad an rechtschreibkenntnissen erreicht zu haben, ist lesen und auseinandersetzung mit dem geschriebenen wort, mit texten, kaum möglich. Und wer möchte in seinem leben nicht so schreiben können, daß andere es verstehen können, ohne es mühselig entziffern zu müssen? An die stelle der überbewertung darf keine abwertung treten, sondern ein vernünftiger ausgleich, von seiten der reform, von seiten der lernziele und unterrichtsmethoden. Dazu gehört die beherrschung eines grundwortschatzes, der umgang mit wörterbüchern und ein sprachgefühl für die erreichte eigene sicherheit.
Es soll hier nicht weiter auf den rechtschreibunterricht eingegangen werden. Nur so viel sollte deutlich sein, daß die rechtschreibreform zusammentrifft mit einem neuen verständnis der rechtschreibung überhaupt und dem rechtschreibunterricht.
So möchte ich erneut die forderung stellen, wie sie von der »fachschaft deutsch« an den pädagogischen hochschulen des landes Nordrhein-Westfalen gestellt worden ist und von den verschiedensten seiten unterstützt wird:
Bei der vermittlung der deutschen rechtschreibung verzichtet die grundschule auf die großschreibung der substantive. Groß geschrieben werden im sinne einer gemäßigten kleinschreibung nur: 1. die satzanfänge, 2. die eigennamen. Verstöße gegen die großschreibung der substantive gelten bis zu einer allgemeinen regelung auch im sekundarschulbereich nicht als rechtschreibfehler.
Diese forderung versteht sich im sinne der »wiesbadener empfehlungen« vom 15. oktober 1958. Damit eine solche forderung nicht in die weite zukunft verschoben wird und da die

probleme zumindest im schulbereich durchdiskutiert sind, sollte ihr beim nächsten schulanfang, herbst 1974, stattgegeben werden. Da es sich hier um ein flexibles vorgehen handelt, wäre der sache schon gedient, wenn wenigstens einige bundesländer in übereinstimmung mit der »kultusministerkonferenz« den anfang machten.
Die kleinschreibung kann nicht zuerst auf dem verordnungswege eingeführt werden, ein flexibles vorgehen im schulbereich sollte den anstoß zu einer allgemeinen übernahme der kleinschreibung geben. Man braucht hier nur auf Dänemark hinzuweisen, das 1948 auf diese weise die kleinschreibung erhielt. Nunmehr ist die deutsche sprache die einzige sprache mit einer höchst komplizierten großschreibung.

III. rechtschreibreform und öffentlichkeit

Die rechtschreibreform hat seit 1972 erneut eine große sachdiskussion ausgelöst. Man kann feststellen, um wieviel weiter wir seit den »stuttgarter« und »wiesbadener empfehlungen« gekommen sind. Die diskussion rührt aber auch vorurteile und emotionale abwehrreaktionen auf. Um einer falschen emotionalisierung vorzubeugen, soll hier ein bericht von Arne Hamburger vom »amt für die dänische sprache« in Kopenhagen eingefügt werden. Das dänische beispiel zeigt, wie die veränderung tatsächlich verlaufen kann.
»Um die mitte der 40er jahre ging eine zeitschrift nach der andern, eine organisation nach der andern zur substantiv-kleinschreibung über, so daß nur noch eigennamen und satzanfänge großgeschrieben wurden. 1947 erklärten die verwaltungen einiger größerer städte, sie würden nun diese schreibweise anwenden, und anfang 1948 teilte unterrichtsminister H. Frisch mit, daß er die reform in allen schulen durchzuführen beabsichtige. Eine mehrheit im parlament war für die reform, die dann im märz 1948 offiziell wirklichkeit wurde.
Die schulen bekamen selbstverständlich eine angemessene frist zur durchführung der änderung, und man führte diese auch in der ganzen verwaltung durch. Nach weniger als 20 jahren schrieb keine tageszeitung mehr die substantive groß. Auch die verlage gingen nach und nach zur neuen schreibweise über, respektieren jedoch immer den wunsch einzelner schriftsteller, ihre werke in der alten schreibweise herauszugeben. Es zeigte sich, daß die buchbestände, die vor dem übergang zur kleinschreibung gedruckt worden waren, allmählich ausverkauft wurden. Einzelne firmen und viele privatpersonen, die die schule vor der reform verlassen haben, verwenden noch die alte orthographie, und niemand nimmt ihnen das übel.«

(Dieser text wurde mir vom »bund für vereinfachte rechtschreibung« in Zürich übermittelt.)
Die rechtschreibreform, wie sie für den deutschen sprachbereich fällig geworden ist, muß rein praktikabel beurteilt werden, ist frei von jeder parteipolitischen festlegung und wird von den verschiedensten gruppen, die in diesem punkte das gleiche wollen, unterstützt. Hier liegt das erfreuliche und politisch wirksame.
Emotionen gibt es vielfältiger art. In gesprächen hört man: »Das nun auch noch.« — »Warum, es geht doch so, eine wahnsinnige umstellung!« — »Die kinder werden die gesamte klassische literatur nicht mehr lesen können!« Hilde Domin rief mich an, weil sie ein »diktat von oben« befürchtet: »Alle müssen nun klein schreiben.« Ich konnte ihr die ärgsten befürchtungen nehmen. Natürlich gibt es auch genügend emotional bestimmte verfechter für die kleinschreibung: »Das war schon längst fällig.« — »Das wäre schön, aber kommt nicht, nur falsche hoffnungen in die welt setzen«, oder auch in radikalisierter sprache bei professor Bauer in Westberlin: »Da jedoch in zunehmendem maße die soziale herkunft statt der geographischen und der soziolekt statt des dialekts als die hauptursache der diskriminierung erkannt wird, wäre es höchste zeit, die im gesetz vorgesehene rechtsgleichheit und chancengleichheit in dieser hautpfrontstellung zu erkennen und auch im deutschunterricht praktisch in angriff zu nehmen, also ein besonders schimpfliches und nebelträchtiges diskriminierungsinstrument zu zerschlagen. Die reaktionäre großschreibung fällt nicht, wenn wir sie nicht niederschlagen.« (»linguistische berichte«, s. literaturhinweise.)
Bei der durchsicht der gesamten diskussion um die rechtschreibreform bin ich zu dem schluß gekommen: ein vernünftiges schreiben, wie dieser kongreß die rechtschreibreform nennt, kommt nicht allein von der vernunft und dem sachverstand, sondern noch mehr von geklärten emotionen.
Die rechtschreibreform ist nicht nur eine angelegenheit von sprachwissenschaft und schule, sie betrifft die breite öffentlichkeit, das verlagswesen, die wirtschaft, die amtlichen behörden. Wie sehr sprachwissenschaft und didaktische fragestellung ineinander gehen und zum gleichen ergebnis gelangen, hat der letzte »germanistentag« in Trier bewiesen. (Eine dokumentation über die in den zeitungen erfolgte diskussion liegt dem kongreß vor.) Wie sehr von der schule aus öffentlichkeitsarbeit betrieben werden kann, beweist die »aktion kleinschreibung« (s. literaturhinweise). Der kongreß hier in Frankfurt macht darüber hinaus deutlich, in welcher weise die publizisten und schriftsteller zu diesem problem stehen. Ich möchte nicht vorgreifen.

Auf der rechtschreibreform lastet das von der »Zürcher Weltwoche« nach den »stuttgarter empfehlungen« evozierte urteil von Thomas Mann, Hermann Hesse und Friedrich Dürrenmatt. Damals ging es um einen weiten komplex, der das schriftbild total veränderte, heute ist die angestrebte veränderung klar begrenzt und überschaubar. Auch hier müssen emotionen abgebaut werden. Ein schriftsteller, dem keiner seine progressivität abstreitet, Heinrich Heine, war in der rechtschreibung äußerst konservativ. Er wollte über Adelung nicht hinausgehen, hielt bei einigen wörtern an der schreibung des y fest und korrigierte es gegen die schriftsetzer wieder in die druckfahnen hinein. Heinrich Heine klein geschrieben und ohne y liest sich nicht weniger bedeutend. Anders Arno Schmidt, der eine konservative rechtschreibnorm braucht, um durch abwandlung und andersschreibung seine palimpsestartige poetische zweisprachigkeit zu erreichen:

»... ›Orthograffie‹ ist die, (mit Recht), eingeführte & festgehaltene, Basis der Communication — für die Etyms? ist sie nur ein ammüsanter Hindernis=Rennplatz; auf der sie ihre ganze Gelenkichkeit zeign könn'n.«

»... Was not täte, wäre eine Voll-Biegsamkeit der Sprache; die, sei es von der Orthografie, vom Fonetischen, oder auch von den Wort-Wurzeln und -kernen her, imstande wäre, z. B. in einer Flüssigkeitsfläche hin- und herschwappende Lebewesen rasch und bildhaft-überzeugend à la Neu-Adam zu inventarisieren; ja, noch brutal-fähiger, zu ›vereinnahmen‹.«

»... und die Erkenntnis, daß Herr DUDEN (›Konrad‹; auch das noch !) zwar im Büro schätzbar sein mag; ansonsten aber höchstens so viel bedeutet, wie die vorhin schon erwähnten ›other professors‹ .... : nämlich keinen Blaffert!« (Die texte von Arno Schmidt wurden folgenden werken entnommen: »zettel's traum«, »kühe in halbtrauer«, »trommler beim zaren«.)

Die wichtigsten einwände, die in der öffentlichkeit gegen die kleinschreibung erhoben werden, sind folgende:

1. die strukturierung des schriftbildes

Durch den wegfall der vielen großbuchstaben wird das schriftbild einfacher. Die einen sehen darin den wegfall eines barokken zopfes. Andere befürchten, daß das lesen erschwert wird, ja, daß deshalb die deutschen sätze noch kürzer würden. Dazu ist zu sagen, daß die geschriebenen deutschen sätze noch immer lang genug bleiben. Gewiß gibt es am anfang schwierigkeiten, texte in kleinschrift genauso schnell zu lesen, beziehungsweise zur schnellen orientierung zu überfliegen, da die großbuchstaben und damit die substantive fixpunkte bilden.

Um dies zu entkräften, sollte man folgendes tun: einmal einen text auf die bedeutungstragenden wörter hin durchgehen und sie unterstreichen. Man wird merken, daß für ein operationalisiertes lesen die substantive nur eine relative bedeutung haben. Ein prozeß der gewöhnung ist vonnöten.
Bei texten in kleinschrift sollte man in zukunft darauf achten, daß die wörter nicht zu eng beieinander stehen, die zeilen überschaubar sind, genügend durch satzzeichen gegliedert und in sinnvolle abschnitte unterteilt. Auch durch die wahl der drucktypen kann man den text ästhetisch neu strukturieren. Viele schriftsteller, vor allem lyriker, verwenden eine totale kleinschreibung, was für literarische texte von großem vorteil sein kann. Wenn bei der rechtschreibreform dies nicht beabsichtigt ist, so aus dem einfachen grunde, daß die großbuchstaben noch gekannt sein müssen, die abgrenzung der sätze voneinander, sowie die deutliche kennzeichnung der eigennamen und feststehender begriffe für das auge förderlich sind.

2. gesellschaftskritische auswirkungen
Die linguistischen, pädagogischen und bildungspolitischen probleme, die mit der kleinschreibung zusammenhängen, sind, wie schon gesagt, grundsätzlich durchdiskutiert. Es hat keinen sinn, die begründungen immer wieder aufzuzählen. Auch ist genügend auf die abstimmung mit den anderen europäischen sprachen hingewiesen worden. Wenn vor kurzem in der zeitung zu lesen war, daß die großschreibung ausländischen studenten das erlernen der deutschen sprache erleichtere, so mag dies eine nachträglich richtige feststellung sein. Aber aus eigener erfahrung weiß ich, wie schwer für sie zunächst das erlernen der großschreibung ist.
Entscheidend für die rechtschreibreform ist das soziale gefälle zwischen den höheren schulen und der hauptschule. Die rechtschreibung sollte der chancen- und bildungsgleichheit nicht im wege stehen. Um eine abqualifizierung und diffamierung von bestimmten gruppen in der öffentlichkeit zu vermeiden, muß es in unserer heutigen bildungs- und leistungsgesellschaft zu einer grundsätzlichen auseinandersetzung mit der rechtschreibung kommen. Dazu kann und soll die rechtschreibreform den anstoß geben. Ohne eine solche auseinandersetzung bis in die breiteste öffentlichkeit hinein wäre die rechtschreibreform nur ein tropfen auf einen heißen stein. Daß sprachkritik auch gesellschaftskritik ist, ist weithin bekannt. Dies gilt auch für die rechtschreibkritik.
Ob die rechtschreibreform einen bruch mit der literatur der tradition darstellt, hängt nicht von der rechtschreibreform ab. Alle texte bleiben lesbar und können, wenn es sein muß, im

laufe der zeit neu herausgegeben werden. Unser verhältnis zur »literatur in großbuchstaben« hängt von unserer geistigen einstellung zu ihr ab. Wenn sie von der rechtschreibreform in frage gestellt werden könnte, wie einige meinen, dann ist es mit dieser geistigen einstellung schlecht bestellt.
Nicht zuletzt stellt die zusammenarbeit mit den anderen deutschprachigen ländern, der DDR, Österreich und der Schweiz ein problem gegenseitiger vereinbarung dar, aber man sollte es nicht so sehen, daß ein land jeweils dem anderen den »schwarzen peter« zuspielt: so viel kooperation und kontakte wie eben möglich, auch absprachen und rücksichtnahmen, ohne daß die initiative zum stocken käme.
Zum schluß möchte ich die thesen und forderungen nicht wiederholen, nur einen allgemeinen optimismus aussprechen, daß über die lang hinausgeschobene rechtschreibreform nicht mehr bloß geredet wird, sondern daß konkrete dinge unternommen werden von seiten der schule, den öffentlich schreibenden und den so gutwilligen, aber noch tatenlosen kultusministern.

grußworte

Gerhart Rudolf Baum

100 jahre sind wirklich genug

Meine damen und herren, ich bin gerne zu Ihnen gekommen, um Ihnen die stellungnahme der bundesregierung zu den problemen der rechtschreibreform zu übermitteln, die Sie heute hier diskutieren. Ich tue das in vertretung von bundesinnenminister Genscher, der leider nicht an dieser veranstaltung teilnehmen kann.
Es geht hier um ein thema, das nur sehr schwer ohne emotionen zu behandeln ist. Ich fühle mich erinnert an den großen streit, den es in den zwanziger jahren zwischen den anhängern der verschiedenen stenografenschulen — hie Stoltze-Schrey — hie Gabelsberger — gegeben hat und in dem auch der spätere bundespräsident Theodor Heuss engagiert partei ergriffen hatte. Theodor Heuss begann seine rede im reichstag 1925 wie folgt: »In einer stadt nördlich von Peking lernten sich zwei deutsche kennen, und die befreundeten sich in ihrer einsamkeit. Nach einiger zeit stellten sie fest, daß der eine ein preuße, der andere ein bayer sei, und es fiel ein schatten auf diese freundschaft. Aber nach einigen monaten kamen sie wieder zusammen; sie vertrugen sich wieder recht gut, bis sich ergab, daß der eine protestant und der andere ein katholik sei. Neue beschwernis und neue trennung! Doch das alleinsein trieb sie wieder zusammen. Da war der eine Gabelsbergeraner, der andere Stolze-Schreyaner — und sie haben sich nie mehr in ihrem Leben gesehen.« Ebenso heftig scheiden sich heute die geister an der frage, ob an der groß- und kleinschreibung etwas geändert werden soll oder nicht. Es muß melancholisch stimmen, wenn man sich das ehrwürdige alter dieser diskussion vergegenwärtigt.
Seit gut 100 jahren schlagen sich berufene und nichtberufene mit jener eigenart der deutschen sprache herum, von der die einen behaupten, sie stelle eine besondere bereicherung dar, und von der die anderen sagen, sie mache unnötig kompliziert, was auch einfach geregelt werden könne.
Jeder wird seine persönliche meinung haben, die vielleicht damit zusammenhängt, ob er die 78 regeln der groß- und kleinschreibung beherrscht oder nicht. Eigentlich gibt es wohl kaum

einen, der sie, ohne den duden unter dem arm zu haben, perfekt beherrschen könnte, und das, meine damen und herren, ist schon ein argument für eine reform. Bei dieser reform kann es vernünftigerweise nur um objektive und sachliche kriterien gehen, die entweder für das eine oder das andere sprechen. Das hauptargument für die reform scheint mir die leichtere erlernbarkeit zu sein; alles andere entzieht sich einer wirklich objektiven bewertung; hier prallen überzeugungen auf überzeugungen, glaubenssätze auf glaubenssätze, und ich habe wenig hoffnung, daß wir diesen streit mit einer reform aus der welt schaffen können. Leichtere erlernbarkeit bedeutet, daß der aufwand an unterrichtszeit und arbeitskraft herabgesetzt werden kann, daß die überbewertung der rechtschreibleistungen entfällt und daß ausländern der zugang zu unserer sprache erleichtert wird. Die deutsche rechtschreibung würde sich mit dieser reform der rechtschreibung anderer europäischer sprachen anpassen.

Ich sagte schon, daß die reformbestrebungen eine lange geschichte haben. Auf einer vom preußischen kultusminister mit billigung der übrigen bundesstaaten im jahre 1876 einberufenen rechtschreibkonferenz wurde zum erstenmal versucht, eine einheitsschreibweise im deutschen reich zu verwirklichen. Zu diesem schritt war der preußische kultusminister von einer bereits 1872, also vor über hundert jahren, tagenden schulkonferenz der bundesstaaten beauftragt worden. In der jüngsten vergangenheit ist das jahr 1958, in dem der »arbeitskreis für rechtschreibung« seine sogenannten »wiesbadener empfehlungen« veröffentlichte, ein besonderer markierungspunkt. Bemerkenswert ist das interesse, das den reformbemühungen in der letzten zeit entgegengebracht wird. Die bundesregierung, die ich hier zu vertreten habe, steht reformbemühungen generell aufgeschlossen gegenüber — auch in diesem fall. Die haltung der bundesregierung steht in übereinstimmung mit dem beschluß der kultusminister der länder, die sich am 25. Mai dieses jahres für eine rechtschreibreform auf der grundlage der sogenannten »wiesbadener empfehlungen« ausgesprochen haben. Kernstück der in diesen empfehlungen vorgeschlagenen reform ist, wie Sie wissen, die gemäßigte kleinschreibung. Danach sollen anstelle der jetzigen großschreibung der hauptwörter künftig nur noch groß geschrieben werden: die satzanfänge, die eigennamen, die anredefürwörter und gewisse fachsprachliche abkürzungen.

Sprache, auch die schriftsprache, ist eine gesamtstaatliche aufgabe, sie geht im fall der deutschen sprache sogar über die staatlichen grenzen. Sie umfaßt die DDR ebenso wie die Schweiz und Österreich. Es kann davon ausgegangen werden, daß alle regierungen ein interesse daran haben, die einheitlichkeit des deutschen sprachraumes zu wahren. Die Bundesrepublik Deutschland läßt sich von der überzeugung leiten, daß die einheitliche rechtschreibung der deutschen sprache auch im hinblick auf ihre weiterverbreitung in der welt nicht gefährdet werden darf. Wie die kultusminister der länder geht die bundesregierung davon aus, daß eine reform in enger abstimmung mit den genannten staaten zu erfolgen hat. Hinzu kommt: Die verbindende kraft der sprache hat für das deutsche volk in seiner besonderen situation einen ungewöhnlich hohen wert. Ich kann Ihnen heute mitteilen, daß die bundesregierung in den letzten wochen alle notwendigen voraussetzungen geschaffen hat, um die offizielle kontaktaufnahme mit den anderen deutschsprachigen ländern mit dem ziel einer gemeinsamen lösung des problems jetzt vornehmen zu können. Eine entsprechende initiative der bundesregierung steht unmittelbar bevor. Wir werden den deutschsprachigen ländern gemeinsame gespräche, nach möglichkeit vierergespräche, und nicht bilaterale verhandlungen, vorschlagen.

Ich will der frage nicht ausweichen, welche haltung die bundesregierung einzunehmen gedenkt, wenn sich die verhandlungen als noch schwieriger als erwartet herausstellen sollten, ja wenn sich zeigen sollte, daß eine einigung nicht möglich ist. Man könnte sagen, und es gibt sicher viele, die so argumentieren, daß die frage der groß- und kleinschreibung, sollte sie im deutschsprachigen raum unterschiedlich gelöst werden, nun nicht unbedingt eine entwicklung zu verschiedenen deutschen sprachen einleiten müßte. Sicher gibt es einige, die sich bereits heute mit dem gedanken eines möglichen alleinganges beschäftigen. Meine damen und herren, ich würde es sehr bedauern, wenn es so weit käme. Wir hätten dann nur eine halbe reform und nicht die ganze, die wir doch anstreben. Diese informationen wollte ich Ihnen geben.

Somit bliebe mir nur noch, Ihrem kongreß einen erfolgreichen verlauf zu wünschen, Ihnen für Ihre bisherigen bemühungen um die reform der rechtschreibung zu danken und zum schluß eine hoffnung auszudrücken: daß es Ihnen gelingen möge, dazu beizutragen, daß unsere enkel nicht den 200. jahrestag der immer noch nicht beendeten reformdiskussion erleben mögen. 100 jahre sind wirklich genug.

Gerhard Moos

die »wiesbadener empfehlungen« sind die richtige mitte

Die tatsache, daß dieser kongreß von schriftstellerverbänden und der GEW zugleich veranstaltet wird, weist darauf hin, daß bei der diskussion über eine reform der rechtschreibung sowohl sprachwissenschaftliche als auch bildungspolitische aspekte eine rolle spielen.
Eine übereinkunft in der linguistischen argumentation herzustellen, ist schon deshalb außerordentlich schwierig, weil die wissenschaftler je nach der betonung des phonetischen, des historisch-etymologischen oder des logisch-systematischen aspekts zu unterschiedlichen ergebnissen kommen.
Der von der »kultusministerkonferenz« (KMK) eingesetzte »arbeitskreis für rechtschreibregelung« hat im jahre 1958 mit den »wiesbadener empfehlungen« einen allgemein anerkannten reformvorschlag vorgelegt. Mit diesen empfehlungen ist die richtige mitte zwischen den beiden notwendigkeiten der beharrung und der entwicklung getroffen worden.
Für die überlegungen in der »kultusministerkonferenz« gewinnen neben den linguistischen argumenten die bildungspolitischen immer größeres gewicht. Bei diesen geht es vor allem um folgende erfahrungen im bereich der schule, die im wesentlichen durch empirische untersuchungen bestätigt und genauer bestimmt wurden:
Einerseits ist die gesellschaftliche einschätzung der rechtschreibung überaus hoch. Gute rechtschreibfähigkeit gilt als ausweis von intelligenz. Rechtschreibung ist ein wesentlicher gesichtspunkt bei der zweiteilung der gesellschaft in die gebildeten und die ungebildeten. Auch innerhalb der schule gilt die rechtschreibung nach wie vor als kriterium für intelligentes verhalten und spielt eine wichtige rolle bei der empfehlung für den besuch weiterführender schulen.
Andererseits ist durch empirische untersuchungen festgestellt worden, daß kein relevanter zusammenhang zwischen intelligenz und rechtschreibfähigkeit besteht und daß die rechtschreibleistungen weder im positiven noch im negativen sinne eine prognose im hinblick auf den schulerfolg zulassen. Außerdem werden viele schüler, die an sich über kreativität und denkvermögen verfügen, durch die überbewertung der rechtschreibung benachteiligt, weil sich mangelnde rechtschreibfähigkeit auch auf die beurteilung anderer schulischer leistungen negativ auswirkt, z. b. schriftlicher ausdruck und schriftliche arbeiten in anderen fächern. Schließlich besteht ein

deutlicher zusammenhang zwischen sozialer herkunft und rechtschreibfähigkeit, so daß gerade kinder, die von hause aus sprachlich nicht gefördert werden, durch die überbewertung ihrer rechtschreibleistungen besonders benachteiligt sind.
Da eine reform der rechtschreibung im sinne der »wiesbadener empfehlungen«, wie untersucht wurde, die fehlerzahl um 20 bis 25 prozent herabsetzen würde, könnte damit ein beitrag zur erfüllung des verfassungsrechtlich zugesicherten anspruchs auf chancengleichheit geleistet werden.
Nachdem trotz des guten ansatzes von 1958 in den folgenden jahren kein fortgang in der sache erzielt wurde, setzten 1969 von seiten der öffentlichkeit und der KMK wiederum aktivitäten ein. Verbände, wissenschaftler, abgeordnete und privatleute machten erneut auf die dringlichkeit einer reform aufmerksam. Am 25. mai 1973 schließlich stand die »reform der rechtschreibung« auf der tagesordnung der plenarsitzung der KMK in Berlin. Nach eingehender diskussion wurde beschlossen:

1. Die »kultusministerkonferenz« spricht sich für die alsbaldige durchführung einer gemäßigten rechtschreibreform auf der grundlage der wiesbadener empfehlungen aus dem jahre 1958 aus.
2. Die kultusminister gehen davon aus, daß dieser schritt von den deutschsprachigen ländern gemeinsam und in enger abstimmung erfolgen sollte.
3. Der präsident der »kultusministerkonferenz« wird beauftragt, im einvernehmen mit dem bundesminister des inneren die dazu nötigen verhandlungen mit den ländern mit deutscher sprache – der DDR, Österreich und der Schweiz – unverzüglich aufzunehmen.

Im hinblick auf geeignete schritte zur einleitung der reform ist die KMK zur zeit vor allem bemüht, eine übereinstimmung mit den anderen deutschsprachigen ländern herbeizuführen. Die zu diesem zwecke geführten verhandlungen gestalten sich – wie nicht anders zu erwarten und wie aus der geschichte der rechtschreibreform zur genüge bekannt ist – jedoch schwierig. Es würde eine erleichterung für den fortgang der bemühungen bedeuten, wenn breite kreise der öffentlichkeit der reform zustimmten und sich dafür einsetzten. In diesem zusammenhang hat auch der kongreß seine funktion.
Der präsident der KMK ist der auffassung, daß er entscheidend zur aufklärung der öffentlichkeit über die gründe für eine rechtschreibreform beitragen und dadurch die reform selbst unterstützen kann.
In diesem sinne wünscht er dem kongreß einen guten verlauf.

Günther Drosdowski

was sagt der duden zur rechtschreibreform?

Meine damen und herren, ich bin der einladung zu diesem kongreß mit etwas zwiespältigen gefühlen gefolgt. Zum einen freue ich mich, daß ich die gelegenheit habe, die ansichten der dudenredaktion zu einer rechtschreibreform vorzutragen, zum andern bedrückt mich, daß fragen der rechtschreibung — trotz aller bitteren erfahrungen — immer noch mit starken emotionen diskutiert werden, daß bei der argumentation fakten verschwiegen oder verfälscht und die ergebnisse von untersuchungen manipuliert werden. Das gilt sowohl für die gegner einer reform als auch für ihre befürworter. Hinzu kommt, daß probleme der rechtschreibung in letzter zeit in zunehmendem maße ideologisiert worden sind. Ausgehend von der annahme, die rechtschreibung stelle eine hauptsprachbarriere dar, hat man eine korrelation von schichtenzugehörigkeit und rechtschreibleistung hergestellt, wird ohne gesicherte ergebnisse und z. t. im widerspruch zu den erfahrungen von lehrern behauptet, daß die kinder der sogenannten unterschichten in den schulen durch die rechtschreibung benachteiligt würden, wird von zwängen und herrschaftsstabilisierenden elementen in der rechtschreibung gesprochen und die zerschlagung der kapitalistischen großschreibung gefordert. Emotion, unwissenschaftlichkeit, blinder schlagwortglaube — all das hat der sache der reform nicht genützt, sondern geschadet.
Nun, die dudenredaktion beschränkt sich nicht nur darauf, die amtlichen regeln anzuwenden, sie beschäftigt sich auch generell mit dem problem der rechtschreibung. Sie fühlt sich wissenschaftlicher objektivität verpflichtet und bemüht sich mit ihrer arbeit, *allen* menschen die schriftliche verständigung zu erleichtern. Ich habe daher die hoffnung, daß gerade die stellungnahme der dudenredaktion dazu beitragen wird, die gefühlswallungen zu dämpfen, das unbehagen, das noch immer bei vielen menschen gegenüber einer reform besteht, abzubauen und mit überzeugenden argumenten zu der bestmöglichen lösung zu kommen.
Als die teilnehmer an der staatlichen rechtschreibkonferenz von 1901 auseinandergingen, da waren sich eigentlich alle darüber im klaren, daß diese konferenz nicht den abschluß, sondern den anfang in den bemühungen um eine sinnvolle deutsche orthographie bilden sollte. Die einheitlichkeit der rechtschreibung war erreicht — dafür hatten alle teilnehmer, auch Konrad Duden, ihre reformwünsche zurückgestellt —, nun sollte die vereinfachung und verbesserung folgen.

Mehr als siebzig jahre sind seitdem vergangen, von denen beinahe jedes jahrzehnt eine auseinandersetzung mit der rechtschreibung gebracht hat. Diese siebzig jahre sind aber nicht nur durch eine ständige unruhe im bereich der rechtschreibung gekennzeichnet, sondern auch durch eine verhängnisvolle entwicklung in der einschätzung und handhabung orthographischer normen. An den schulen wurde die rechtschreibung weitestgehend unkritisch vermittelt, vieles, was als einigendes band und als orientierungshilfe gedacht war, zur starren norm erhoben, jede abweichung von der norm streng mit dem rotstift geahndet und so unzähligen menschen für ihr ganzes leben die angst vor der blamage beim schreiben eingetrichtert. Die überbewertung der rechtschreibung belastete mehr und mehr den sprachunterricht an den schulen und führte dazu, rechtschreibleistung und intelligenz gleichzusetzen und mit hilfe der rechtschreibung die auswahl für die weiterführenden schulen vorzunehmen. (Ob die rechtschreibleistung wirklich ein indikator für intelligenz und sozialisationsfähigkeit ist, ist übrigens bis zum heutigen tage, soweit mir bekannt ist, weder bewiesen noch widerlegt.) Auch außerhalb des schulischen bereiches wirkte die überbewertung der rechtschreibung fort: Eine mangelhafte beherrschung der rechtschreibung wurde von vielen mit ungebildetheit gleichgesetzt.

Alle versuche, aus der misere herauszukommen, alle noch so gutgemeinten vorschläge, die normen überschaubarer zu machen, haben uns nicht einen schritt weitergebracht. Fast sieht es so aus, als hätten wir uns von dem entfernt, was für Konrad Duden und andere noch eine selbstverständlichkeit war. Die listen mit den reformwünschen sind geschrumpft, und von einigen reformern wird heute sogar nur noch die einführung der gemäßigten kleinschreibung gefordert. Auch das halte ich für eine unglückliche entwicklung – denn unsere rechtschreibung ist seit 1901 nicht besser geworden, sie weist wenig logisch-systematische züge auf und steckt voller ungereimtheiten, ihr regelwerk ist schwer durchschaubar. Will man die rechtschreibung wirklich vereinfachen und verbessern, will man, daß endlich ruhe im bereich der orthographie einkehrt, dann sollte die groß- und kleinschreibung nur in eine umfassendere reform eingebettet sein.

Ich möchte Ihnen nun die bereiche nennen, die die dudenredaktion für dringend reformbedürftig hält und die bei der anstehenden reform vereinfacht und verbessert werden sollten. Diese bereiche stimmen weitgehend mit denen der »wiesbadener empfehlungen« überein. Da die dudenredaktion an den »wiesbadener empfehlungen« mitgearbeitet hat, kann ich mich hier mit einer kurzen kommentierung begnügen und verweise für detaillierte begründungen und umfassende beispiellisten auf den text dieser empfehlungen. (s. anhang, s. 139.)

1. silbentrennung:
Die silbentrennung sollte – abgesehen von den zusammengesetzten deutschen wörtern, deren bestandteile deutlich erkennbar sind – im wesentlichen den sprechsilben folgen. Beispiele: war - um › wa - rum; we - ste › wes - te; eisen - ach › eise - nach; präter - itum › präte - ritum; päd - agoge › pä - dagoge.

2. zeichensetzung:
Die zeichensetzung sollte weitgehend nach sinneinheiten und sprecheinheiten erfolgen. Das komma sollte dort stehen, wo rhythmischer und grammatischer einschnitt übereinstimmen. Beispiele: Sei so gut, und gib mir die zeitung! › Sei so gut und gib mir die zeitung! Sich selbst zu besiegen ist der schönste sieg. › Sich selbst zu besiegen [,] ist der schönste sieg. Die sonne scheint, und es ist drückend heiß. › Die sonne scheint [,] und es ist drückend heiß.

3. ungereimtheiten und inkonsequenzen:
Neben den systematischen verbesserungen sollten gleichzeitig vom einzelfall her die schlimmsten ungereimtheiten und inkonsequenzen in unserer rechtschreibung beseitigt werden. Beispiele: sauerstoffflasche, balletttruppe u. a. wie schiffahrt, brennessel u. a. (oder aber schifffahrt wie sauerstoffflasche); numerieren wie nummer mit zwei mm: nummerieren. Die meisten ungereimtheiten treten bei der zusammen- und getrenntschreibung auf; sie könnten auch bei der bearbeitung dieses bereichs beseitigt werden. Beispiele: gar nicht, aber unterderhand; radfahren, aber auto fahren; einfahrt freihalten, aber einfahrt frei lassen.

4. ß/ss:
Die ligatur ß sollte durch ss ersetzt werden, entweder – wie es bereits in der Schweiz üblich ist – generell oder aber nach allen kurzen vokalen. Beispiele: müssen, ich muß, du mußt, er muß, wir müssen, ihr müßt, sie müssen › ich muss, du musst, er muss, wir müssen, ihr müsst, sie müssen; blaß, blasser, blasseste › blass, blasser, blasseste; schloß, schlösser › schloss, schlösser.

5. vereinfachung der schreibung von fremdwörtern:
Fremdwörter aus lebenden sprachen sollten, wenn sie ihre fremdheit verlieren und sich anzupassen beginnen, auch in der schreibweise angeglichen werden. (Die eindeutschende schrei-

bung sollte nur von fall zu fall, aber nicht systematisch erfolgen, da es auch gegenläufige tendenzen gibt und sich einige wörter der eindeutschung widersetzen.) Beispiele: mayonnaise › majonäse; masseur › massör; shredder › schredder.

6. zusammen- und getrenntschreibung:
Zusammengeschrieben werden sollten nur echte zusammensetzungen, d. h. alle verbindungen, deren teile nicht als satzglieder oder gliedteile fungieren. Beispiele: kennenlernen › kennen lernen; saubermachen › sauber machen; allgemeinverständlich › allgemein verständlich; nichtöffentlich › nicht öffentlich.

7. groß- und kleinschreibung:
Es sollten nur noch die satzanfänge, namen, anredefürwörter und gewisse fachsprachliche abkürzungen (z. b. H_2O) groß geschrieben werden. Die großschreibung der substantive (hauptwörter) sollte aufgegeben werden. Beispiele: Platonische Dialoge › platonische dialoge; Schwarzes Brett › schwarzes brett; im Dunkeln sitzen › im dunkeln sitzen; Montieren der Antenne › montieren der antenne.

Während über die ersten vier bereiche weitgehend einvernehmen herrscht und die endgültige fixierung der regeln keine schwierigkeiten bereitet, gehen die ansichten über vereinfachungen und verbesserungen in den drei bereichen schreibung der fremdwörter, zusammen- und getrenntschreibung und groß- und kleinschreibung auseinander. Die systematische angleichung der fremdwörter griechischen ursprungs durch die ersetzung von ph, th, rh durch f, t, r müßte noch einmal überprüft werden. Dieser schritt würde zu einer besseren integrierung der fremdwörter führen und vor allem fehlerquoten erheblich reduzieren, er würde aber auch die zahl der doppelformen erhöhen, die kluft zwischen allgemeinsprache und fachsprachen vertiefen und dem internationalen ausgleich entgegenwirken (diphterie › difterie; rhythmus › rytmus; phrase › frase; thema › tema). – Überaus schwierig sind die probleme im bereich der zusammen- und getrenntschreibung; sie sollten noch einmal gründlich durchdacht werden, vor allem im hinblick auf die oppositionsschreibungen und betonungsverhältnisse (kalt stellen: kaltstellen; sitzen bleiben: sitzenbleiben usw.). Die befürwortung der getrenntschreibung ist zwar am zweckmäßigsten, sie steht aber im widerspruch zu der durch die kompositionsfreudigkeit der deutschen sprache ausgelösten neigung, immer mehr wörter zusammenzuschreiben. Da die einzelrichtlinien für die zusammen- und getrenntschreibung in den »wiesbadener empfehlungen« sehr kompliziert sind und kenntnisse in der syntax und der diachronischen wortbildung voraussetzen, sollten sie vereinfacht werden. — Die standpunkte in der frage der groß- und kleinschreibung sind unversöhnlich. Allgemein zu bedauern ist, daß nicht mehr untersuchungen durchgeführt worden sind, um vor allem in der frage, ob die kleinschreibung die lesbarkeit und das verständnis von texten beeinträchtigt, zu widerspruchsfreien ergebnissen zu kommen. Wenn man alle vorschläge für die vereinfachung der groß- und kleinschreibung prüft, wenn man unzutreffendes und sekundäres aussondert und alle argumente gewissenhaft gegeneinander abwägt, ist der verzicht auf die großschreibung der substantive die vernünftigste lösung. Substantive lassen sich nun einmal nicht eindeutig abgrenzen; ausschlaggebend sind damit die pädagogischen argumente.

Lassen Sie mich zusammenfassen: Die dudenredaktion ist für eine reform der deutschen rechtschreibung — und unter reform versteht sie das, was dieses wort beinhaltet: eine dem fortschritt verpflichtete, planmäßige und verbessernde neuordnung eines bereiches.

Die dudenredaktion ist der ansicht, daß bei der durchführung der reform unter allen umständen versucht werden muß, die mühsam errungene einheitsschreibung im deutschsprachigen raum zu wahren. Es wäre geradezu paradox, wenn der zweite schritt, die vereinfachung und verbesserung der rechtschreibung, den ersten schritt, die durchsetzung der einheitlichkeit, aufheben würde. Die deutschen verhältnisse stimmen nicht mit den dänischen überein. Wir müssen dem umstand, daß die deutsche sprachgrenze nicht identisch ist mit der grenze der Bundesrepublik Deutschland, rechnung tragen und erreichen, daß wenigstens die mehrheit der deutschsprachigen länder, also drei, die reform gleichzeitig durchführt. Das vierte land würde dann sehr wahrscheinlich in den sog geraten und nachziehen.

Die dudenredaktion tritt dafür ein, die rechtschreibreform *jetzt* in angriff zu nehmen. Weiteres abwarten könnte zu einer aufweichung führen und damit die gefahr heraufbeschwören, daß wir in das 19. jahrhundert zurückfallen, in eine zeit, als zeitungs- und buchverlage über eigene hausorthographien verfügten, als die länder verschiedene schulorthographien hatten und selbst an den schulen die lehrer noch zusammentreten mußten, um sich darüber zu einigen, welche rechtschreibung sie nun lehren wollten. Da sich die kultusminister der länder auf ihrer sitzung am 25. mai 1973 in Berlin für eine reform ausgesprochen haben, steht jetzt nichts mehr im wege, daß die zuständigen stellen im deutschsprachigen raum arbeitskreise und kommissionen beauftragen, die arbeit *sofort* aufzunehmen, das reformwerk endgültig zu fixieren und die reform durchzuführen. Die dudenredaktion hat auf den beschluß der kultusministerkonferenz hin bereits mit der arbeit begonnen und sich mit den reformvorschlägen der »wiesbadener empfehlungen« und des »trierer germanistentages« auseinandergesetzt. Sie ist zur zeit dabei, den bereich der namen und pseudonamen, dem ja für die groß- und kleinschreibung eine besondere bedeutung zukommt, aufzuschlüsseln. Viel ist noch zu tun. Wenn wir aber alle gemeinsam auf das ziel hinarbeiten, wenn wir mit sachlichen argumenten eine sachliche lösung anstreben, könnten wir in etwa zwei jahren eine sinnvollere deutsche rechtschreibung haben und zu einer vernünftigen einschätzung orthographischer normen gelangt sein.

W. W. Hiestand

plädoyer für die rechtschreibreform

(stellungnahme der bürgerinitiative »aktion kleinschreibung e. v.«, Tuttlingen)

»Kleinschreibung ist ein attentat«. Unter dieser schlagzeile erschien kürzlich in einer westdeutschen fachzeitschrift (graphik 8/73) ein recht polemischer artikel gegen die rechtschreibreform.

Solche überschriften geben zu überlegungen anlass. Auf wen soll ein attentat verübt werden? Wer plant es?

Ich hatte bisher weder die mehrheit unserer bevölkerung, und diese mehrheit befürwortet die kleinschreibung,

noch die 40.000 personen, die hinter unserer bürgerinitiative stehen,

noch unsere kultusminister und bildungssenatoren im verdacht, attentäter zu sein.

Selbstverständlich gibt es argumente gegen jede reform, hinter denen jedoch häufig recht individuelle gründe zu finden sind. Sie werden dies beim studium der im foyer ausgelegten und verteilten schriften gegen die rechtschreibreform selbst feststellen können.

Wir von der »aktion kleinschreibung e. v.« sind uns im klaren darüber, dass wir in einer pluralistischen gesellschaft leben. Wir reformer wollen ja keinen zwang. Wir anerkennen die steckenpferde unserer mitmenschen und werden nach der rechtschreibreform die bisherige rechtschreibung tolerieren. Und wem es spass macht, den lassen wir auch unterscheiden

wie unsere urgrossväter vor 1901 zwischen »als« und »alß«, »Ton« und »Thon« usw.
Wir akzeptieren auch, dass zeitgenossen für die wiedereinführung des alten frakturdrucks und der deutschen schrift eintreten und dass dieselben personen noch mehr grossschreibung wünschen. Wir hoffen allerdings, dass die wünsche, die in der an Sie verteilten »denkschrift« (»Der Sprachpfleger«, sonderheft 3) enthalten sind, nie die zustimmung von mehr als zwei prozent unserer bevölkerung erhalten werden.
An starken worten fehlt es bei diesen »sprachpflegern«, die sprache, rechtschreibung und schrift bunt durcheinander mischen, jedenfalls nicht. Sicher haben auch Sie mit ergötzen den absatz 22 der denkschrift gelesen, der auf das »wesen« der einschrift eingeht. Hier heisst es wörtlich:
»Ihrem wesen nach ist also die auf gemischtschreibung verzichtende nurkleinschreibung nicht nur mittelalterlich-rückständig, sondern altertümlich-rückständig (›antik-reaktionär‹), ja, sogar urzeitlich-rückständig (›archaisch-reaktionär‹).«
Ja, sind wir rechtschreibreformer, angefangen bei Jacob Grimm über Konrad Duden bis zu uns heute kommend, sind wir wirklich ortografische neandertaler?
Die rechtschreibreformer haben sich daran gewöhnt, dass abwechselnd von »linken ideologen« und »rechten faschisten«, von hohl- (Grünen, Kaufbeuren) und dummköpfen (HS in tip 26/72), von »schwachbegabten und bildungsunfähigen« (F. Rahn), von »ortografie-revoluzzern« und »kleinschreibmafia« gesprochen und geschrieben wird, wenn es gilt, die reformbestrebungen in der öffentlichkeit zu verunglimpfen.
In einigen zeitungen und den ausgelegten flugblättern steht, wir wollen die schüler um das »gehirntraining« bringen und den »generationenkonflikt verschärfen« (Welt am Sonntag, nr. 31/1973), einen »typisch pseudolinken kahlschlag« durchführen, »die deutsche sprache (!) verraten« oder gar mit dem »trick der ortografie reinen tisch, sprich revolution machen« (FAZ, 7. 3. 1973). Ein journalist (H. Habe) schreibt: »die faulen und blöden jubeln«, und er verschweigt, dass die reformfreudigkeit besonders unter den hochschulabsolventen verbreitet ist. Herr Kanold aus Berlin schliesslich schreibt, wir würden »in feindlichem auftrag unsere gesittung, kultur und überlieferung zerstören«.
Man könnte lächelnd all diese ergüsse zu den akten legen, wüsste man nicht, wie ernst die argumente vorgebracht werden. So wandte sich beispielsweise ein recht bedeutender professor aus der Schweiz gegen die reform, weil er nicht wollte, dass »fortan jeder gimpel und halbanalfabet in den besitz einer schreibweise käme, die sozusagen keine fehler mehr möglich macht« (prof. Zbinden, universität Bern).

Wir teilen auch nicht die meinung des mitherausgebers einer bedeutenden tageszeitung, der da schreibt:
»wir verschweigen nicht, dass zeitungen, die sich gegen die konkurrenz der bilder und bildfabriken behaupten wollen, ein vitales interesse an der erhaltung der grossen anfangsbuchstaben haben«,
und der in demselben artikel bekanntgibt:
»Einstweilen mobilisieren wir den widerstand«,
und der abschliessend verkündet:
»Wir verteidigen (mit der jetzigen rechtschreibung) eine sache, die uns lebenswichtig ist« (Karl Korn in der FAZ, 2. 12. 1963).
Solche gegner werden wir wohl nie überzeugen können. Ich nehme an, dass keinem rechtschreibreformer diese reform »lebenswichtig« ist und dass sich jeder den blick für prioritäten bewahrt hat.
Wir hoffen, dass sachliche information etwas nützt und wollen diese hier gerne geben.
Sehr geehrte anwesende, wußten Sie schon,
dass etwa 40 prozent rechtschreibregelfehler nur auf die fehler in der gross- und kleinschreibung entfallen, zu der es nach Mentrup etwa 78 regeln gibt?
Dass es zudem 83 regeln zum zusammen- und getrenntschreiben, 50 regeln zum bindestrich, 20 zur silbentrennung, 20 zum apostrof usw. gibt?
Wussten Sie, dass nur vier prozent der lehrer überzeugt sind, dass ihre schüler die gross- und kleinschreibung beherrschen, obwohl hierfür die meiste zeit im rechtschreibunterricht verwendet wird? (Max-Planck-Institut, 1972)
Viele schüler scheitern wegen rechtschreiben, obwohl dieses mit intelligenz sehr wenig zu tun hat. Durch eine gemässigte rechtschreibreform könnten — trotz geringerem lernaufwand — weit über 50 prozent der fehler vermieden werden. Die reformgegner müssen in der regel keine diktate und arbeiten mehr schreiben, bei denen die benotung, versetzung oder aufnahme in eine höhere schule von der rechtschreibung abhängen kann. Und leider hat sich bisher noch kein gegner bereiterklärt, an einem der öffentlichen diktate der »aktion kleinschreibung« teilzunehmen.
Trotz der pressekampagnen geht der anteil der reformgegner ständig zurück. In den fünfziger jahren sprachen sich bei einer hörerbefragung des zürcher radiostudios noch 80 prozent der antwortenden gegen die reform aus. Im frühjahr 1973 sank deren anteil in der Schweiz auf 17 prozent ab (befragung durch das institut SCOPE, Luzern). In der BRD sprachen sich noch 32 prozent gegen die kleinschreibung aus (INFAS-untersuchung). (Eine befragung durch das allensbacher demoskopi-

sche institut erbrachte im herbst 1973 nur noch 23 prozent reformgegner.)

Diese entwicklung ist erfreulich, und sie zeigt, dass die reformgegner, die den widerstand organisieren, weil ihnen die jetzige rechtschreibung lebenswichtig ist, nicht die erhoffte resonanz bekommen. Die öffentlichkeit lässt sich von den ideologen für und gegen die reform nur wenig beeinflussen. Logische gründe und praktische erwägungen finden mehr beachtung.

Obwohl die engeren mitarbeiter unserer bürgerinitiative sich sehr für die reform einsetzen und einen erheblichen teil ihrer freizeit für sie opfern, halten wir die kleinschreibung und die anderen vereinfachungen nicht für lebenswichtig. Es gibt grössere probleme, allerdings kaum eines, das sich mit so geringem aufwand und etwas gutem willen lösen liesse.

Die rechtschreibreform ist eine chance. Eine chance, die wahrgenommen werden sollte. Nicht wegen uns. Die anwesenden brauchen diese reform wahrscheinlich am wenigsten, und viele von uns werden sich nicht mehr umstellen. Dies ist ja auch nicht notwendig. Genausowenig wie der neudruck der literatur, was als zweckbehauptung immer wieder vorgebracht wird.

Wir wollen die reform doch für unsere kinder und enkel, für jene, die rechtschreiben noch lernen müssen. Und für all jene, denen durch rechtschreibzwang die freude am schriftlichen ausdruck vergällt wurde. Für die also, die bei den argumenten der reformgegner nicht berücksichtigt werden, denn die so oft behauptete schlechtere lesbarkeit ist durch die praktische untersuchung von prof. Haberl und die erfahrungen in Dänemark schon lange widerlegt, wie Sie in der materialsammlung unserer aktion nachlesen können. Darüber schweigen sich die reformgegner jedoch aus.

Sicher ist Ihnen bekannt, dass die kultusministerkonferenz seit 1950 (!) »die deutsche rechtschreibung vereinfachen und organisch weiterentwickeln« will. Doch trotz der empfehlungen von Stuttgart (1954) und Wiesbaden (1958) blieben die vereinfachungen aus. Die gründe sind uns weitgehend bekannt.

Es war nun recht ruhig geworden um die reformbestrebungen, bis im letzten jahr einige aktivitäten das interesse der öffentlichkeit erregten.

Eine davon war die gründung der »aktion kleinschreibung e. v.« im mai 1972 in Tuttlingen, für die ich hier spreche.

Der verein und die bürgerinitiative sind überparteilich und unabhängig und arbeiten nach gemeinnützigen grundsätzen.

Die aktion möchte die öffentlichkeit über die reformpläne und neue wissenschaftliche untersuchungen hierzu informieren!

Die bürgerinitiative richtete am 25. 6. und 2. 11. 1972 und am 8. 1. 1973 »offene briefe« an die konferenz der kultusminister und bat diese — unterstützt durch die ständig mehr werdenden unterschriften von bürgern —

1. um die baldige beratung des komplexes »rechtschreibreform« in der konferenz und anderen zuständigen gremien. Diese beratungen sind inzwischen positiv verlaufen. Aber noch warten wir auf taten.
2. wünschten wir die wiederbelebung des offiziellen »arbeitskreises für rechtschreibregelung«, der nach einem jahrzehnt dornröschenschlafs wieder aktiv werden sollte.
3. baten wir um die einberufung eines internationalen gremiums, das sich aus offiziellen vertretern aller beteiligten staaten zusammensetzen und verbindliche regeln ausarbeiten sollte, und
4. erhofften wir die sofortige freigabe der strittigen fälle sowie eine gewisse liberalisierung des rechtschreibunterrichts, zumindest bis die erlernbaren regeln in kraft getreten sind.

Die antwort der kultusministerkonferenz vom 7. 7. 1972 war klar und unmissverständlich:

»Voraussetzung (für die rechtschreibreform) ... wäre eine breitere bewusstseinsentwicklung in der öffentlichkeit, welche sodann eine staatliche entscheidung gleichsam als letzten akt nach sich ziehen könnte ...«

Schon zuvor war von einer schweizerischen offiziellen stelle ähnlich argumentiert worden:

»Wir stehen dem gedanken der gemässigten kleinschreibung äusserst sympathisch gegenüber ... der durchbruch müsste in der praxis erfolgen ...« (erziehungsdepartement an prof. L. Wiesmann, Basel).

Diese auskünfte sollten unserer meinung nach bei den gesprächen und beschlüssen auf dem kongress unbedingt berücksichtigt werden.

Bisher haben sich der bürgerinitiative etwa 40.000 personen, darunter 18.000 lehrer, angeschlossen. Die ehrenamtlichen mitarbeiter der aktion beantworteten 7.000 zuschriften, versandten 80.000 informationszettel und warben 600 mitglieder, die für die druckkosten und portoausgaben einstehen. Ausgaben für löhne, honorare, spesen, fahrten usw. haben wir keine, da alle mitarbeiter sich uneigennützig für die reform einsetzen.

Etwa 60 prozent der vereinsmitglieder sind in schulen und hochschulen tätig, weitere 20 prozent haben überdurchschnittlich viel mit rechtschreiben zu tun (z. b. setzer, korrektoren, journalisten).

In ihrer satzung hat sich die »aktion kleinschreibung« nicht auf eine bestimmte form der rechtschreibvereinfachung — und schon gar nicht auf die kleinschreibung allein — festgelegt. Wir befürworten jedoch die sechs empfehlungen von Wiesba-

den, da sich der verein in der satzung auf eine vereinfachung festlegte, die auch für nichtumsteller lesbar bleibt.
Von den verantwortlichen und auch von diesem kongreß erhofft die bürgerinitiative »taten statt worte«. Noch besteht die möglichkeit zur schaffung einer rechtschreibung, die erlernbar ist. Weiteres zögern führt unweigerlich zu »wilden reformen« und neuem rechtschreibwirrwarr.
Wir wollen nicht an die wortsubstanz rühren und auch nicht die sprache ändern oder gar auf »industrienorm« (FAZ 26. 9. 1973) bringen. Jede rechtschreibung braucht von zeit zu zeit vernünftige reformen, d. h. gemässigte reformen. Die hartnäckigen reformgegner aber arbeiten – ungewollt – für radikale reformen. Denn wenn wir, wenn wissenschaft, dichtung, presse, schule und wirtschaft nicht jetzt den weg zu einer logischeren und humaneren rechtschreibung ebnen können, so werden wir wohl alle eines tages vor der tatsache stehen, dass sprache und rechtschreibung nicht mehr von uns mitbeeinflusst werden, sondern dass eine technische entwicklung überaltertes beseitigt und eine radikale umstellung erzwingt.
Das wollen wir nicht.
Deshalb sind wir hier.

arbeitsgruppenreferate

Siegfried Jäger

der gegensatz zwischen herrschender rechtschreibung und sprachrichtigkeit und seine folgen in schule, beruf und familie

Meine damen und herren, gestatten Sie mir eine persönliche vorbemerkung. Als ich mich zu hause an meinen schreibtisch setzte, um mir erneut gedanken zu machen über die schädlichen auswirkungen der heute herrschenden orthographie in unserer gesellschaft, da war ich äußerst unlustig und zugleich wütend, mich wieder mit einer sache beschäftigen zu müssen, die längst in den papierkorb der geschichte gehörte. Zum thema rechtschreibreform sind in den letzten 70 jahren, also seit uns der herrschende übelstand beschert wurde, tausende von artikeln in zeitschriften und zeitungen und meterweise bücher produziert worden, in denen das für und wider der reform sorgfältig abgewogen und sattsam ausgebreitet worden ist. Eine fülle wissenschaftlicher untersuchungen ist durchgeführt worden zum zusammenhang von rechtschreibleistung und intelligenz, zur frage der lesbarkeit von texten nach der reform, zu den wirtschaftlichen auswirkungen, zur frage von schulerfolg und rechtschreibleistung, zur frage des einflusses der reform auf die syntaktische struktur der deutschen sprache usw. usw. Und sie alle sind zu keinem anderen ergebnis gekommen als dem: Die alte rechtschreibung muß weg! Im grunde streitet man sich, von einigen ewig-gestrigen abgesehen, auch nur noch um das wie.

Die zeit, die ich am schreibtisch verbracht habe und die Sie hier verbringen, um sich mit einem theoretisch längst gelösten problem herumzuschlagen, steht mir gleichsam symbolisch für die millionen von lehrer- und schülerstunden, die verquestet, schlicht verschwendet wurden, um die schüler an normen zu gewöhnen, die sie (wie ihre lehrer) nicht durchschauen können, weil sie nicht durchschaubar, weil sie schlicht irrational sind.

Weshalb sitzen wir trotzdem hier und weshalb werden zur gleichen zeit in tausenden von schulen weiter schweiß, gedanken und geld darauf verschwendet, etwas zu lernen, was weder rational noch rationell ist, was weder im interesse des einzelnen noch direkt, wenn auch vielleicht indirekt, im interesse der wirtschaft liegt?

Weshalb konnte die reform, für die in den »wiesbadener empfehlungen« des arbeitskreises für eine rechtschreibreform eine vorerst einigermaßen brauchbare basis gegeben ist, bisher nicht durchgeführt werden, obwohl nachgewiesen ist, daß bereits durch eine solche reform auf der grundlage der »wiesbadener empfehlungen« rund die hälfte aller rechtschreibfehler nicht mehr vorkämen? Obwohl also zeit und geld eingespart werden könnten, und obwohl – wie umfragen ergaben – nur eine minderheit der bevölkerung – so um die 20 prozent – etwas gegen eine reform hätten, ist diese bisher nicht zustande gekommen.
Wir stehen vor einem rätsel, dessen qualität nur im vergleich sichtbar wird: Es ist ebenso groß, wie wenn im jahre 1973 in haushalt und industrie kein elektrischer strom verbraucht würde. Das rätsel würde sich allerdings schon teilweise auflösen, wenn wir wüßten, wer denn genau die 20 prozent der reformgegner sind, welche gesellschaftliche und berufliche position sie haben, welchem soziokulturellen erbe sie verhaftet sind, wie ihr arbeitsplatz beschaffen ist, welche macht sie haben usw. Ohne daß eine solche analyse vorläge, möchte ich doch behaupten, daß es sich bei diesen 20 prozent vorwiegend um solche personen handelt, die eher reich als arm, eher konservativ als liberal, eher kopfarbeiter als handarbeiter, eher dem traditionellen bildungserbe der kaiserzeit verhaftet sind als modern. Sie sitzen in den zentren des ausbildungsbereiches, in den massenmedien, den verlagen, den ministerien und schulkollegien, den hochschulen und schulen. Sie haben die macht, durch meinungsmache und direkt ausgeübten druck ihre irrationalen liebhabereien der gesamtbevölkerung aufzuzwingen. Dabei helfen ihnen freilich gesetze und internationale vereinbarungen. Und hier liegt ein anderer teil für des rätsels lösung: Durch die offizielle festschreibung der orthographie, zuletzt und am massivsten durch die setzung der kultusminister der länder vom 18. und 19. november 1955, daß die duden-orthographie in zweifelsfällen für alle verbindlich sei, erfahren die gegner der reform wichtige schützenhilfe, ebensosehr aber auch durch die vereinbarung der deutschsprachigen länder, in sachen rechtschreibung nur einmütig zu verfahren. So ist der letzte reformversuch bekanntlich wegen des einspruchs der Schweiz und Österreichs 1959 geplatzt.
Demnach sind drei schwerpunkte des widerstandes gegen die reform zu sehen, deren ursachen noch kurz angedeutet werden sollen:

1. Zum widerstand der (so will ich sie mal nennen) konservativen: Sie sind wohl kaum böswillig, sondern schlicht bor-

niert. Ihnen gilt, wie Fritz Rahn sich verteidigte, die herrschende orthographie als willkommenes geistiges zuchtmittel — also gleichsam als eine art rohrstockersatz. Hier herrscht die ideologie von zucht und ordnung — oder psychoanalytisch ausgedrückt —, hier sind die folgen einer sozialisation, die zum analen zwangscharakter führen, unmittelbar abzulesen, was auch darin seinen ausdruck finden mag, daß man unter den reformern böse revolutionäre am werk wähnt, denen es nur um die vernichtung der tradition gehe, wie ein berühmt berüchtigter sprachfreund fürchtet.

2. Doch nun zum widerstand der offiziellen stellen durch gesetzliche festschreibung: Hier handelt es sich um den wunsch nach nationaler einheitlichkeit, der allerdings seine zwanghafte verkürzung in der fixierung des bestehenden erfährt. Daß gerade dadurch die einheitlichkeit der schreibung weitgehend verhindert wird, wird nicht gesehen. Aber dadurch, daß das gesetz die irrationale rechtschreibung von 1901 fixiert, trägt es dazu bei, daß rund 80 bis 90 prozent der bevölkerung von ihr abweichen.
3. Ähnliche hintergründe hat der widerstand, der durch die einmütigkeitsvereinbarung bedingt ist: Diesem gedanken liegt die angst vor sprachspalterei zugrunde und bei manchen sind es möglicherweise auch nationalistische relikte, die diese angst nähren. Wie dem auch sei: In jedem fall ist dieser gedanke ganz schön borniert: als ob es sich z. b. die Schweiz auf die dauer leisten könnte, sich den schreibgepflogenheiten des übrigen deutschsprachigen raumes nicht anzuschließen!

Ehe ich vorschläge dazu machen kann, wie dieser irrationale widerstand von der basis her abzubauen ist, möchte ich etwas weiter ausholen, um unseren gegenstand näher zu beleuchten.

Unter rechtschreibung versteht man die für die schreibung der geschriebenen überregionalen sprache festgelegte weise, wörter zu schreiben.

»Recht« (adj.) bedeutet nicht nur *richtig*, sondern auch: *was den gesetzen und den geboten der sittlichkeit entspricht* (vgl. Paul, dt. wörterbuch). So spricht auch W. Mentrup (dudenredaktion) von einer heute herrschenden »schriftwirklichkeit . . ., die durch ein jahrhundertelang gewachsenes und heute ausgefeiltes system massiv genormt ist und deren verwurzelung fast in die ethisch-moralischen bewußtseinsschichten hineinreicht«. Die frage, in wessen bewußtseinsschichten, habe ich vorhin schon zu beantworten versucht.

Als »*richtig*« gilt die heutige schreibweise dann, wenn sie mit den vorschriften des rechtschreib-dudens übereinstimmt bzw. mit dem, was die schulmeister und sprachlichen auskunfteien (z. b. »gesellschaft für deutsche sprache«, Wiesbaden) (oft fälschlich) als die duden-norm internalisiert haben. Der rechtschreib-duden nämlich enthält durchaus doppelschreibungen und dazu das folgende, an zentraler stelle stehende, den meisten wohl unbekannte motto: »Persönlicher schreibung, etwa im anschluß an die mundart oder an die umgangssprache, soll ... durchaus raum gelassen werden.« (16. aufl. 1968, s. 37)

De facto ist dieser spielraum allerdings gering, denn die zahl derer, »die eine klare entscheidung suchen« (ebd.), auch wenn sie keiner dazu zwingt, und die die macht haben, mit solchen entscheidungen sanktionen auszuüben, ist immer noch groß. Sie berufen sich dabei auf den erwähnten beschluß der kultusminister von 1955 über die verbindlichkeit des (rechtschreib-)dudens in zweifelsfällen, ohne die diskrepanz zwischen diesem beschluß und dem oben zitierten duden-motto zur kenntnis zu nehmen, ja, sie dehnen die verbindlichkeit des dudens völlig ungerechtfertigt auf fragen der grammatik, des stils und des wortschatzes aus. Erstes fazit: Die staatliche sanktionierung der verbindlichkeit des dudens bietet keine sichere grundlage für ein sprachliches »richtig«, da der duden selbst persönlicher schreibung programmatisch beliebigen spielraum in umgangssprachliche und mundartliche gebiete hinein beläßt. Dies bedeutet, daß es keine normative grundlage für die rechte schreibung gibt.

Ebensowenig gibt es eine wissenschaftliche grundlage für die rechte schreibung: Die heute gängige rechtschreibung ist in sich völlig unsystematisch, was seinen grund darin hat, daß im laufe der jahrhunderte bis in die heutige zeit hinein völlig disparate kriterien für ihre etablierung angelegt wurden und tradierte schreibweisen trotz mangelnder einheitlichkeit beibehalten wurden. Der versuch, der in althochdeutscher zeit begann, der deutschen sprache eine buchstabenschrift in anlehnung an das lateinische zuzuordnen, ist stückwerk geblieben: Laute und buchstaben entsprechen sich in einer großen zahl von fällen nicht, was zur folge hat, daß die schreibweise der wörter jeweils einzeln eingeprägt werden muß. Eklatante beispiele sind:

a) Der laut (ʃ) wird durch drei buchstaben repräsentiert: sch, außer wenn ihm die laute (*t*), (*p*) folgen. In diesen fällen wird er durch einen buchstaben *s* repräsentiert, der allerdings einer reihe verschiedener s-laute entspricht. Der im norden Deutschlands übliche *s-pitze s-tein* ist aus dem wunsch nach schriftsprachlichem sprechen entstanden.
b) Für den laut (*t*) stehen im auslaut die buchstaben *d* oder *t* wie z. b. in hund und bunt.
c) Der laut (*i:*) kann in vierfacher weise durch buchstaben repräsentiert werden,

a) durch *i* z. b. in *stil,*
b) *ie* z. b. in *stiel, stiefel,*
c) durch *ih* z. b. in *ihn,*
d) *ieh* z. b. in es *zieht* (wobei das h ein restauriertes morphophonem ist).

d) Die feste lautkombination (*kw*) wird durch eine buchstabenkombination repräsentiert *qu*, die mit der aussprache nicht das geringste zu tun hat.
e) Die lautkombination (*ks*) gar wird durch mindestens drei verschiedene einzelbuchstaben oder buchstabenkombinationen repräsentiert, z. b. durch *x* in *hexe*, durch *chs* in *wechsel* und durch *cks* in *häcksel.*
f) Der scharfe *s*-laut wird ebenfalls auf dreifache weise repräsentiert, z. b. durch *s* in *das*, durch *ß* in *daß*, durch *ss* in *wasser* oder *klasse.*
g) Die groß- und kleinschreibung usw.

Historisch-etymologische, pseudogrammatische, pseudodifferenzierende und pseudoästhetische kriterien haben, völlig willkürlich nebeneinanderstehend, dazu beigetragen, daß die heute herrschende orthographie der wechselbalg geworden ist, der er ist. (Und ähnliche argumente, zu denen pseudo-ökonomische und pseudo-liberale hinzukommen, werden auch heute wieder gegen die reform vorgebracht.)

Zweites fazit: Die deutsche orthographie ist in sich »unrichtig«. Sie sollte daher konsequenterweise als un-recht-schreibung bezeichnet werden.

Zu fragen wäre nun, wo die schwerpunkte einer reform der deutschen orthographie zu liegen hätten, durch die die schlimmsten schikanen, die durch die herrschende orthographie möglich sind, abgebaut werden können.
Als die wichtigsten erscheinen mir:

a) in der groß-und kleinschreibung: einführung der gemäßigten kleinschreibung. Zu erwägen wäre durchaus die radikale kleinschreibung, da auch bei der gemäßigten kleinschreibung einige schwierigkeiten bestehen bleiben. Auch ökonomische gründe würden dafür sprechen,
b) im bereich der dehnung: einführung eines allgemeingültigen dehnungszeichens,
c) im bereich der kürzung: z. b. generelle einführung oder generelle abschaffung der doppelkonsonanten nach kurzem vokal,
d) im bereich der silbentrennung: trennung an allen artikulationsgrenzen,
e) im bereich der fremdwörter: angleichung der fremdwörter an die deutsche schreibung (z. b. ortografie),

f) im bereich der zusammen- und getrenntschreibung: zusammenschreibung echter komposita und freigabe aller übrigen fälle,
g) im bereich der zeichensetzung: freigabe der kommasetzung.

Ähnliche forderungen enthalten die bereits genannten »wiesbadener empfehlungen« von 1958, die grundlage des gescheiterten letzten großen reformversuchs waren. Die vereinheitlichung von dehnung und kürzung war den »wiesbadenern« allerdings ein großer brocken. Der verzicht auf diese forderung war ein zugeständnis an eine reaktionäre öffentlichkeit: »Die lösung dieses problems« — so die empfehlungen — »wird deshalb erst einer generation gelingen, die den eigenarten der schrift unbefangener gegenübersteht als unsere.« Diese unbefangenheit scheint aber heute, rund 15 jahre später, immer noch nicht erreicht zu sein: Bei den vorbesprechungen zu diesem kongreß wurde mein vorschlag, die vereinheitlichung in diesem bereich in den katalog der reformvorschläge im resolutionsentwurf aufzunehmen, mit der begründung abgelehnt, daß eine so weitreichende forderung die gesamte reform gefährden könne.
Die neben der groß- und kleinschreibung häufigste fehlerquelle in der deutschen orthographie soll also nicht angetastet werden. Ich halte das für unverantwortlich und schlage vor, daß besonders dieser punkt gegenstand der diskussion dieser arbeitsgruppe sein soll.
Warum das zugeständnis der »wiesbadener empfehlungen« in sachen dehnung und kürzung nichts genützt hat, wodurch die befangenheit der öffentlichkeit bedingt ist, und — wie Mentrup wohl zu recht vermutet — wie es zu der verwurzelung der herrschenden schriftwirklichkeit in ethisch-moralische bewußtseinsschichten gekommen ist, läßt sich wohl kaum restlos klären. Doch folgende komponenten scheinen dabei eine rolle gespielt zu haben:

a) Die heutige schriftwirklichkeit verdankt ihr entstehen in erster linie dem gedanken der nationalen einigung. Die gemeinsame schreibweise galt und gilt auch heute noch gleichsam als symbol der deutschen einheit über alle grenzen hinweg. Die »wiesbadener empfehlungen« konnten mit dem ergebnis: BRD dafür, DDR dafür, Österreich unentschieden, Schweiz dagegen, abgelehnt werden, da man sich im vornhinein geeinigt hatte, daß für die annahme der empfehlungen einstimmigkeit herrschen solle. Die regelung von 1901 hat zugunsten einer regelung um jeden preis im nationalstaatlichen interesse die sachlichen forderungen an eine einheitliche rechtschreibung vernachlässigt. Dieses nationalstaatliche interesse hat bis 1945 im vordergrund gestanden und bekam danach durch die teilung Deutschlands neues gewicht. Ich sehe jetzt die gefahr, daß im interesse eines erfolges um jeden preis mit der wichtigste teil der reform, die reform von dehnung und kürzung, geopfert werden soll. Das ist wissenschaftlich und pädagogisch nicht zu vertreten; zu unrecht, wie ich meine, wird daraus ein politikum gemacht, da reform an dieser stelle angeblich das schriftbild erheblich verändern würde. Der text, der Ihnen vorliegt (s. s. 64), zeigt, daß die änderung des schriftbildes bei vereinheitlichung von dehnung und kürzung kaum als gravierend anzusehen sein dürfte und daß die damit verbundenen weiteren probleme durchaus lösbar sind.

b) Für das irrationale herangehen an die probleme der rechtschreibung scheint mir auch das folgende mit verantwortlich zu sein: Schreiben galt lange zeit hindurch als eine art geheimwissenschaft. Je undurchschaubarer die prinzipien der schreibung sind, desto leichter kann sie diesen charakter behalten, desto leichter kann sie als mittel sozialer distanzierung verwendet werden.

c) Ferner ist in diesem zusammenhang zu bedenken, daß die fähigkeit zu schreiben noch bis in das vorige jahrhundert hinein den gebildeten ständen, will sagen den reichen, vorbehalten geblieben ist. Schreibenkönnen wurde daher mit intelligenz gleichgesetzt. Das geschieht auch heute noch. Eine vereinfachung der orthographie wäre geeignet, diesen mythos zu zerstören. Sie würde die rechtschreibung als soziales kanalisierungsmittel unbrauchbar machen.

Die folgen der ausgebliebenen reform sind unter anderem

1. *im schulischen bereich:*

a) vergeudung öffentlicher mittel für ein sinnloses ziel: Pro jahr werden in der Bundesrepublik allein mindestens 200 000 000 schülerstunden bzw. sieben millionen lehrerstunden für die erlernung der rechtschreibung aufgewendet (schätzung, L. Weisgerber, 1964).

b) vergeudung notwendiger zeit für einen vernünftigen deutschunterricht, dessen primäres ziel die erweiterung der kommunikativen kompetenz der schüler darstellt. Die rechtschreibung spielt hier eine völlig untergeordnete rolle.

c) einübung (drill) in die hinnahme irrationaler tatbestände mit der folge, daß die kinder einem für sie ebenso irrationalen produktionsprozeß besser eingegliedert werden können.

d) benachteiligung der ohnedies benachteiligten kinder von

arbeitern. Empirische untersuchungen haben ergeben, daß das »versagen« in rechtschreibung schichtspezifisch zu ungunsten der arbeiterkinder verteilt ist. Damit funktioniert die herrschende rechtschreibung vorzüglich als mittel der stabilisierung und legitimierung der bestehenden hierarchischen sozialstruktur, die eine folge und eine bedingung der kapitalistischen marktwirtschaft ist. Ferner trägt sie bei zur aufrechterhaltung der sogenannten *sprachbarrieren*. Sie erweist sich damit auch in sozialer hinsicht als un-recht-schreibung.
R. Rigol stellte bei einer repräsentativen erhebung die folgenden durchschnittlichen fehlerzahlen fest:

	UU	OU	UM	OM	O
diktat	19,2	13,2	9,6	6,6	6,8
aufsatz	13,6	9,1	7,8	6,9	6,7

»Daß ... arbeiterkindern die rechtschreibung schwerer fällt als bürgerkindern, die von anfang an mehr zeit und mehr bücher haben, mehr fürsorge erhalten und mehr stimulation zum lesen sowie zur aufmerksamkeit auf solche verdinglichte mode wie die schriftgestalt, das ist eine simple, nicht schwer erklärbare tatsache.« (G. Bauer) Intelligenzunterschiede sind dafür jedenfalls nicht verantwortlich: Sie sind im schnitt nicht vorhanden. Trotzdem gelangen die meisten arbeiterkinder wegen ihrer mangelnden leistungen im schreiben signifikant seltener auf höhere schulen als bürgerkinder bzw. werden deswegen bald wieder von ihnen zurückgewiesen, wie untersuchungen von Kemmler, Tausch und anderen ergeben haben.

2. *im beruflichen bereich:*

a) Korrekte orthographie wird fast immer als *das* kriterium für die geeignetheit eines bewerbers um eine stelle angesehen. Das gilt besonders für büroberufe, aber auch für alle anderen, selbst für rein handwerkliche berufe: Hier ist das verbreitete vorurteil auszuräumen, korrekte schreibung sei ein maßstab für intelligenz und/oder sogar für charakterliche und moralische eigenschaften. Wer die bewerbung um eine lehrstelle von den orthographiekenntnissen des bewerbers abhängig macht, sitzt einem mythos auf.

b) Der erfolg in lehre und berufsschule wird in starkem maße von korrekter orthographie abhängig gemacht. Beschäftigungstagebücher und ähnliches werden besonders mit dem maßstab der korrekten rechtschreibung gemessen, die nun weiß gott keinen schluß auf die qualifikation eines lehrlings zuläßt. Demgegenüber hört man immer wieder den meister klagen: Er kann noch nicht einmal richtig schreiben. Da kann ja nicht viel dahinterstecken, da kann ja nichts draus werden.

c) Bei tariflichen höherstufungen, z. b. im öffentlichen dienst, oder wenn es um gehaltserhöhungen, zuweisung anderer, verantwortlicherer arbeitsplätze geht, wird die korrekte orthographie neben schreibgeschwindigkeit u. ä. zum kriterium erhoben. Die für die höhere tarifgruppe maßgeblichen beschäftigungsmerkmale werden demgegenüber fast immer völlig außer betracht gelassen.

d) Diese hochschätzung der orthographie ist allerdings in einer hinsicht gerechtfertigt: Wer darauf aus ist, mit leuten zusammenzuarbeiten, die sich nicht nur durch die neigung zu blindem gehorsam, sondern auch durch mangel an kreativität und denkfreudigkeit auszeichnen, möge weiterhin die rechtschreibung zum maßstab der qualifikation machen.

e) Die hochschätzung der orthographie führt auch bei selbstbewußten, hochqualifizierten und sprachgewandten arbeitern zu dem gefühl geistiger minderwertigkeit. Sie führt zu einer sprechscheu gegenüber höhergestellten und kann mit als eine der ursachen für die bildungsabstinenz der arbeiter angesehen werden.

3. *In der familie, besonders der der unterschicht, hat die schwer handhabbare, irrationale orthographie u. a. zur folge,*

a) daß den kindern weniger hilfe bei den hausaufgaben und der vorbereitung von klassenarbeiten zukommt. Dazu tragen bei: die scheu der eltern vor dem schreiben, weil sie selbst die orthographie nicht beherrschen; ferner: ihre unfähigkeit, für die kinder geeignete hilfsmittel zu entdekken.

b) Sie hat ferner zur folge, daß der verkehr mit behörden und ämtern qualvoll wird und negativ besetzt wird, weil neben mangelnder schreibgewandtheit die angst vor blamagen wegen etwaiger schreibfehler dazu führt, daß man erst lieber gar nicht schreibt.

c) Ferner ist zu bedenken, daß durch die scheu vor schriftlicher kommunikation ein großer bereich sozialer kommunikationsmöglichkeiten ausfällt, z. b. briefliche kommunikation mit verwandten und freunden, schriftliche willens- und meinungsäußerung z. b. in form von leserbriefen usw.

Eine weitere folge der schweren handhabbarkeit der deutschen orthographie, die sich in allen angesprochenen bereichen, also schule, beruf und familie unheilvoll auswirkt, ist die perpetuierung der herrschaft des dudens. Der rechtschreib-duden hat nach der bibel in der BRD die höchste auflage und liegt jetzt in der 17. auflage vor. Die irrationale orthographie erleichtert es ihm, »weiterhin seine ihm geschichtlich überkommene funktion aus(zuüben), hüter der staatlich sanktionierten deutschen einheitsschreibung zu sein« (P. Grebe) und seine speziellen ideologischen vorstellungen massenhaft zu verbreiten, die in dem vorangegangenen Grebe-zitat bereits deutlich anklingen: »Geschichtlich überkommen« suggeriert eine quasi naturhafte, tief im wesen des volkes verwurzelte geltung einer orthographie, die in wirklichkeit doch nichts anderes ist als das produkt einiger kleiner geister, die – allerdings durch besondere geschichtliche umstände – einmal die macht hatten, ihre verworrenen vorstellungen über ein wichtiges soziokulturelles erbe, nämlich die schrift, zu fixieren und als allgemeingültig durchzudrücken. (Zu der damit angesprochenen problematik von sprache und herrschaft wäre ein weiterer kongreß dieser art noch dringlicher erforderlich.)

Aus dem gesagten ergibt sich für mich folgendes:

1. Die geforderte benotung von rechtschreibleistungen ist auf breitester basis zu verweigern, da sie nichts messen kann, weder intelligenz noch fleiß, noch prognosen für die zukunft zuläßt. Sie ist völlig willkürlich und zu nichts anderem gut, als die kinder zu disziplinieren, ja letztlich ihre in die schule mitgebrachten fähigkeiten nicht selten zu zerstören. Die ganze absurdität der benotung erhellt bereits daraus, daß von einer bestimmten fehlerzahl an immer der verdacht auf legasthenie, also auf eine ererbte oder erworbene krankheit, gerechtfertigt ist. Schlechte noten in rechtschreibung haben daher einen ähnlichen charakter wie z. b. schlechte schulnoten wegen epilepsie, chronischem husten oder grippe.
2. Die GEW sollte ein merkblatt für alle lehrer erarbeiten, in dem die verweigerung der benotung von rechtschreibleistungen fachlich, politisch und juristisch abgesichert ist. Lehreräußerungen wie die folgende über einen 14jährigen hauptschüler dürfen in zukunft einfach nicht mehr passieren: »Rechtschreiben unter aller kanone, mit weitem abstand von jeglichem ›ungenügend‹. Sprachlich, im schriftlichen und mündlichen ausdruck, außerordentlich ungewandt. Undeutliche aussprache. Im rechnen nichts los. Er ist faul, der kerl, das gehört ja dazu. Auch schlecht, sehr schlecht begabt. Der vater ist melker, das sagt alles. Die

hausaufgaben werden oft nicht geschrieben. ... er hat einem schulkameraden die armbanduhr gestohlen. Er ist also charakterlich nicht einwandfrei, deshalb ist er nicht geschätzt.« (Höhn) Es ist natürlich klar, daß diese fast kriminelle äußerung auch noch andere ursachen hat als eine völlige fehleinschätzung der rechtschreibung. Sie paßt aber ins bild.

3. Auf bundes-, landes- und kommunaler ebene sollten die elternverbände gezielt angegangen werden, die aktion der lehrer in sachen benotung zu unterstützen.
4. Da vorerst nicht damit zu rechnen ist, daß die vernunft die oberhand über die irrationalität gewinnt, d. h., daß eine völlig widerspruchslose rechtschreibung etabliert werden kann — dafür stellen die »wiesbadener empfehlungen« nämlich auch noch keine grundlage dar —, und da die »richtige« schreibung in dieser gesellschaft einen ungeheuer großen tauschwert trotz äußerst niedrigem gebrauchswert hat, ist die benutzung von rechtschreibprogrammen zu empfehlen, und zwar solcher, die auf einem sinnvollen grundwortschatz aufbauen (vgl. dazu Ballhorn/Harries).
5. Bei rechtschreibübungen sollte ein anstreichen der fehler unterbleiben (wegen des verstärkereffekts), d. h., es sind methoden zu wählen, in denen der schüler ein fehlerhaftes schriftbild nicht wiederholt zur kenntnis nehmen kann (wie z. b. bei rechtschreibprogrammen).
6. Vorherige bekanntgabe der diktattexte (ein inzwischen häufig praktiziertes mätzchen) und andere tricks sind zu vermeiden, da dies wieder zu einer benachteiligung der arbeiterkinder führen würde, da sie weniger mit häuslicher hilfe rechnen können als mittelschichtkinder. Das diktat als bewertete klassenarbeit sollte ganz abgeschafft werden.
7. Sprachrichtigkeit darf nicht mehr an der rechtschreibung festgemacht werden. Äußerungen sind dann als richtig anzusehen, wenn ein sprecher sich damit einem hörer möglichst gut verständlich machen kann. Das setzt einen sprachunterricht voraus, dessen oberstes ziel die förderung der kommunikativen kompetenz der schüler darstellt. Damit schließe ich mich in diesem punkt an die »hessischen rahmenrichtlinien« für das fach deutsch an.

   Diese neue auffassung von sprachrichtigkeit sollte gezielt in der öffentlichkeit vertreten werden. Die öffentliche diskussion um die rechtschreibreform kann nur in verbindung mit dem problem der sprachrichtigkeit sinnvoll geführt werden.
8. Die rechtschreibreform sollte beschleunigt in gang gesetzt werden, zunächst auf der grundlage der »wiener empfeh-

lungen«. Da diese aber bei weitem nicht ausreichen, die probleme eines schreibens zu lösen, das dem zwecke schriftlicher kommunikation optimal angemessen wäre, sollte eine autonome wissenschaftliche kommission kontinuierlich an der weiteren reform arbeiten und für diese kommunikationsadäquate kriterien entwickeln. Sie hätte die aufgabe, in zeitlich angemessenen abständen wissenschaftlich erarbeitete verbesserungen ohne sanktionierungsmöglichkeiten durch fachfremde dritte durchzusetzen. Es versteht sich, daß eine solche arbeit nicht von leuten getragen werden darf, bei denen nicht restlos auszuschließen ist, daß wissenschaftliche interessen mit profitinteressen kollidieren bzw. daß wissenschaftliche interessen aufgrund mangelnder wissenschaftlicher qualifikationen paralysiert sind. Dabei denke ich natürlich an bestimmte verlage und sprachpflegegesellschaften, die in sachen sprachrichtigkeit eine fast unkontrollierbare monopolstellung haben.
Eine solche kommission müßte sich der offenen wissenschaftlichen diskussion stellen und bei versagen oder nachweis der verfolgung sachfremder interessen abzuberufen sein.
Sie könnte z. b. im rahmen der GAL angesiedelt sein, was den vorteil auch internationaler kontrolle und der besseren berücksichtigung internationaler erfahrungen hätte. Es müßte ferner gewährleistet sein, daß eine solche kommission nicht nur aus germanisten bestünde, sondern mitglieder aus den bereichen linguistik, kommunikationstheorie, soziologie, psychologie und pädagogik enthalten.

9. Dadurch wäre eine gleitende reform zu erreichen, und es würde die gefahr vermieden, daß – wie in Dänemark bei einführung der kleinschreibung – auf jahrzehnte hinaus alle notwendigen anderen verbesserungen der orthographie verhindert würden.
10. Berufliche und sonstige diskriminierung wegen vom üblichen abweichender rechtschreibgewohnheiten müßte zu einem gerichtsverwertbaren tatbestand werden. Die rechtliche grundlage dafür stellt der artikel 3 absatz 3 des GG dar, nach dem keiner wegen seiner sprache, zu der auch die schreibe gehört, benachteiligt oder bevorzugt werden darf.

sonderpapier zur frage der vokalqualität (dehnung/kürzung)

Dîter und Rolf spîlen zusamen in der fusbalmanschaft der schûle. Weil Rolf einige tâge in der schûle gefêlt hate, wuste er nicht, wan das nächste spîl statfinden solte. Dîter nante îm

den zeitpunkt. Als Rolf pünktlich auf dem spîlfeld erschîn, war die erste halbzeit fast beendet. Dîter hate îm versehentlich falsch bescheid gesâgt.
Am dînstag ist in der grôsen pause die wandkarte im klasenraum beschädigt worden. Sabîne ist ganz fest davon überzeugt, das es nur Pêter gewêsen sein kan. Sî hat în als letzten schüler alein in der klase gesehen. Deshalb beschuldigt sî în vor den anderen schülern. Die Lêrerin, dî mit den schülern darüber spricht, sagt, das es Pêter nicht gewesen sein köne, weil er mit îr am dînstag in den pausen in der schülerbücherei gearbeitet hâbe. Sabîne fält ein, daß sî sich geirt hat: Sî hate Pêter am môntâg als letzten schüler in der klase gesehen.

Der text zeigt, daß sich in verbindung mit der lösung der frage der vokalqualitäten noch einige andere, aber durchaus lösbare probleme ergeben, so z. b. wäre der scharfe s-laut (das, klasse, daß) und der scharfe t-laut (hund-bunt) zu vereinheitlichen. (Zur dehnungsfrage siehe die »wiesbadener empfehlungen« s. 139.)

Bernhard Weisgerber

grundsätzliche ziele der reform von sprachnormen

vorbemerkung

Die diesem beitrag zugrunde liegenden thesen wurden auf dem frankfurter rechtschreibkongreß am 5. oktober 1973 diskutiert. Eine schlußabstimmung ergab etwa 85 prozent befürworter und 15 prozent gegner einer sog. »gemäßigten kleinschreibung« (d. h. verzicht auf die großschreibung der substantive, einschränkung der großschreibung auf satzanfänge und namen). Dieser beitrag schließt sich diesem vorschlag an.
Das thema, das über den rahmen einer rechtschreibdiskussion hinausgeht, wurde mir von der kongreßleitung gestellt. Die annahme des themas war begründet in der auffassung, daß fragen einer rechtschreibreform nicht isoliert gesehen werden sollten, sondern in den gesamtzusammenhang der normenproblematik im bereich von sprache und schrift einzubetten sind.
Der schwerpunkt der diskussion lag auf dem gebiet der

sprachlichen normierung. Die anwendung auf den bereich der rechtschreibung geschah im wesentlichen im hinblick auf die frage der groß- oder kleinschreibung. Gesichtspunkte und anregungen aus dieser diskussion sind in die folgende erläuterung der thesen eingearbeitet.

these 1:

Sprache ist nur als prozeß, d. h. als in ständiger veränderung begriffen, angemessen zu verstehen und zu beschreiben. (Sie läßt sich weder als ahistorisches, fixiertes system noch mit den mitteln einer computerlinguistik adäquat erfassen.)

Die gegenwärtige linguistische diskussion läßt sich teilweise zurückführen auf den gegensatz zweier sprachtheoretischer modelle (deren theoretische grundlagen allerdings meist unausgesprochen, gelegentlich sogar unreflektiert bleiben):

sprache als funktionsfähiges system strukturell gegliederter und aufeinander bezogener elemente (auf den verschiedenen ebenen vom phonem bis zum text)

oder

sprache als historisch verlaufender prozeß geistiger verarbeitung und veränderung von »wirklichkeit« in einer durch ihre bestimmte sprache gekennzeichneten und verbundenen menschengruppe.

Die erste auffassung entspringt einem wissenschaftsverständnis, wie es für die »exakten« naturwissenschaften bestimmend ist. Ihre zielvorstellung ist die erarbeitung eines modells einer sprache, das diese mit hilfe naturwissenschaftlicher (mathematischer) methoden beschreibbar und — etwa für computergesteuerte speicherung oder automatische übersetzung — verfügbar macht. Klaus Baumgärtner hat im »funkkolleg sprache« (1971) eine solche auffassung zum prinzip erhoben und bei diesem unterfangen ihre konsequenzen und (unfreiwillig) ihre aporien deutlich gemacht.

Die zweite auffassung entspringt der tradition der europäischen geisteswissenschaften, insbesondere des »deutschen idealismus« (Herder, Humboldt), wie sie in jüngster zeit gerade durch den hauptvertreter und überwinder des amerikanischen »strukturalismus«, Noam Chomsky, wieder entdeckt und aufgewertet worden ist (vgl. N. Chomsky: cartesianische linguistik, dtsch. 1971). Ihre wissenschaftlichen methoden sind hermeneutisch-interpretativ. Ihre aspekte verbinden (im sinne Saussures) die synchrone darstellung eines funktionierenden »systems« mit der diachronen beschreibung und erklärung seiner (historischen) entstehung und veränderung.

Es ist hier nicht der ort, die grundsatzdiskussion aufzunehmen und die in these 1 getroffene entscheidung zu begründen. Es sei nur auf einige konsequenzen hingewiesen, die sich aus einer solchen entscheidung ergeben:

a) unter sprachdidaktischem aspekt:
Wäre sprache ein festgelegtes, verfügbares, auf grund systematischer fixierung funktionierendes gebilde, dann ergäbe sich als oberstes lernziel der sprachbildung die forderung, das funktionieren dieses systems zu garantieren (mit hilfe seiner optimalen vermittlung an alle sprecher). Optimale funktion aber ist das ergebnis von dressur, nicht von erziehung, zu deren begrifflichen komponenten die befähigung gehört, ein funktionierendes system in frage zu stellen und gegebenenfalls zu verändern.

b) im hinblick auf die problematik sprachlicher normen:
Wäre sprache ein festgelegtes system, dann gäbe es keine probleme der normierung: Die geltenden normen (regeln, gesetze) wären nur apodiktisch zu vermitteln, damit das system nicht gestört würde. Ist jedoch das system der veränderung fähig und bedürftig (und damit nicht mathematisch beschreibbar und verfügbar), dann bedürfen geltende wie nicht mehr geltende oder noch nicht geltende normen der begründung, sie können akzeptiert oder abgelehnt werden. Damit werden sie zum gegenstand individueller oder sozialer entscheidungen (für die die spracherziehung kriterien und motivationen vermitteln soll). Daraus ergibt sich:

these 2:

Sprachnormen sind nur sinnvoll, wenn sie nicht als statistische fixierungen eines bestimmten sprachzustandes, sondern als durchgehende prinzipien der entwicklung und veränderung einer sprache verstanden werden.
Die unter these 1 vorgeführten gegensätzlichen auffassungen von sprache führen auch zu einem gegensätzlichen normbegriff:
In einem »fixierten system« sprache sind normen statische, unveränderliche gesetze, die bestehen und funktionieren des systems garantieren.
Wird sprache dagegen im sinne einer »energetischen« sprachwissenschaft als geistiger prozeß verstanden (etwa im sinne Leo Weisgerbers als »prozeß des wortens der welt durch eine sprachgemeinschaft« — vgl. L. Weisgerber: die geistige seite der sprache und ihre erforschung, 1971, s. 155), dann können

als normen die prinzipien gelten, nach denen dieser prozeß verläuft oder die ihn hervorrufen und bestimmen.
Während der erste normbegriff veränderungen ausschließt, setzt der zweite zumindest ihre möglichkeit voraus.
Gesetze, die veränderungen hervorbringen, sind in der sprachwissenschaft seit langem bekannt und teilweise, etwa im bereich der lautlichen entwicklung verschiedener sprachen (»lautverschiebungen« usw.) genauestens erforscht. Sie betreffen nicht nur den phonetischen bau einer sprache, sondern ebenso die entwicklung der syntax, die fortschritte und differenzierungen der wortbildung und nicht zuletzt den semantischen bereich. Bezeichnenderweise hat Jost Trier (der deutsche wortschatz im sinnbezirk des verstandes — die geschichte eines sprachlichen feldes, 1931) den für die erforschung sprachlicher inhalte besonders ergiebigen feldgedanken nicht am vorhandensein, sondern an der veränderung eines wortfeldes entwickelt.
Der grundgedanke ist bereits von Wilhelm von Humboldt an vielen stellen seines sprachphilosophischen werkes, besonders im spätwerk »über die verschiedenheit des menschlichen sprachbaues und ihren einfluß auf die geistige entwicklung des menschengeschlechts« (1834) deutlich herausgearbeitet worden: sprache ist nicht ein »totes erzeugtes«, sondern »erzeugung«, nicht »werk«, sondern »tätigkeit« (nämlich »arbeit des geistes«) oder — um ein häufiger zitiertes als verstandenes begriffspaar zu gebrauchen — nicht »ergon«, sondern »energeia«. Die entelechie dieses prozesses sprache hat Humboldt unter den begriff der »inneren sprachform« zu fassen versucht, den L. Weisgerber (grundzüge der inhaltbezogenen grammatik, ^{3}1962, s. 17) als prinzip oder »stil sprachlicher anverwandlung der welt« interpretiert.
Es liegt auf der hand, daß von einem solchen sprachtheoretischen ansatz her normen und normierungen der sprache nicht nur einen anderen stellenwert, sondern auch einen anderen charakter erhalten:
Energetisch verstanden, werden normen zu einem motiv der entwicklung und veränderung; normierungen sind im hinblick auf ihre berechtigung nicht zuletzt daran zu messen, ob sie weiterentwicklungen ermöglichen oder selbst als konsequenzen einer entwicklung gelten können.

these 3:

Es erscheint wichtig, zumindest drei verschiedene norm-kategorien zu unterscheiden:
a) mit machtmitteln durchgesetzte normen

b) auf konvention beruhende normen
c) dem gegenstand »innewohnende« normen (beispielsweise die »innere form« einer sprache im sinne W. von Humboldts).

Diese grobe unterscheidung bedürfte selbstverständlich einer weiteren differenzierung und begründung. Hier geht es zunächst nur darum, deutlich zu machen, daß mit dem begriff der norm sehr verschiedene vorstellungen und einstellungen (denotationen und konnotationen) verbunden sein können.

Die unterscheidungen liegen auch nicht auf derselben ebene: die unter a) und b) aufgeführten normen sind einander wesentlich näher benachbart als die unter c) genannten. Sie bilden als »äußere« normierungen den gegensatz zur »inneren« norm.

Gerade die möglichkeit des bestehens von »inneren« normen, die etwa die entwicklung einer sprache beeinflussen und vorantreiben könnten, wurde in der diskussion heftig bestritten: es gebe keine eigengesetzlichkeit von sprache; jede sprachentwicklung sei die (erklärbare) folge bestimmter sozialer (bzw. ökonomischer) bedingungen und veränderungen.

Nun soll hier keine sprachmythologie im sinne Heraklits betrieben werden, aber die geschichte bietet eine fülle von beispielen, an denen sich ganz konkret nachweisen läßt, daß bestimmte sprachliche entwicklungen oder gegebenheiten außerordentlich schwerwiegende politische, soziale (sogar ökonomische) folgen hervorgerufen haben: vom aufkommen und wirken neuer wörter bis zur unterschiedlichen sprachlichen interpretation von texten (etwa vertragstexten aus der jüngsten vergangenheit).

Kein vernünftiger sprachwissenschaftler wird leugnen, daß soziale veränderungen in sprache ihren niederschlag finden — umgekehrt dürfte es aber selbst dem trickreichsten soziologen schwerfallen, beispielsweise die gesetze der lautverschiebung auf soziale oder ökonomische veränderungen zurückzuführen.

Gerade die wechselwirkung zwischen gesellschaft und sprache ist das thema, das eine auf inhalte ausgerichtete sprachforschung fasziniert; jede voreilige vereinfachung und vereinseitigung dieser polarität (etwa die modische subsumierung der linguistik unter die soziologie) verringert die möglichkeiten der erkenntnis wie der korrektur.

these 4:

Zwischen kreativität und sprachlichen normen besteht nur dann ein gegensatz, wenn diese im sinne äußerer normierungen verstanden werden. Sprachliche kreativität kann durchaus als erfüllung von sprachnormen (= entwicklungsprinzipien einer sprache) gelten.

Kreativität wird in der curriculumdiskussion vornehmlich als bewußter verstoß oder gegenentwurf zu geltenden normen (sprachnormen) verstanden und vorgestellt. So formulieren die hessischen rahmenrichtlinien (sekundarstufe I deutsch, 1972, s. 33) im hinblick auf die textproduktion: »Kreatives schreiben kann nur heißen, im schreiben gegenentwürfe bewußt anzuzielen und dabei die realität (der sprache, ... ordnungsregeln, ...) gezielt außer kraft zu setzen.«

Der hier konstruierte gegensatz zwischen kreativität und der »realität« sowie den »ordnungsregeln« einer sprache ist nur verständlich, wenn man von einem starren normverständnis und einer ahistorischen sprachauffassung ausgeht. Sobald jedoch sprache als ein in ständiger entwicklung und veränderung begriffener prozeß und normen auch als prinzipien möglicher zukunftsentwicklungen verstanden werden, gilt dieser gegensatz nicht mehr. Im gegenteil: kreative fortentwicklung von sprache kann dann als optimale erfüllung ihrer normen gelten. Beispiel dafür bieten in besonderer fülle und anschaulichkeit die eigenständigen wortschöpfungen der kindersprache in der vorschulzeit. Hier können nur einige belege für die hauptwortarten angeführt werden:

a) *substantive*
   zusammensetzungen: klapperschuhe (holzsandalen), fensterfeger (scheibenwischer), autosonne (TÜV-plakette)
   ableitungen: dampfe (schornstein), gesprung (»springerei«)
b) *verben*
   einqueren (einbiegen), ausmüllen (mülleimer ausleeren), ausgepfeift (zu ende geraucht)
c) *adjektive*
   schneidig (so scharf, daß man sich daran schneidet), sterbig (zum sterben verurteilt).

Wer die sprachentwicklung von kindern einigermaßen aufmerksam verfolgt, kann die reihe der beispiele aus eigener beobachtung beliebig verlängern. Erstaunlicher als die tatsache kreativer wortbildungen beim kind (die sich als überwindung einer »sprachnot« interpretieren läßt, die aus dem noch undifferenzierten wortschatz des kindes resultiert) ist die feststellung, daß fast alle kindlichen eigenbildungen mit der »inneren« sprachnorm (den prinzipien der wortbildung) in übereinstimmung stehen.

Der gegensatz zwischen kreativität und sprachnorm ergibt sich erst aus einem falschen normbegriff, der leider häufig für den sprachunterricht unserer schulen kennzeichnend ist. Was nicht üblich ist (im sinne gängiger sprachlicher konventionen) und was nicht möglich ist (weil es beispielsweise den gesetzen der deutschen wortbildung widerspricht), wird dabei in gleicher weise als »fehler« eingestuft und gewertet. Ein solcher sprachunterricht baut kreatives sprachverhalten so erfolgreich ab, daß die meisten erwachsenen auf jeden versuch eigenständiger wortbildung (und damit auf jeden beitrag zur sprachentwicklung) verzichten.

these 5:

Zwischen sprachnormen und rechtschreibnormen ist strikt zu unterscheiden, da sie nicht auf derselben ebene liegen.
Die unterscheidung zwischen sprache und schrift wird im öffentlichen bewußtsein und sogar in der schule häufig nicht vollzogen. Rechtschreibleistungen werden mit sprachleistungen gleichgesetzt und gelten (zu unrecht) als deren maßstab.
Bezeichnend für die verwechslung der ebenen und ihrer wertigkeit ist ein satz, den man in der diskussion um die qualität unserer orthographie häufig hört: »Unsere sprache ist eben nicht lautgetreu.« Sinnvoll ist dieser satz nur, wenn er sich auf die rechtschreibung bezieht, die in ihrem heutigen zustand die lautung der sprache nicht adäquat wiedergibt.
Es ist deshalb wichtig, auf den grundsätzlichen rangunterschied zwischen sprache und schrift hinzuweisen, der sich aus ihrer unterschiedlichen leistung und funktion ergibt: sprache ist ein primäres, schrift ein sekundäres zeichensystem. Diese rangordnung kann schon durch einen einfachen gedankengang verdeutlicht werden: Sprache existiert und funktioniert auch ohne das vorhandensein von schrift (das beweisen viele nicht »verschriftete« sprachen, einschließlich der deutschen mundarten). Schrift dagegen ist nur sinnvoll, wenn sie sich auf eine vorhandene sprache bezieht. Ihre funktion besteht (und erschöpft sich) eben darin, diese vorhandene sprache in optischen zeichen zu konservieren und damit über die der gesprochenen sprache gesetzten räumlichen und zeitlichen grenzen hinaus verfügbar zu halten. Schrift hat also gegenüber der sprache eine abhängige und dienende funktion. Die qualität einer »rechtschreibung« ist um so höher, je eindeutiger, einfacher und praktikabler sie diese funktion erfüllt. Daß unsere geltende rechtschreibung unter diesen gesichtspunkten reformbedürftig und reformierbar ist, haben fachleute — einschließlich Konrad Dudens — immer wieder betont, seit diese rechtschreibung amtlich festgelegt worden ist (1903). Ob eine reform gelingt, hängt nicht zuletzt von der frage ab, wieweit die rangordnung von sprache und schrift ins öffentliche bewußtsein gehoben werden kann.

Das starre festhalten an einmal — teilweise willkürlich — festgelegten normierungen ist von der »sachlogik« des gegenstandes her ebensowenig zu rechtfertigen wie die überbewertung ihrer erfüllung im rechtschreibunterricht der schulen. Beide bedürfen also der korrektur. Die erschreckende zahl abgebrochener bildungsgänge, die auf das konto unnötiger rechtschreibschwierigkeiten und überbewerteter rechtschreibnormen geht, ist auch unter gesellschaftlichen gesichtspunkten nicht zu verkraften, geschweige denn zu billigen.

these 6:

Entsprechend these 3 ergeben sich verschiedene kategorien von rechtschreibnormen:

a) mit machtmitteln (zensur, versetzung, übergang zu anderen schulformen) durchgesetzte normen,
b) auf konvention (öffentliche meinung, beharrungstendenz der geltenden rechtschreibregelung) beruhende normen,
c) aus dem verhältnis von sprache und schrift abzuleitende »innere« normen (ihr ziel: eine der sprache und ihrer entwicklung angemessene schreibung).

Die normen der dritten kategorie sind gegenüber denen der beiden anderen kategorien zu unterstützen und durchzusetzen.

Daß rechtschreibung als machtmittel mißbraucht werden kann, hat wohl jeder schüler erfahren. Es ist absolut keine kunst, einer klasse zu beweisen, daß sie die normen der rechtschreibung nicht erfüllen kann. Mit Kosogs diktat gelingt das auch gegenüber jedem erwachsenen. Nur hat ein solches verfahren mit einem vertretbaren rechtschreibunterricht höchstens den namen gemein.

Ein apodiktisch-unkritischer rechtschreibunterricht führt im regelfall dazu, daß auch der erwachsene das tabu der geltenden rechtschreibnorm nicht mehr anzutasten wagt. Insofern entscheidet schon die art der vermittlung der rechtschreibung in der schule über die chancen künftiger reformen. Dabei läßt sich durchaus ein rechtschreibunterricht denken und praktizieren, der die vermittlung und sicherung der rechtschreibung mit ihrer kritischen reflexion verbindet (vgl. dazu meinen beitrag »sprache und schrift« in: Bernhard Weisgerber/Franz Josef Heiliger, unsere sprache, 10. schuljahr, 1974, s. 48-71).

Selbstverständlich liegt es im eigenen interesse des schülers, daß er die geltende rechtschreibung beherrschen lernt. Rechtschreibreform bedeutet nicht vernachlässigung des richtigen schreibens. Reformbestrebungen können nicht auf dem rücken der schüler ausgetragen werden. Aber rechtschreibregeln (bzw.

-ausnahmen) brauchen auch im unterricht nicht den charakter sakrosankter, unwiderruflicher konventionen zu erhalten. Sie können und sollen gegenstand kritischer analyse werden, die auch den schüler zu der frage führt: Erfüllt die gegenwärtige deutsche rechtschreibung ihre eigene norm: die eindeutige, praktikable und angemessene wiedergabe von sprache? Die negative antwort, die der schüler selbst auf diese frage finden wird, kann zum motiv künftiger reformbestrebungen werden.
Denn rechtschreibreform ist keine einmalige (und dann endgültig erledigte) angelegenheit. Der prozeß-charakter der sprache fordert eine rechtschreibung, die die entwicklung der sprache wenigstens soweit mitvollzieht, daß der graben zwischen sprache und schreibung nicht unüberbrückbar wird. Die frage nach der angemessenheit der rechtschreibnormierungen kann damit verhindern, daß unsere rechtschreibung von der höhe einer (prinzipiell phonetischen) buchstabenschrift auf die primitive vorstufe einer wortschrift zurückfällt.

these 7:

Kommunikation und sprachentwicklung erfordern rechtschreibnormen, aber solche, die die möglichkeit eröffnen, daß die rechtschreibung ihren zweck und ihre funktion optimal erfüllt.
In der diskussion um die rechtschreibreform wird nicht selten die meinung vertreten, man solle doch grundsätzlich auf eine normierung der rechtschreibung und ihre vermittlung verzichten. Ein solcher vorschlag erscheint ebenso leichtfertig wie unbrauchbar: Es bedurfte der anstrengung mehrerer jahrhunderte, bis eine für den deutschen sprachraum gültige und akzeptierte rechtschreibung erreicht war. Dieses ergebnis sollte man nicht leichtsinnig aufs spiel setzen, zumal das einwandfreie funktionieren schriftlicher kommunikation davon abhängig ist.
An der forderung nach einer einheitlichen regelung für das gesamte deutschsprachige gebiet sind etliche reformbestrebungen (insbesondere die in den »wiesbadener empfehlungen« 1958 formulierten reformvorschläge) gescheitert. Der verzicht auf eine (gemäßigte) reform wurde als das kleinere übel gegenüber dem verlust einer einheitlichen gemeinsamen schreibweise angesehen. Das problem ist bis heute ungelöst, doch scheint sich in allen deutschsprachigen ländern ein wandel der öffentlichen meinung vollzogen zu haben, der die hoffnung rechtfertigt, daß etwa der verzicht auf die großschreibung der substantive im gesamten deutschen sprachraum befürwortet und auf die dauer akzeptiert wird.

Bedauerlicherweise waren die zur mitarbeit eingeladenen vertreter der DDR auf dem frankfurter kongreß nicht anwesend. Vertreter Österreichs und der Schweiz vertraten die ansicht, daß selbst bei einem alleingang der Bundesrepublik in sachen kleinschreibung sich diese länder in kürze anschließen würden.
Ziel einer rechtschreibreform ist nicht die abschaffung, sondern die verbesserung von rechtschreibnormen. Wert, bedeutung und berechtigung von reformvorschlägen lassen sich u. a. an folgenden fragen messen:
Verringern sie den abstand zwischen sprache und schreibung? Verstärken sie den phonetischen grundzug der rechtschreibung? Erleichtern sie das erlernen der rechtschreibung?
Führen sie zu einer verbesserung der schriftlichen kommunikation? Stimmen sie mit den entwicklungstendenzen der sprache überein?

these 8:

Die geltende deutsche rechtschreibung erscheint unter dem gesichtspunkt sachgerechter und praktikabler normen außerordentlich unzureichend.
Beispielsweise ist die großschreibung der sog. hauptwörter im deutschen – als einziger sprache der erde – weder theoretisch hinreichend zu begründen noch praktisch hinreichend zu bewältigen.
Die aktuelle rechtschreibdiskussion bewegt sich – abgesehen von einigen weniger folgenreichen reformvorschlägen wie vereinfachung der zeichensetzung, vereinheitlichung der silbentrennung und abschaffung von ß, ph und th – im wesentlichen um die frage der groß- und kleinschreibung. In der augenblicklichen situation ist dies begrüßenswert; denn der verzicht auf die großschreibung der substantive könnte zu einer wesentlichen verbesserung und erleichterung der deutschen rechtschreibung führen, ohne daß diese umstellung eine radikale veränderung der schreibweise erfordern würde (wie sie beispielsweise bei einer einheitlichen und logischen kennzeichnung der vokaldauer unvermeidbar erscheint).
Zu diesem reformvorschlag seien daher hier einige argumente angeführt. Ich halte mich dabei an den text meines »vorschlags zur einleitung einer rechtschreibreform durch verzicht auf die großschreibung der substantive in der grundschule« vom 22. 6. 72, der mit geringfügigen änderungen 1972 von der fachschaft der deutschdozenten an pädagogischen hochschulen in Nordrhein-Westfalen und 1973 vom »trierer germanistentag« als resolution übernommen worden ist:

1. Bei der vermittlung der deutschen rechtschreibung verzichtet die grundschule auf die großschreibung der substantive.

1. 1 Groß geschrieben werden nur:
die satzanfänge
die eigennamen

1. 2 Verstöße gegen die großschreibung der substantive gelten nicht als rechtschreibfehler.

2. begründung

2. 1 linguistisch

– Die großschreibung der substantive ist linguistisch nicht zu rechtfertigen. In ihrer syntaktischen relevanz sind die substantive den verben untergeordnet.
– Eine eindeutige abgrenzung der kategorie »substantiv« – z. b. in den bereichen der »substantivierungen« wie der »verblaßten substantive« ist linguistisch nicht möglich. (Zur begründung der rechtschreibpraxis bleibt nur die tautologie: Substantive schreibt man groß. – Daß es sich bei einem wort um ein substantiv handelt, erkennt man daran, daß es groß geschrieben wird.)
– Daß die geltende regelung von keinem schreiber beherrscht wird, hat O. Kosog bereits im jahre 1912 empirisch nachgewiesen.

2. 2 sprachdidaktisch

– Die schwierigkeiten der geltenden rechtschreibregelung erfordern einen aufwand an unterrichtszeit und arbeitskraft, der sprachdidaktisch nicht zu rechtfertigen ist, da er den stellenwert der rechtschreibung im gesamtbereich sprachlicher bildungsaufgaben bei weitem überschreitet.
– Der verzicht auf die großschreibung der substantive würde die fehlerzahlen bei den schülern um etwa ein drittel verringern. Die eingesparte unterrichtszeit könnte den zentralen aufgaben der sprachbildung in der grundschule (vermittlung und ausbau der sprache, kompensatorik, befähigung zu kommunikation und sprachkritik usw.) zugute kommen.
– Die geltende regelung führt notwendigerweise zu einer verfrühten fehlform des grammatikunterrichts in der grundschule, die den gesamtprozeß beginnender reflexion über sprache belastet.

2. 3 bildungspolitisch

– Die immer noch vorherrschende überbewertung der rechtschreibleistungen – z. b. beim übergang auf andere schulformen oder bei der entscheidung über eine versetzung – würde durch den verzicht auf die großschreibung der substantive von der sache her reduziert.

- Damit würden die auf rechtschreibung basierenden bildungsbarrieren wenigstens teilweise abgebaut. Weniger schüler als bisher würden auf grund ihrer rechtschreibleistungen von der weiteren förderung ausgeschlossen.

2. 4 politisch

- Seit der einführung der gemäßigten kleinschreibung in Dänemark (verordnung vom 22. 3. 1948) ist die großschreibung der substantive in europa (und der welt) auf den deutschen sprachraum beschränkt.
- Diese sonderstellung des deutschen erschwert dem ausländer das erlernen der deutschen sprache (zumindest ihrer schriftlichen bewältigung). Sie bildet zugleich ein unnötiges hindernis für eine europäische integration.

3. durchführbarkeit

Eine (teil-)reform der rechtschreibung ist am ehesten über die schule zu erreichen (deren apodiktisch-unkritischer rechtschreibunterricht zu den hauptursachen für das scheitern aller bisherigen reformbestrebungen gerechnet werden muß). Wie das beispiel Dänemark gezeigt hat, führt der verzicht auf die großschreibung der substantive in der schule in kurzer zeit zum gebrauch der kleinschreibung in der gesamten öffentlichkeit.

In der diskussion wurden vornehmlich zwei argumente gegen die kleinschreibung der substantive angeführt:

a) Mit einführung der kleinschreibung müßten alle bücher (einschließlich der bibliotheksbestände) neu gedruckt werden.
b) Durch den verlust der »signalwirkung« der großbuchstaben werde die lesbarkeit der schrift beeinträchtigt.

zu a:
Dieses häufig (u. a. von Karl Korn in der FAZ) vertretene argument ist unzutreffend. Bei einführung einer »gemäßigten« kleinschreibung blieben die großbuchstaben am satzanfang und bei eigennamen erhalten. Der graphembestand bliebe also gleich. Daher könnten auch bücher, die in der bisherigen schreibung gedruckt sind, ohne schwierigkeiten weiter gelesen werden. Die jeweilige orthographie ermöglichte sogar eine zeitliche einordnung, die dem leser zusätzliche informationen für das verständnis lieferte. Wesentlich stärkere berechtigung

hätte dieses argument beim übergang von der fraktur zur antiqua gehabt, der dennoch ohne nennenswerten widerstand (auch von der FAZ) vollzogen worden ist. (Die aktion »rettet die deutsche schrift« fügt sich heute am besten in den rahmen allgemeiner nostalgie.)

zu b:
Daß der verzicht auf großschreibung der substantive die lesbarkeit der schrift beeinträchtige, ist zwar häufig behauptet, bisher aber nicht schlüssig nachgewiesen worden. Im gegenteil: Empirische untersuchungen an den universitäten Wien und Marburg haben diese behauptung widerlegt. Natürlich erfordert auch die umstellung einen gewöhnungsprozeß, der die bisherige gewohnheit aufhebt. Im allgemeinen jedoch vollzieht sich diese umstellung für den einzelnen leser überraschend schnell und problemlos (wie der leser dieses beitrages vielleicht durch selbstbeobachtung feststellen kann). Die durch großbuchstaben hervorgehobenen substantive waren auch bisher nicht einfach mit den sinntragenden elementen des satzes gleichzusetzen.

These 9:

Bei der vermittlung der rechtschreibnormen im unterricht sollten die gesichtspunkte ihrer berechtigung und brauchbarkeit im vordergrund stehen.
Im mittelpunkt des rechtschreibunterrichts unserer schulen, besonders auf der sekundarstufe, stehen häufig nicht die elementaren voraussetzungen richtigen schreibens (sicherheit im schriftlichen, verfügen über einen — ständig weiter auszubauenden — grundwortschatz), sondern völlig unnötige raffinessen und unregelmäßigkeiten unserer orthographie, mit deren hilfe man leicht jedem schüler nachweisen kann, daß er die rechtschreibung nicht beherrscht. Besonderer beliebtheit erfreuen sich dabei die tücken der groß- und kleinschreibung. Ein schulbuch aus dem jahre 1963 enthält dazu beispielsweise folgenden text:
»Es grenzt fast ans wunderbare, wie einige Schüler, bei denen Weihnachten noch vieles im argen lag, zu Ostern bereits ein gutes Zeugnis aufweisen konnten. Sie ließen sich noch rechtzeitig eines Bessern belehren. Freilich kann nur der aus dem vollen schöpfen, der während des Schuljahres immer auf dem laufenden geblieben ist. Einige Schüler ließen es sich nicht im guten sagen. Bei ihnen war auch noch Ostern alles beim alten geblieben. Sie mußten sich darüber im klaren sein, daß sie zu Ostern den kürzeren ziehen würden. Im neuen Schuljahr wer-

den sie sich hoffentlich eines Besseren besinnen.« (Mein Sprachbuch, 9. Schuljahr, 1963, S. 71).
Gäbe es keine anderen dringlichen aufgaben des sprachunterrichts, dann könnte man sich vielleicht solche spiele erlauben (freilich auch dann nicht den repressiven unterrichtsstil, den der text verrät). Solange aber für die grundlegenden lernziele des sprachunterrichts nicht einmal das minimum an zeit und mitteln zur verfügung steht, ist für solche spitzfindigkeiten der rechtschreibung kein raum im unterricht. Hier gilt vernünftigerweise für den schüler (wie für viele erwachsene) nur eine regel: Schlag nach im wörterbuch! Sie sollte auch in prüfungsdiktaten angewandt werden. Der lehrer vermittelt die rechtschreibung seinen schülern nicht dadurch, daß er möglichst viele fehler anstreicht, numeriert und zensiert, sondern nur dadurch, daß er ihnen alle mittel in die hand gibt, mit deren hilfe sie fehler vermeiden können. Freilich sollte er dann auch gegenseitige hilfe beim diktat (sofern er ein solches noch für notwendig hält) erlauben, statt sie als »abschreiben« zu ahnden.
Notwendiger bestandteil eines kritischen rechtschreibunterrichts ist die frage nach der berechtigung orthographischer normen. Am beispiel: ein schüler hat das wort »eltern« mit ä geschrieben, also »Ältern«.
Übliche reaktion: ein roter strich, evtl. die apodiktische auskunft: »Eltern schreibt man mit e!« und die forderung einer »berichtigung« (»Schreib das wort dreimal richtig!«).
Warum nicht so: »Du hast richtig überlegt: ›Eltern‹ sind die ›älteren‹. Leider bist du zu klug für unsere geltende rechtschreibung, in der ›eltern‹ mit e geschrieben wird. Wenn du dir kummer ersparen willst, halte dich an die konvention (und bemühe dich mit darum, daß sie auf die dauer verbessert wird)!«

these 10:

Die deutsche rechtschreibung ist entsprechend ihrer »inneren« norm weiterzuentwickeln zu einem brauchbaren mittel für die aufbewahrung und weitergabe von sprache.
Das in den bisherigen thesen entwickelte normverständnis (norm als entwicklungsprinzip, norm der rechtschreibung = ihre angemessenheit an sprache) könnte dazu beitragen, die erstarrten normierungen unserer geltenden rechtschreibung aufzuweichen und eine entwicklung einzuleiten, die das drohende auseinanderfallen von sprache und schrift verhindert. Der verzicht auf die großschreibung der substantive kann als erster (vielleicht entscheidender) schritt auf diesem wege gelten.

Er sollte bald getan werden; denn das festhalten an nicht gerechtfertigten und überholten normierungen verringert die chancen ihrer überwindung.
Die »innere« norm der deutschen rechtschreibung fordert ihre reform.

Gerhard Bauer

wie setzen wir die reform der rechtschreibung durch?

I. gründe für die abschaffung der großschreibung und anderer schikanen

Diese gründe sind längst bekannt und in der eröffnungsveranstaltung nochmals ausgiebig hin- und hergewendet worden. Ich möchte sie hier voraussetzen ohne große entwicklungen und ableitungen. Ich muß sie nur nochmals kurz nennen, damit wir für die diskussion einen gemeinsamen boden unter die füße bekommen können.

1. Für jeden rechtschreibenden und weniger recht schreibenden erkennbar ist unsere rechtschreibung dumm, inkonsequent, irrational, überkompliziert, unbequem, ein übertrieben skrupulöser aufwand am falschen platz für einen falschen zweck.

2. Die rechtschreibung ist insbesondere gesellschaftlich und gesellschaftspolitisch schädlich: Sie verstärkt die selektion und benachteiligt die sozial ohnehin benachteiligten. Dieser punkt ist in der jüngsten diskussion um die reformvorschläge besonders umstritten. Ich möchte deshalb hier als versöhnliche formel vorschlagen: Die rechtschreibung ist lästig und erschwerend für alle, aber sie ist besonders schwer für die arbeiter- und bauernkinder, weil sie für diese einen künstlichen zusatz zu einer schon bestehenden barriere bildet. Und wenn sie schließlich, mühsam und nie vollständig, gelernt ist, dann erzeugen noch die gehabte mühsal und die unsicherheit bei der anwendung ein gebrochenes verhältnis zur schriftlichen äußerung, wieder besonders bei denen, die sich in viel mehr programmen und eingaben, selbstartikulation und interessenorganisation äußern sollten.

3. Die rechtschreibung ist pädagogisch schädlich: Sie dient der frühzeitigen und lang anhaltenden disziplinierung, erzieht

zum verzicht auf den gebrauch der eigenen vernunft, zur abdankung dieser vernunft vor einem regelsystem, das undurchschaubar und nur zu pauken ist. Wenn eine 8jährige schülerin sich sträubt, »männchen machen« groß zu schreiben, weil der hund damit keine männchen macht, sondern nur »so was tut, was die leute so nennen«, so hat sie die dudenlogik klar geschlagen und der kollege ist in einer häßlichen lage, der sie auf den kodifizierten unsinn der dudenregelung zurückführen soll.

4. Die rechtschreibung stellt beruflich speziell für lehrer ein hindernis dar, erschwert unsere arbeitssituation, macht eine besonders harte, dumme, nicht einzusehende mühe, treibt uns selbst in die falsche rolle: »Wir müssen den kindern gegenüber die kompetenten mit dem nie einholbaren wissensvorsprung spielen, die priester einer religion des korrekten, das auch inhaltlich von der reaktion geprägt ist, nämlich der abdankung des liberalen bürgertums vor dem (feudal-militaristischen) obrigkeitsstaat. Dieser schikane und dem zwang zur ausübung der schikane sind alle lehrer unterworfen — das ist die realistische grundlage unserer hier zu bestätigenden solidarität. Am schwersten trifft die härte natürlich die grundschullehrer. Doch auch die anderen bis zu den hochschullehrern haben damit zu schaffen. Ich muß feststellen, daß auch die studenten nach 20jähriger übung in ihren abschlußexamina noch zahlreiche fehler machen. In vielen klausuren wird mit großer häufigkeit »daß/das« so oder so herum falsch geschrieben. Auch in der großschreibung sind die studenten, also künftige deutschlehrer und vollzugsbeamte des duden, alles andere als sicher.

summa: Nicht nur, man kann das zeug nie ganz lernen, obgleich das für die überwiegende mehrheit des volkes voll zutrifft, sondern auch: Wir dürfen den schwindel nicht länger mitmachen und durch unsere ausübung und sanktion noch aufrechterhalten.

II. verfahrensvorschlag

Wie schaffen wir die reaktionäre großschreibung und die übrigen fehlerquellen ab; was für institutionalisierte barrieren stehen dagegen?
Die rechtschreibung hat für sich nur die macht der gewohnheit — aber die ist staatlich, kulturell und beamtenrechtlich abgesichert. Eigentlich ist die regelung der schreibweise eine gesellschaftliche frage und nicht vom staat zu lenken. Doch eine neue gewohnheit *kann* sich gar nicht ausbilden, solange der

staat die geltung der alten in schulen, berufsschulen, behörden und damit indirekt in allen wirtschaftsbetrieben und büros sanktioniert. Trotz dieser erschwernisse ist die forderung nach einer änderung in der mehrheit des volkes vorhanden. Der staat muß also gezwungen werden, die sanktionierung der alten schreibweise aufzugeben und die neue als verbindlich anzuerkennen und selbst in den staatlichen institutionen zu propagieren. Bei »verbindlich« müssen wir gleich hinzusetzen: mit einer nicht-diskriminierungsklausel gegenüber allen älteren und liebhabern der großschreibung, die sie bis an ihr lebensende sollen schreiben dürfen, ähnlich wie in Dänemark nach 1948. Wir wollen niemanden persönlich zwingen. Aber staatlich verbindlich muß die neue schreibung deshalb gemacht werden, weil mit einer bloßen freigabe und übergang von vielen einzelnen zur kleinschreibung nichts getan ist, da dann immer noch die selektion nach dem bisher geltenden schreibmuster weiterginge, also nur die unabhängigen und freiberuflichen sich die neue schreibweise überhaupt leisten können wie z. z. noch. Das bestätigen auch die erfahrungen der »aktion kleinschreibung«.

Wie zwingen wir aber den staat dazu? Er bekundet ja von zeit zu zeit durch einzelne kumis und durch die ganze kultusministerkonferenz seine bereitschaft zur reform. Aber er verschleppt die reform. Typisch der KMK-beschluß vom 25. mai 1973: die reform »*sollte* durch einen neuen vorstoß vorangetrieben werden«, verhandlungen mit den anderen deutschsprachigen ländern sollten »*sofort* in angriff genommen werden«. Sollten übereinstimmungen nicht zustandekommen, will die KMK »*sofort* beraten, ob *eventuelle* reformschritte für die BRD getan *werden sollten*«. Die KMK verschanzt sich hinter der fehlenden einigung vor allem mit der DDR. Das warten auf diese einigung hat seit den »wiesbadener empfehlungen« 15 jahre gekostet, es kann leicht noch einmal 15 jahre dauern. Wir fordern dagegen: Abschaffung der großschreibung und der übrigen schikanen gleich, erstmal nur für die BRD und Westberlin. Wenn Österreich und die Schweiz gleich mitmachen wollen, um so besser, das liegt aber in ihrer kulturautonomie. Wenn die DDR lieber noch ein paar jahre wartet, ist das ihre sache und für die gegenwärtige verständlichkeit der texte absolut kein hindernis. Die viel beschworene »einheit« der deutschen rechtschreibung können wir gar nicht gefährden, weil es eine solche einheit unter der viel zu komplizierten duden-norm noch nie gegeben hat und für den größten teil der bevölkerung gar nicht geben kann. Erst die radikale vereinfachung der norm schafft die voraussetzung für eine wirkliche, nicht nur ausgedachte und vorgeschriebene einheitlichkeit der schreibweise im deutschen.

Gegen die verschleppung sollten wir uns nun zur wehr setzen. Wir sollten den kultusministern ankündigen, daß wir etwa vom kommenden schuljahrsbeginn an die großschreibung und die übrigen abschaffungsreifen schikanen nicht mehr üben, nicht mehr anstreichen und nicht mehr zensieren. Gegen den willen der lehrer oder einer großen mehrheit von ihnen kann die kultusbürokratie die reaktionäre großschreibung, die ohnehin im abdanken begriffen ist, nicht aufrechterhalten. Eine solche wahrnehmung unseres widerstandsrechts muß natürlich juristisch gut abgesichert und organisatorisch gründlich vorbereitet werden.

III. juristische beurteilung der lage und der rechtsmittel

Zunächst: Die maßnahme hat nichts mit einem »streik« zu tun. Sie ist also kein gelinder trost auf den für die gewerkschaftsentwicklung wünschenswerten casus beamtenstreik. Wir wollen keine stunde unterrichtsarbeit niederlegen, wir wollen nur eine andere, weniger demütigende und bornierte arbeitsform praktizieren.
Ob unser vorgehen unter das »widerstandsrecht von beamten im dienst« fällt, ist nicht ganz klar, aber die bisherige behandlung dieses rechts spricht dagegen. Es wurde in der literatur nur geltend gemacht gegen einzelne unrechtsbefehle und gegen die verkehrung der staatsgewalt überhaupt (immer in klar antikommunistischer parallelbehandlung des 20. juli und des 17. juni, s. z. b. Lindgen, DÖD 66,7).
Es handelt sich korrekt um die nichtausführung einer verwaltungsvorschrift aus gewissensgründen, fällt also unter »grenzen der dienstlichen weisungsgebundenheit«. Die einhaltung der duden-norm ist nicht durch gesetz (etwa im landesschulrecht) vorgeschrieben, sondern nur durch einigung der kultusminister (1955) beschlossen und durch erlaß in den einzelnen ländern verbindlich gemacht. Gegen diesen erlaß und gegen etwa kommende verfügungen, die uns zur einhaltung zwingen wollen, können wir nach geltender rechtsprechung dann verstoßen, wenn die weisung rechtswidrig oder strafbar ist oder die menschenwürde verletzt (H. Holl, die idee des berufsbeamtentums und die grenzen der weisungsgebundenheit, 1972). Der konkret vorliegende fall, daß eine geltende norm sich erst in der gesellschaftlichen praxis und durch wachsende erkenntnis als unrecht herausstellt, ist in unserer gesetzes- und verordnungsgläubigen rechtsprechung nicht vorgesehen. In der tat verstößt die selektion von schülern nach sozial bedingten unterschieden ihrer rechtschreibleistung gegen § 3,3 GG, der vorsieht, daß niemand wegen seiner »sprache« und »herkunft«

benachteiligt oder bevorzugt werden darf. Ob es sich mit der menschenwürde vereinbaren läßt, daß man willkürlich sprachlich nicht zu rechtfertigende unterscheidungen in (allein zur großschreibung) 78 regeln mit abgeleiteter rechtskraft 9 bis 13 jahre lang übt und sich je nach ihrer einhaltung in aufstiegsfähig und -unfähig sortieren läßt, ist mindestens zweifelhaft. Das müßte in einem musterverfahren geklärt werden, nachdem wir, wie gesetzlich vorgeschrieben, gegen die rechtschreibvorschrift auf dem dienstweg demonstriert haben werden, möglicherweise abgewiesen werden und trotzdem auf der nichtdurchführung bestehen, weil wir die diskriminierung schon benachteiligter schüler, die unnötige disziplinierung aller schüler und die verschwendung von unterrichtszeit auf nicht lernenswerte zierrate nicht länger verantworten können. Leider wird dieser prozeß wahrscheinlich nie geführt werden.
Wir wissen nicht, wie fest die herrschende bourgeoisie und ihr staatsapparat auf der einhaltung des gehorsams gerade in diesem läppischen punkt bestehen wird. Denn natürlich geht es dann um den gehorsam prinzipiell und nicht um die erhaltung der großschreibung, die auch für den staat keine große verteidigung mehr wert ist. In der rechtsliteratur findet sich der bemerkenswerte grundsatz: »Ein befehl« (also duden-norm einhalten), »der gegen ein verbotsgesetz« (also nicht-diskriminierung von schülern) »verstößt, ist rechtmäßig und verbindlich, wenn das gehorsamsgesetz ein höherrangiges rechtsgut schützt als das verbotsgesetz« (risiken, grenzen amtlicher und dienstlicher weisungen im öffentlichen dienst, 1969, s. 179). Also wie energisch sich im fall der praktischen kollision die Genscher- und Löffler-partei gegen die Friedeburg- und Oertzen-partei durchsetzen wird, können wir nicht vorhersagen. Aber wir wissen mit sicherheit, daß kein bundesland mehr als höchstens 30 disziplinarverfahren im monat durchführen kann. Die kapazitäten reichen einfach für mehr nicht aus. Denken wir nur an den disziplinarstreit, als soundsoviele hessische lehrer gegen ausdrückliche verfügung des kultusministers am notstandsmarsch auf Bonn teilnahmen. Es wurden ihnen disziplinarverfahren angedroht, einige wurden danach eingeleitet, aber sie konnten nicht durchgeführt werden, weil es zu viele waren. Nicht mal die angekündigte gehaltskürzung für die ausgefallenen stunden ließ sich durchführen (wohl wegen zu schwieriger berechnung).
Also wenn genügend kollegen dafür sind, werden wir uns mit einem so klar berechtigten veränderungswunsch garantiert durchsetzen. Das dafürsein muß nur noch zweckmäßig organisiert und zusammengefaßt werden.

IV. *organisation*

Für die *organisation* müssen zwei prinzipien leitend sein und korrekt miteinander verbunden werden: Die verweigerung muß von der basis getragen und vertreten werden, und sie muß sich an die entscheidende spitze (KMK und bundesinnenminister) richten.
Wir müssen also in der nächsten zeit darauf hinwirken, daß in den kollegien der einzelnen schulen beschlüsse zustandekommen, die die schädliche weitergeltung der unrechtschreibung verurteilen und die alsbaldige gewährung einer leichteren und vernünftigeren schreibweise fordern, unter androhung einer verweigerung der übung und zensierung nach duden-norm, wenn sie nicht bis zu einem bestimmten zeitpunkt offiziell außer kraft gesetzt ist. Diese beschlüsse müssen natürlich gut vorbereitet werden, z. b. durch einzelne fortschrittliche fachkonferenzen oder jahrgangskonferenzen, die dann die initiative und überzeugungsarbeit bei den kollegen übernehmen müßten. Wenn sich abzeichnet, daß in einem kollegium oder gremium keine mehrheit dafür zu gewinnen ist, sollten wir noch nicht auf eine abstimmung hinarbeiten, denn wir wollen ja nicht eine reaktion der ablehnenden kollegen formieren helfen, sondern nur möglichst viele zustimmende und solche, die sich noch keine gedanken darüber gemacht haben, zusammenschließen. Außerdem und praktischerweise schon vorher sollte in den grundorganisationen der GEW darüber diskutiert und abgestimmt werden. Die GEW hätte überhaupt wichtige aufgaben sowohl bei der propagierung wie bei der organisation dieser verweigerung. Von einem grundschultag mit lehrern und eltern, den die GEW im mai in Westberlin veranstaltet hat, ist zu berichten, daß dort genau der hier vorgelegte vorschlag angenommen wurde, und zwar mit ca. 400 gegen 11 stimmen bei ca. 30 enthaltungen.
Wie der wille der basis, wenn er erst zustandegekommen ist, nach außen und oben vertreten werden soll, müssen wir hier beraten und der schlußsitzung dieser konferenz möglichst praktische vorschläge vorlegen. Daß die einzelnen kollegien sich an ihren schulrat wenden, hat keinen zweck, denn der kann die angekündigte maßnahme nur verbieten, bestenfalls zur einholung einer höheren anweisung weiterleiten. Es muß also jemand oder möglichst ein kollektiv den geballten willen der ungeduldigen lehrer vor allem gegenüber der KMK vertreten und durchsetzen. Das könnten entweder delegierte von besonders aktiven kollegien oder orts- und landesverbänden sein. Dann müßten wir hier überlegen, ob eine solche teilfrage, von den gesamtinteressen der kollegen aus beurteilt, einen solchen aufwand lohnt und ob sich dafür wohl welche fänden,

und wenn ja, wieviel an demokratischer abordnung und kontrolle wir für diese delegierten vorsehen wollen. Oder wir könnten mandatsträger und beamte der GEW, als der organisation der lehrerinteressen, damit betrauen. Die GEW ist bis jetzt ganz freundlich gegenüber diesem vorschlag, allerdings auch zurückhaltend gegenüber seinen konsequenzen, sie wartet u. a. den ausgang dieser AG und dieser konferenz ab, ehe sie sich vielleicht ganz davorstellt. Wenn sie das tut (auf der kommenden HV im november wird sie darüber beraten), wäre es immerhin möglich, ihr die koordination und vertretung zu übertragen. Einen entsprechenden antrag an die HV müßten wir dann hier vorformulieren und der abschlußsitzung vorlegen. Aber auch wenn die GEW-spitze diese vertretung ablehnt, müssen wir weiter in der GEW und mit ihren organen und publikationsmöglichkeiten dafür arbeiten. Wir müssen uns dann nur andere koordinatoren und vertreter suchen. Eine möglichkeit dafür wären die PH-kollegen in Nordrhein-Westfalen, die ersten in dieser frage schon gut vorgearbeitet haben, zweitens einen zusammenhang untereinander ausgebildet haben, daß sie als kollektiv auftreten und ein mandat von der basis wahrnehmen könnten.
Zur diskussion möchte ich vorschlagen,

1. möglichst rasch den grad der einigkeit und entschlossenheit der anwesenden kollegen zur verwirklichung der längst geforderten reform festzustellen, dann
2. den verfahrensvorschlag zu prüfen, ob die hier versammelten kollegen ihm zustimmen können, und schließlich,
3. wenn das der fall ist, möglichst konkrete organisationsvorschläge auszuarbeiten, wie wir den vorschlag publik und allgemein machen können und wer ihn in Bonn und Godesberg vertreten soll.

W. W. Hiestand

kleinschreibung in der praxis

Überraschend ist das thema »rechtschreibreform« wieder aktuell geworden, nachdem hierzu ein jahrzehnt lang weitgehend schweigen herrschte. Über 40 000 bürger, darunter 18 000 lehrer, haben sich bisher der bürgerinitiative der neugegründeten »aktion kleinschreibung e. v.« in 7200 Tuttlingen angeschlossen und fordern eine sinnvolle und baldige reform. Immer mehr institute und organisationen (u. a. die fachschaft deutsch in Nordrhein-Westfalen, der arbeitskreis grundschule in Frankfurt, der germanistentag 1973, das institut für deutsche sprache in Mannheim, die GEW usw.) treten für eine reform ein, die besonders die gemässigte kleinschreibung, übersichtlichere komma- und trennregeln, die vereinfachung der fremdwortschreibung und den ersatz von »ß« durch »ss« zum ziele hat. Jüngst sprachen sich selbst die kultusminister einstimmig für die rechtschreibreform aus, und aus Österreich, der Schweiz und der DDR mehren sich die stimmen, die erleichterungen fordern.

In der tat sind 78 regeln zum groß- und kleinschreiben, 20 zur silbentrennung, 50 zum bindestrich, 20 zum apostroph, 83 zum zusammen- oder getrenntschreiben usw. von niemandem mehr zu beherrschen. Trotzdem werden weiterhin unerlernbare regeln eingedrillt. Experten sprechen von sieben millionen vergeudeten lehrerstunden nur für die groß- und kleinschreibung – jährlich. Sehr viele schüler und berufstätige scheitern an unlogischen regeln. Dabei könnten über 50 prozent der regelfehler durch eine reform vermieden werden, die keinen lernaufwand erfordern und niemanden zum umlernen zwingen würde.

Ideologische argumente werden in der diskussion um das für und wider der kleinschreibung zwar vorgebracht. Sie finden jedoch kaum gehör. Die grosse mehrheit der bevölkerung lässt sich von praktischen erwägungen leiten. Jüngste befragungen ergaben, dass in der BRD noch 23 prozent der befragten (lt. demoskop. institut in Allensbach), in der Schweiz noch 17 prozent (nach institut Scope) gegen die kleinschreibung sind. Überraschenderweise steigt die bereitschaft zur vereinfachung mit dem grad der schulbildung: In der Schweiz befürworten 85 prozent der absolventen höherer schulen und 90 prozent der studenten und lehrer die kleinschreibung.

Doch wie wirkt sich die kleinschreibung in der praxis aus?

Um diese frage beantworten zu können, sollten wir uns zunächst kurz mit der durchführung der rechtschreibreform in Dänemark 1948 und den dortigen erfahrungen beschäftigen.

Die dänische rechtschreibung kannte früher ebenfalls die grossschreibung der substantive. Wie im deutschsprachigen raum gab es in Dänemark schon vor 100 jahren bestrebungen zur einführung der kleinschreibung. Der dänische kultusminister hatte schon 1888 (!) die bekanntmachung vom übergang zu den kleinen buchstaben vorliegen, wurde jedoch durch eine protestbewegung am erlass gehindert.

Trotzdem verwendeten die volkshochschulen und viele universitätslehrer schon um die jahrhundertwende die skandinavische rechtschreibung. Arne Hamburger vom amt für dänische sprache schreibt in der broschüre der »aktion kleinschreibung« folgendes:

»Besonders in den zwanziger und dreissiger jahren unseres jahrhunderts wurde die möglichkeit einer reform der dänischen ortografie eifrig diskutiert. Nun meldeten sich auch die lehrerorganisationen als befürworter und eine statistik zeigte, dass 40 prozent aller rechtschreibfehler mit der grossschreibung in verbindung standen.
Um die mitte der 40er jahre ging eine zeitschrift nach der anderen, eine organisation nach der anderen zur substantivkleinschreibung über, so dass nur noch die eigennamen und satzanfänge grossgeschrieben wurden. 1947 erklärten die verwaltungen einiger grösserer städte, sie würden nun diese schreibweise anwenden, und anfang 1948 teilte unterrichtsminister H. Frisch mit, dass er die reform in allen schulen durchzuführen beabsichtige. Eine mehrheit im parlament war für die reform, die dann im märz offiziell verwirklicht wurde.
Die schulen bekamen selbstverständlich eine angemessene frist zur durchführung der änderung, und man führte diese auch in der ganzen verwaltung durch. Nach weniger als zwanzig jahren schrieb keine tageszeitung mehr die substantive gross. Auch die verlage gingen nach und nach zur neuen schreibung über, respektierten jedoch immer noch den wunsch einzelner schriftsteller, ihre werke in der alten schreibweise herauszugeben.«
Allerdings dürfen die setzer heute für die anwendung der alten rechtschreibung einen zuschlag berechnen, weil diese ja mehrarbeit erfordert. Deutlicher lässt sich kaum nachweisen, dass die gemässigte kleinschreibung wirklich erleichterungen bringt.
Wir sollten uns weniger von dem beeindrucken lassen, was deutsche verleger, die in ihrer mehrzahl zu den grössten gegnern der rechtschreibreform gehören, ahnen und behaupten, sondern von dem, was dänische verlage über die wirtschaftlichen auswirkungen dieser reform schreiben. Machten sie wirklich die erfahrungen, die nun von einigen ihrer deutschen kollegen befürchtet werden?
Wieder möchte ich aus der »materialsammlung zur rechtschreibreform 1973« (herausgegeben von der »aktion kleinschreibung«, 7200 Tuttlingen) zitieren:

J. H. Schultz Forlag:
»Innerhalb der schöngeistigen literatur und fachliteratur fand keine entwertung der mit der alten schreibung gedruckten buchbestände statt, wohl aber teilweise auf dem gebiet der schulbücher.«

Politikens Forlag:
»Unser verlag, der den zweitgrössten buchhändlerumsatz in Dänemark hat, ging sofort zur kleinschreibung über. Dies hat weder den verkauf neuer bücher noch den verkauf älterer

jahrgänge (mit der alten rechtschreibung) beeinträchtigt. Wir haben keine leserklagen erhalten, und die tageszeitung »politiken«, deren konzern wir angehören, hatte aufgrund der auch in der zeitung durchgeführten änderungen keinen abonnentenausfall zu beklagen.«

Gyldendalske Boghandel, Nordisk Forlag; 1770 gegründet, grösster verlag in Dänemark, jährliche buchproduktion 300 bis 400 titel:

»In unserer gesamten korrespondenz sowie in unseren inseraten und sonstiger werbung verwenden wir seit 1948 die neue ortografie. Was die bücherproduktion betrifft, wird überall die kleinschreibung benutzt, es sei denn, dass der verfasser ausdrücklich die alte schreibweise verlangt. Bezüglich der übergangszeit können wir Ihnen antworten, dass ältere bücher, noch in der früheren schreibweise gedruckt, keine einbusse im absatz erlitten haben, von schulbüchern abgesehen.«

Die dänischen verlage und buchhandlungen haben die reform gut überstanden. Die bücher wurden weder teurer noch musste der gesamte buchbestand neu gedruckt werden, was bei uns manchmal allen ernstes behauptet wird.

Schwierigkeiten gab es – und das soll nicht verschwiegen werden – auf dem schulbuchsektor. Das engagement von schulbuchverlegern gegen die reform ist also verständlich. Doch wir möchten ja nicht die reform wie die dänen innerhalb von zwei jahren in den schulen durchgeführt haben. Uns schwebt eine längere übergangszeit vor. Die kleinschreibung sollte zunächst im ersten schuljahr der grundschule eingeführt und erst allmählich in den höheren schuljahren praktiziert werden. Angebracht wäre, dass die schulbuchverleger schon jetzt ihre vorstellungen vortragen würden, um sich dann nicht eines tages reformplänen gegenüberzusehen, die nicht mehr geändert werden können.

Ein engagement innerhalb der reformbestrebungen ist m. e. auf jeden fall angebrachter, als der ruf nach untersuchungen, die bereits vor jahren abgeschlossen wurden, und die zudem durch das beispiel Dänemark nicht notwendig waren. Die ergebnisse, die für die rechtschreibreform sprechen, können jederzeit nachgelesen werden. In unserer broschüre befindet sich z. b. ein kurzbericht über die untersuchung von prof. Haberl zur lesbarkeit der kleinschreibung. Kleinschreibung wird von guten lesern bereits nach einer woche besser gelesen als die herkömmliche schreibweise. Die kleinschreibung fördert die sinnfindung, begünstigt das fehlerlose laute lesen und ermöglicht eine stärkere konzentration auf andere rechtschreibschwierigkeiten.

Vorsicht ist auch geboten, wenn verleger umfragen bei ihren

autoren machen. Das podiumsgespräch des frankfurter kongresses »vernünftiger schreiben« litt darunter, dass der verleger nur gegnerische stimmen zur rechtschreibreform verlas und zudem die besucher über seine fragestellung völlig im unklaren liess.
Aus den dänischen erfahrungen wissen wir, dass die umstellung unproblematisch war und die auswirkungen auf wirtschaft und technik weit überwiegend positiv.
Trotzdem gibt es in Dänemark noch heute einzelne firmen und vor allem ältere personen, die die alte ortografie verwenden. Niemand nimmt ihnen das übel, und ein nachteil entsteht für diese schreiber nicht, da jeder die alte und neue rechtschreibung lesen kann.
Soviel nun zu den erfahrungen in Dänemark beim übergang zur gemässigten kleinschreibung. Ob diese einfache reform sich im deutschen sprachraum nicht ebenso leicht durchführen liesse?
Aus der BRD ist über die umstellungsschwierigkeiten und die praxis der kleinschreibung noch nicht viel bekanntgeworden. Und doch gibt es auch bei uns pioniere, die – ähnlich wie ihre kollegen in Dänemark 1948 – schon heute die reformierte rechtschreibung praktizieren.
Zur anwendung kommt nicht nur die gemässigte kleinschreibung, sondern auch die vollkleinschreibung, der wir in der werbung, im fernsehen usw. immer häufiger begegnen. Besonders von der gruppe um dr. Walter Porstmann, dem »vater der DIN-formate«, wird diese schreibweise als einschrift bezeichnet.
Die zuschriften von firmen an die bürgerinitiative »aktion kleinschreibung« sind ausnahmslos positiv. Unternehmer schreiben z. b. folgendes:

»seit 50 jahren werben wir für die einschrift und verwenden sie. schon vor 40 jahren wurde ein teil des briefwechsels kleingeschrieben. das echo? kaum kritik und viel zustimmung.« (fabriknorm, Berlin 36, praktiziert die einschrift).

»vor mehreren jahren haben wir die voll-kleinschreibung eingeführt zur grossen erleichterung für die schreibkräfte. alle geschäftspost wird durchweg kleingeschrieben. weder kunden noch lieferanten haben dies beanstandet« (skrebba-werk, Lahr).

»als wir vor etwa 5 jahren werbesachen und preislisten nur noch in einschrift druckten, erhielten wir von unseren kunden begeisterte zuschriften über klarheit und übersichtlichkeit. jetzt drucken wir alles in kleinschrift« (simplex-konzepthalter, Berlin-Kreuzberg).

»In unserem unternehmen wird seit 1958 der gesamte schriftverkehr in der gemässigten kleinschreibung durchgeführt. Ausser einem einzigen protest ist uns von keiner anderen seite eine beschwerde zugegangen, noch hat sich jemand darüber beklagt, dass ihm die gemässigte kleinschreibung unbehagen verursachen würde, geschweige denn unsere mitteilungen oder anweisungen unverständlich oder undeutlich geworden seien« (Transit-Transport, Flensburg).

Nicht nur in der BRD, auch in Österreich und der Schweiz sind je ein dutzend namhafter firmen zur kleinschreibung übergegangen. Weitere werden folgen, da das interesse in wirtschaftskreisen derzeit ständig wächst. Auf einen von der informationszentrale rechtschreibreform veröffentlichten artikel in den »nachrichten« der IHK Münster (8/73) meldeten sich beispielsweise über 30 umstellungswillige firmen und ein betrieb teilte bereits an dem tag, an dem er die informationssendung erhielt, folgendes mit:
»Wir danken für Ihr informationsmaterial und werden ab sofort die gemässigte kleinschreibung einführen (ohne ausnahmen)« (büroautomatik, Ahlen).

In handel und industrie lässt sich die umstellung auf die kleinschreibung recht einfach durchführen, zumal ja die bisherige rechtschreibung beibehalten werden kann und nicht so viele betriebsangehörige betroffen sind und diese oft bereits am zweiten umstellungstag von der neuen rechtschreibung begeistert sind.
Das experiment der »Offenbachpost« — sie brachte sechs wochen lang täglich eine seite in gemässigter kleinschreibung — fand die zustimmung der mehrzahl der leser und wird derzeit von einigen zeitschriften und zeitungen in kleinerem rahmen nachgeahmt. »Hör zu« hatte in den jahren 1962 bis 1965 bereits 180 glossen in gemässigter kleinschreibung veröffentlicht und gleichbleibend 67 prozent zustimmende anrufe und zuschriften bekommen, wobei übrigens selbst die vollkleinschreiber als gegner gezählt wurden.
Die schweizerische zeitschrift »scola« (herausgegeben vom Philips-konzern) ging im märz 1973 völlig zur kleinschreibung über und teilte den lesern mit, dass die geschäftskorrespondenz schon seit längerem »mit ausgesprochen positivem echo« kleingeschrieben werde. Weitere fachzeitschriften planen derzeit die umstellung ihrer rechtschreibung, und die zahl der bücher mit kleinschreibung nimmt ständig zu.
Allerdings soll hier nicht verschwiegen werden, daß ein ständiges wechseln zwischen alter und neuer rechtschreibung nur für geübte schreiber fehlerlos zu bewerkstelligen ist. Dies gilt ebenfalls für maschinensetzer.

Andererseits entstehen in den redaktionen und druckereien kaum schwierigkeiten, obwohl die beschäftigten einesteils mit den völlig kleingeschriebenen fernschreibertexten, andernteils mit der herkömmlichen rechtschreibung zu tun haben. Etwas guter wille ist natürlich erforderlich. Aber der dürfte bei den hauptbetroffenen vorhanden sein.

Der bildungsverband der deutschen buchdrucker nahm auf seinem siebenten vertretertag deutlich stellung zur rechtschreibreform:

»Diese rechtschreibung passt nicht mehr in unsre zeit, deren hochentwickelte technik und veränderte formenauffassung es dringend erfordern, ein so wichtiges ausdrucksmittel der sprache wie die rechtschreibung wesentlich zu vereinfachen. Bei dem heutigen stand des buchdruckergewerbes bringt die geltende rechtschreibung viele widerwärtigkeiten im produktionsgang. Durch vereinfachung der rechtschreibung wird im schulunterricht auch die zeit für notwendige arbeitsgebiete frei.«

Dieser vertretertag der buchdrucker fand im jahr 1931 (!) statt. Die worte haben nichts an aktualität verloren und könnten in jedem modernen reformprogramm stehen.

Ebenfalls sehr fortschrittlich sind die stenografen, deren forderung nach rechtschreibvereinfachung kürzlich durch die presse ging. Weniger bekannt ist, dass die »Stenografische Rundschau«, das organ des allgemeinen deutschen stenografenbundes, seit 1973 in gemässigter kleinschreibung erscheint, genauso wie das verbandsorgan der IG druck und papier, das seit über einem jahrzehnt die neue rechtschreibung praktiziert und sie, allen unkenrufen zum trotz, nicht aufgab.

Die praktischen erfahrungen beweisen täglich, dass die reformgegner unrecht haben und dass es zu den befürchteten unklarheiten nicht kommt. Siemens und Halske, die firma hat mit dem fernschreiber inzwischen genügend erfahrungen gesammelt, stellte fest:

»durch die kleinschrift haben sich keinerlei schwierigkeiten ergeben«.

Bekanntlich kommt die datenverarbeitung ebenfalls ohne die unterscheidung »gross–klein« aus und die blindenschrift und stenografie ebenfalls. Und die deutschen, die grossbuchstaben aussprechen können, die gibt es selbst unter den reformgegnern nicht.

In der Schweiz und in Österreich ist die tendenz zur anwendung der vereinfachten rechtschreibung noch ausgeprägter.

Die firma »schiltknecht« in Zürich hat ab 1957 leistungssteigerungen im geschäftlichen briefverkehr von 25 bis 33 prozent registriert (bei vollkleinschreibung). Das büro Rothenfluth (Zürich) berechnete schon ende der dreissiger jahre, dass nach

einführung der gemässigten kleinschreibung die einsparung von arbeitszeit ohne mehranstrengung 19 bis 20 prozent beträgt. (Das »ß« wird in der Schweiz ohnehin schon seit 1938 als »ss« geschrieben.)
1973 haben in der Schweiz selbst zwei gemeindeverwaltungen (Ostermundingen, Wyssachen) die kleinschreibung eingeführt. Beide berichten über positive auswirkungen. Das betroffene personal begeisterte sich auch hier sofort für die vereinfachung. Dies ist mit ein gewichtiger grund für die plötzliche reformfreude aufgeschlossener betriebe.
Die lesbarkeit wird durch die kleinschreibung, entgegen vielen behauptungen, nicht beeinträchtigt. Experimentelle untersuchungen (besonders von prof. Haberl) bestätigen dies, und das oberlandesgericht Köln urteilte: »Der gebrauch der kleinen anfangsbuchstaben beeinträchtigt nicht die lesbarkeit und verständlichkeit der ... schrift« (5. zs., 5 W. 219/28). Wer ausländische texte liest, kennt ohnedies bereits dic gemässigte kleinschreibung und hat nur geringe umstellungsschwierigkeiten.
Über die auswirkungen auf die wirtschaft und die technik muss nicht mehr filosofiert werden. Die dänen haben diese reform, die wir jetzt anstreben, bereits mit gutem erfolg durchgeführt. Ihre und die erfahrungen fortschrittlicher betriebe im deutschsprachigen raum zeigen, dass die positiven auswirkungen weit überwiegen. Die reformgegner wissen dies. Denn sonst würden sie uns ermuntern, bücher in kleinschreibung zu drucken. Wenn das angedrohte fiasko dann eintreten würde, wäre die idee »kleinschreibung« ad absurdum geführt. Doch das gegenteil ist der fall. Die reformgegner wollen den druck kleingeschriebener texte verhindern (was ihnen leicht fällt, da die mehrzahl der verleger gegen diese reform ist), und in Wien wollte ein profilierter grossschreiber erreichen, dass die verwendung der gemässigten kleinschreibung – auch im privaten bereich – in zukunft geahndet wird.
Einigen von Ihnen mögen diese erfahrungen aus handel und industrie recht »suspekt« erscheinen. Wenn wir die reform jedoch in der praxis durchsetzen sollen, und herr von Friedeburg hat uns dies auf diesem kongress empfohlen, müssen wir auch die wirtschaftlichen aspekte beachten. Dass die wissenschaftler in ihrer mehrzahl ohnedies für die reform sind, hat nicht nur die statistik, sondern auch dieser kongress gezeigt. Die tatsache, dass das 32bändige wörterbuch von Jacob Grimm noch heute in kleinschreibung erscheint, ohne dass es zu verständnisschwierigkeiten kommt, spricht für sich. Die praxis hat die wissenschaft vom »gefangenen floh«, von »der schönen brust«, von »der liebe frühling« usw. widerlegt.
Wir rechtschreibreformer wollen nicht die deutsche sprache

oder rechtschreibung auf industrienorm bringen. Wir möchten nur eine humanere und logischere rechtschreibung und die dazu erforderliche umstellung in der schule erreichen. Ohne diese besteht die gefahr, dass die technische entwicklung irgendwann eine radikale umstellung erzwingt, die von den reformgegnern erheblich mehr fordert, als es bei dieser gemässigten reform der fall ist. Die sorge um die sprache zwingt uns zu dieser überfälligen reform.

Bernhard Engelen

entwurf eines an kommunikativen bedürfnissen orientierten sprachunterrichts

Meine damen und herren, ich möchte zu beginn meiner ausführungen zu einem an kommunikativen bedürfnissen orientierten sprachunterricht eine behauptung aufstellen:
Der sprachunterricht ist noch nie ein unterricht von der gesprochenen sprache gewesen, sondern immer nur ein unterricht von der geschriebenen sprache, hat sich nie wirklich um die gesprochene sprache gekümmert, sondern immer nur um die geschriebene.
Nun werden Sie sagen, das sei noch nicht ganz richtig, denn im deutschunterricht würde doch ständig gesprochen. Es gäbe doch einen großen teilbereich von mindestens ein bis zwei stunden in der woche, der direkt »mündlicher ausdruck« und in neueren lehrplänen »mündlicher sprachgebrauch« heiße. Und schließlich hätte Rudolf Hildebrand schon 1867 das postulat aufgestellt und erläutert, das hauptgewicht des deutschen sprachunterrichts in der schule (wie er sich auszudrücken beliebte) solle auf der gesprochenen sprache liegen. In der tat gehört diese forderung seit einem ganzen jahrhundert zu den unverzichtbaren pflichtübungen jeder muttersprachdidaktik.
Und doch habe ich mit meiner behauptung, der sprachunterricht habe sich immer an der geschriebenen sprache – und fast nur an der geschriebenen sprache – orientiert, nicht unrecht. Zwar hat man in der schule – vor allem in den ersten klassen – dem teilbereich »mündlicher ausdruck« einen relativ breiten raum gewidmet, und man könnte sogar auf den gedanken kommen, das, was man dort gemacht hat bzw. immer noch macht, sei ungefähr identisch mit dem, was man heute gemeinhin als kommunikation bzw. als erweiterung der kommunikativen kompetenz bezeichnet, aber das stimmt nicht

oder höchstens in sehr beschränktem ausmaß. In einem mündlichen kommunikationsakt — und ein mündlicher kommunikationsakt ist doch wohl der »normalfall« bei den zwischenmenschlichen beziehungen — wird nämlich nicht nur mittels sog. sprachlicher zeichen information ausgetauscht, verständigt man sich nicht nur mittels der sprache, sondern auch mittels anderer gegebenheiten, mittels anderer zeichen wie z. b. mimik, gestik, sog. umgangsformen und anderes mehr. Und bei dem in einem kommunikationsakt gesprochenen spielt nicht nur — wenn ich mich vorläufig einmal so ausdrücken darf — eine rolle, was gesagt wird, sondern auch, oft sogar vor allem, *wie* es gesagt wird. Denken Sie nur einmal daran, in welch unterschiedlicher weise morgens in einem betrieb oder in einem büro oder in einem lehrerkollegium die jeweils eintreffenden die äußerung »guten morgen« oder einfach »morgen« von sich geben. Das kann fröhlich, munter, gewinnend gesagt werden, es kann neutral, mißmutig, müde, gequält von sich gegeben werden, eventuell auch ironisch und sogar aggressiv usw. usw. Es kann auf die personen hin gerichtet sein, es kann still vor sich her oder in sich hineingesagt werden, laut und leise, klar und genuschelt usw. Man kann es mit blickkontakt sagen und ohne sich dabei anzusehen. Schließlich kann man dieses wort ganz weglassen und sich mittels eines freundlichen zunickens begrüßen usw. Sie sehen, es gibt eine unzahl von möglichkeiten von zum teil extrem unterschiedlichen inhalten, extrem unterschiedlicher information.

Von alldem bleibt bei der unterrichtlichen behandlung nicht viel übrig, nämlich nur die lautfolge m o r g ə n, eventuell noch die aufforderung, nicht nur »morgen«, sondern klar und deutlich und hochdeutsch »guten morgen« zu sagen. Alles andere — d. h. das wesentlich wichtigere, denn die äußerung »guten morgen« gibt für sich allein genommen so gut wie nichts an information — alles andere, auch die unterschiedliche lautgestalt, wird in der schule meistens ignoriert (es sei denn, ein lehrer fühlt sich durch die art und weise, wie ein schüler ihm »guten morgen« sagt, brüskiert. Aber was dann folgt, ist meistens nicht unterricht, sondern etwas ganz anderes).

Was hier also von dem kommunikationsakt übrig bleibt, ist genau das, worauf dieser akt reduziert würde, wenn man das gesprochene (und nur das gesprochene) schriftlich festhielte, verschriftete, und nicht mehr und nicht weniger. In diesem sinn — zumindest in diesem sinn — habe ich wohl mit meiner behauptung, der sprachunterricht sei immer — und immer nur — von der geschriebenen sprache ausgegangen, recht. Nun, worauf ist diese absolute orientierung am schriftlichen zurückzuführen? Offensichtlich darauf, daß die schule sich nie als eine schule des sprechens oder gar der kommunikation verstanden hat, sondern immer als schule des schreibens und lesens. Sprechen und sich unterhalten – so hat man geglaubt und so glaubt man vielerorten auch heute noch – können die schüler ja schon, wenn sie in die schule kommen (wenn auch nicht unbedingt das von den lehrern so hochgeschätzte hochdeutsch), aber lesen und schreiben können sie dann normalerweise noch nicht. Also setzte man den akzent zunächst einmal auf diese beiden kulturtechniken, vor allem auf das schreiben, denn schreibfähigkeit zieht normalerweise von selbst zumindest eine rudimentäre lesefähigkeit nach sich. Das schreibenlernen wäre nun eine relativ unproblematische und auch eine nicht allzu zeitaufwendige angelegenheit, wenn wir für den schüler (und natürlich auch für den erwachsenen) eine schreibung, eine rechtschreibung hätten, die in sich einigermaßen schlüssig wäre. (Ich will noch nicht einmal unbedingt sagen, die phonetisch oder genauer: phonematisch wäre, sondern nur, die in sich schlüssig, konsequent wäre.) Aber die haben wir eben nicht, sondern wir haben eine schreibung – das pfeifen schon zumindest seit Jacob Grimm die spatzen vom dach und die sprachwissenschaftler vom katheder –, die mehr als inkonsequent ist und für deren erlernung unverhältnismäßig viel zeit und gedächtniskapazität aufgebracht werden muß. Aber das problem ist keineswegs nur, daß wir eine derartig miserable »recht«schreibung haben, sondern auch, vielleicht sogar vor allem, daß diese norm, dieses gewirr von z. t. sinnlosen und wiedersprüchlichen setzungen, seit mindestens hundert jahren die heilige kuh des deutschunterrichts – und eigentlich sogar des gesamten unterrichts überhaupt – war und fast überall immer noch ist, daß die beherrschung der rechtschreibung unsinnigerweise als sicherer gradmesser für die intelligenz des betreffenden gilt und daß die nichtbeherrschung der rechtschreibung sozial in sehr starkem ausmaß abqualifiziert, eine vorstellung, die eigentümlicherweise auch in den kreisen grassiert, die sie nicht gerade sonderlich gut beherrschen. Unter diesen gegebenheiten nimmt es nicht wunder, daß die rechtschreibung in der schule eine allbeherrschende stellung eingenommen hat, so allbeherrschend, daß man sagen kann, der gesamte sprachunterricht habe sich an den in diesem konfusen system liegenden erfordernissen orientiert und sei auf diese weise auf die geschriebene sprache fixiert gewesen, auch dann, wenn nicht geschrieben, sondern gesprochen wurde.

Vor diesem hintergrund ist es wohl berechtigt, auf einem kongreß, der sich die reform der rechtschreibung zum ziel gesetzt hat, einige überlegungen anzustellen zu dem problem, wie der sprachunterricht, wie der unterricht für kommunikation in der muttersprache der schüler aussehen sollte oder könnte. Ich gehe dabei von der heute mehr oder weniger unumstrittenen zielvorstellung aus, der sprachunterricht solle zur erweiterung und differenzierung der kommunikationsfähigkeit der schüler führen und er solle sich an ihren kommunikativen bedürfnissen orientieren. Dabei kann man sich natürlich nicht auf die bedürfnisse beschränken, die der schüler vielleicht gerade jetzt oder in allernächster zeit hat, sondern man muß prospektiv auch solche kommunikationssituationen miteinbeziehen, mit denen er später – unter umständen sehr viel später – konfrontiert werden kann bzw. mutmaßlich konfrontiert werden wird. Die hier zu treffenden entscheidungen sind fast alle mehr oder weniger politischer natur.

Zu dem hauptlernziel »erweiterung und differenzierung der kommunikationsfähigkeit« gehören etwa folgende mehr oder weniger globalen unterlernziele:

Der schüler soll lernen, sich in möglichst vielen kommunikationssituationen angemessen zu verhalten, und zwar nicht nur sprachlich.

Alle folgenden punkte sind eigentlich nur spezifizierungen dieses wichtigsten lernziels, z. b.:

kontakte anknüpfen (kommunikationsakte in gang setzen),
auf kontaktanknüpfungsversuche angemessen reagieren,
den kommunikationspartner richtig einschätzen,
auskünfte einholen und geben,
seine vorstellungen angemessen artikulieren,
die ausführungen des kommunikationspartners möglichst unvoreingenommen aufnehmen,
informationsquellen aller art ausfindig machen und benutzen und sie vor bzw. bei der benutzung auf ihren wert hin überprüfen.

Weiterhin gehört hierher so etwas wie die sensibilität für die ästhetischen momente in bestimmten kommunikationsformen. Schreiben und lesen sind im hinblick auf dieses gesamtziel »kommunikation« lediglich als technische fertigkeiten zu betrachten, jedoch nicht als wert an sich.

Ich möchte nun versuchen, ein kommunikationsmodell zu entwickeln und zur diskussion zu stellen, das meiner meinung nach im sprachunterricht – und auch in anderen fächern – sinnvoll zugrunde gelegt werden kann. Dabei beginne ich mit der beschreibung der zeichen, mittels derer in kommunikationsakten information übermittelt wird. Wir können hier etwa folgendes unterscheiden:

1. das, was man vielleicht am besten als »rein sprachliche« oder als »verbale« zeichen bezeichnet, also die laute, silben, wörter, sätze und texte (linguistisch: phoneme, morpheme (+ intonation), syntagmen (+ intonation), sätze (+ intonation), texte). Es handelt sich hier genau um den teilbereich von kommunika-

tionsakten, der bei der verschriftlichung erhalten bleibt (abgesehen von der intonation). Diesem teilbereich – und nur diesem teilbereich – hat bisher fast die gesamte forschungstätigkeit der linguistik gegolten.

2. bestimmte akustische eigenarten in der mündlichen kommunikation. Man kann eine sprachliche äußerung z. b. straff oder mit ziemlich geringer spannung in den artikulationsorganen artikulieren, sonor oder mehr oder weniger gequält (linguistisch: mit faukaler weite oder enge), laut oder leise, regelmäßig fließend oder abgehackt, ruhig oder gehetzt, auf den adressaten hin gerichtet oder nicht direkt auf den adressaten gerichtet usw. Alle diese gegebenheiten, um die sich die sprachwissenschaft bisher leider so gut wie gar nicht gekümmert hat, spielen in sehr vielen kommunikationsakten eine sehr wichtige rolle.

3. bestimmte nichtsprachliche gegebenheiten, vor allem mimik, gestik und körperhaltung. Zu diesem bereich gibt es fast überhaupt keine nennenswerten untersuchungen, vor allem keine detailuntersuchungen. Einige relativ globale gegebenheiten sind allbekannt und schon oft beschrieben, z. b. die handbewegung des gebens, des sich-hin-neigens (wie einige autoren sagen) und die der abwehr, des sich-distanzierens, weiterhin die körperhaltung »in sich ruhend«, die meistens als freundlich, dem adressaten zugewandt oder gar zugeneigt interpretiert wird, und die körperhaltung »straff, mit emporgewölbtem brustkorb«, die wohl so etwas wie distanz, distanzierung, eventuell auch arroganz oder abwehr signalisiert. Weiterhin ist sehr gut bekannt, daß die augenbewegungen und die blickkontakte – vor allem deren häufigkeit und dauer – eine sehr wichtige rolle im kommunikationsprozeß spielen können. Des weiteren können etwa auch taktile kontakte eine rolle spielen, weiterhin, wie groß der räumliche abstand zwischen den kommunikationspartnern ist usw. Ich werde im folgenden die zeichen der gruppe 1 (und ebenso die zeichen von nichtnatürlichen sprachen) »verbale zeichen« und die der gruppen 2 und 3 »nonverbale zeichen« nennen.
Die verbalen zeichen sind die »sprachlichen zeichen« im herkömmlichen, üblichen sinn. Die nonverbalen zeichen sind das nicht. Sie sind eher anzeichen als zeichen.
Bei den verbalen zeichen besteht eine zumindest nichtmotivierte beziehung zwischen ihrem physischen teil, also etwa einer lautfolge, und ihrem nichtphysischen teil, also ihrem inhalt. Diese beziehung wird von der sprachwissenschaft als konventionell betrachtet, als auf übereinkunft beruhend. Im gegensatz dazu ist bei den nonverbalen zeichen die beziehung zwi-

schen ihrer physischen seite, z. b. einer handbewegung oder einer bestimmten klanglichen eigenart, und ihrem inhalt nicht konventionell, sondern eher kausal, — wenn man so will — »von natur aus« gegeben.

Die verbalen zeichen sind von sprache zu sprache verschieden, die nichtverbalen sind zumindest im prinzip intrakulturell, können allerdings — darauf komme ich gleich noch zurück — durch erziehungsprozesse verschieden intensiv ausgeprägt sein.

Die informationen, die mittels der verbalen zeichen übermittelt werden können, sind nicht an das unmittelbare hier und jetzt der kommunikationspartner gebunden, d. h. der sender kann auch informationen über dinge geben, die sich nicht im blickfeld der kommunikationspartner befinden, und natürlich auch über solche, die in der vergangenheit oder in der zukunft liegen. Die informationen, die mittels nonverbaler zeichen stattfinden, sind immer an die unmittelbare kommunikationssituation gebunden.

Mittels der verbalen zeichen können beliebig komplexe informationen übermittelt werden, z. b. eine ganze unterrichtstheorie, mittels der nonverbalen zeichen werden nur relativ einfache — aber nichtsdestotrotz sehr wichtige — informationen gegeben.

Die nonverbalen zeichen sind auch außerhalb des unmittelbaren situationszusammenhangs relativ eindeutig oder zumindest eindeutig zu machen, z. b. durch das hinzufügen von weiteren verbalen informationen. Im gegensatz dazu sind die nonverbalen zeichen außerhalb des betreffenden situationszusammenhangs meistens vieldeutig und oft sehr schwer zu deuten.

Das senden von verbalen zeichen erfolgt fast immer bewußt und ist im normalfall von seiten des sprechers genau kontrollier- und fast beliebig steuerbar. Mit anderen worten: im verbalen bereich sendet man genau das, was man zu senden beabsichtigt, und nichts anderes. Im gegensatz dazu werden die nonverbalen zeichen im normalfall zum allergrößten teil nicht bewußt eingesetzt, sondern mehr oder weniger unbewußt. Sie sind von seiten des senders nicht beliebig, sondern nur in beschränktem ausmaß steuer- und kontrollierbar, ja sie kommen oft sogar gegen den willen des senders zustande (z. b. wenn er sich ruhig und freundlich geben will, das aber nicht ist).

Um den für die kommunikation vielleicht wichtigsten unterschied zwischen verbaler und nonverbaler kommunikation aufzuzeigen, muß ich etwas weiter ausholen: Schon vor einigen jahren haben psychologen aus dem kreis um Bateson und Watzlawick darauf hingewiesen, daß in jedem kommunikationsakt nicht nur informationen, nachrichten übermittelt werden, sondern immer gleichzeitig auch die beziehungen zwischen den kommunikationspartnern, das verhältnis der kommunikationspartner zueinander definiert wird. Während nun der aspekt der informationsübermittlung immer schon ziemlich ausführlich untersucht worden ist, hat man den beziehungsaspekt — vor allem in linguistik und kommunikationstheorie — sehr vernachlässigt oder überhaupt nicht gesehen. Ich will versuchen — in sehr simplifizierender weise — ein paar beispiele für den beziehungsaspekt in verbal(isiert)er form zu geben: »Ich bin dir freundlich gesonnen und möchte mit dir in kommunikation treten«, »Du bist mir widerwärtig, aber ich muß dich etwas fragen«: »Du bist mir gleichgültig und dein anliegen ebenso«.

Nun ist es so, daß die nachrichtenübermittlung immer nur mittels verbaler zeichen (weiterhin mittels der zeichenvorräte der sog. künstlichen sprachen) erfolgt bzw. sogar nur mittels solcher zeichen erfolgen kann. Im gegensatz dazu wird der beziehungsaspekt fast immer durch nonverbale zeichen bestimmt, definiert. Es ist allerdings auch möglich, ihn mittels verbaler zeichen zu definieren, z. b. indem ich einfach sage: »Ich möchte mit Ihnen nicht darüber sprechen!«

Da nun — wie gesagt — die verbale kommunikation relativ leicht steuer- und kontrollierbar ist, die nonverbale kommunikation aber weitgehend unkontrolliert verläuft, kann es vorkommen — bzw. kommt es sogar ziemlich häufig vor —, daß verbale und nonverbale kommunikation im widerspruch zueinander stehen, z. b., wenn ich jemandem verbal sage, ich freute mich sehr über sein reges interesse an meinen privatangelegenheiten, ihn aber in wirklichkeit zum teufel wünsche. Diesen widerspruch kann der adressat zwar aus meinen verbalen äußerungen allein nicht entnehmen, wohl aber aus der differenz zwischen meinem verbalen und meinem nonverbalen verhalten, und gewöhnlich entnimmt er ihn auch daraus, es sei denn, ich beherrschte meine stimme, gestik, mimik usw. extrem gut oder aber seine sensibilität für derartige zeichen ist sehr gering. Es versteht sich von selbst, daß durch diese zweigleisigkeit jeder kommunikation erhebliche konflikte im zwischenmenschlichen bereich entstehen können, unter umständen bis hin zur schizophrenie. Es ist also einfach nicht zu verantworten, im unterricht — und anderweitig — so zu tun, als gäbe es in kommunikationsprozessen nur die verbale komponente, und weiter nichts.

Als beispiel für die bedeutung der nonverbalen kommunikation in der schule seien die bekannten untersuchungen von Rosenthal und Jakobson zum problem der self-fullfilling prophecies im unterricht angeführt: Die leistung und überhaupt das gesamte verhalten des schülers ist in hohem maß von der erwartungshaltung abhängig, die der lehrer (genereller gesagt: seine umwelt) ihm gegenüber hat. Hält der lehrer einen schüler für gut, so wirkt sich das im allgemeinen positiv auf dessen leistung aus, hält er ihn für schlecht, so wirkt sich das auf seine leistung negativ aus. Diese erwartungshaltung wird nun normalerweise nicht verbal übermittelt, sondern nonverbal, d. h. mehr oder weniger unkontrolliert. In den von Rosenthal und Jakobson durchgeführten laborversuchen konnte sie sogar nur nonverbal übermittelt werden, da die verbalen äußerungen in standardisierter form gegeben worden sind. Auch hier zeigt sich sehr deutlich, von welch extremer wichtigkeit die nonverbale kommunikation und eine gründliche untersuchung dieses bereichs sind. — Die neuerlich an Rosenthal und Jakobson geübte kritik trifft im grunde nur einzelheiten — vor allem statistische —, jedoch nicht das phänomen in seinem kern.

Das verhältnis von verbaler und nonverbaler kommunikation kann je nach kommunikationssituation sehr unterschiedlich sein. Bei schriftlicher kommunikation fällt natürlich der gesamte bereich der nonverbalen kommunikation weg. Zum teil wird dabei die beziehung zwischen den kommunikationspartnern schriftlich — also verbal — definiert, zum teil natürlich gar nicht. Eventuell können gewisse informationen über die beziehung der partner zueinander aus bestimmten äußerlichkeiten erschlossen werden, z. b. bei besonders gutem oder besonders schlechtem papier, bei sehr sorgfältiger und bei sehr unsauberer schrift u.a.m. Diese gegebenheiten möchte ich aber lieber zu den interaktionsritualen rechnen.

Bei einem vortrag ist das verhältnis von verbaler und nonverbaler kommunikation fast genauso wie bei schriftlicher kommunikation. Normalerweise werden hier allerdings durch die sprechgestalt und z. t. auch durch gestik und mimik einige informationen über die beziehung des sprechers zu seinen zuhörern gegeben, z. b. die, ob er sich seriös darum bemüht, ihnen verständlich zu sein.

Bei einer kommunikationsanknüpfungssituation hingegen spielt das verbale so gut wie keine rolle, denn ob man hier sagt »schönes wetter heute, nicht wahr?« oder »immer diese warterei, finden Sie nicht auch?« ist letztlich gleichgültig. Der eigentliche kommunikationsakt verläuft hier fast ganz im nonverbalen. Es ist sogar möglich, daß verbale elemente ganz fehlen (was etwa bei einem vortrag schlechterdings nicht möglich ist).

Und dazwischen gibt es unzählige zwischenstufen. Aufmerksam gemacht sei noch darauf, daß auch bei höflichkeitsfloskeln wie »wie geht's? guten appetit!« usw. das nonverbale eine eindeutig wichtigere rolle spielt als das verbale.

Bei kommunikationspartnern, die man gut kennt, analysiert

man im allgemeinen das nonverbale kommunikationsverhalten wesentlich genauer und mit größerer treffsicherheit (unbewußt natürlich) als bei solchen, die man nicht gut oder überhaupt noch nicht kennt. Darauf ist übrigens auch zurückzuführen, daß ehepartner, alte freunde, langjährige arbeitskollegen usw. sich meistens gegenseitig nichts vormachen können. Sie können sich noch so gut verstellen, der andere merkt doch, was los ist.

In diesem zusammenhang muß auch die tatsache gesehen werden, daß in der kommunikation der sog. unterschicht die nonverbale kommunikation eine wesentlich größere rolle spielt als in der der mittelschicht. Da der aktionsradius der einzelnen mitglieder der unterschicht relativ beschränkt ist — familie, nachbarn, kollegen am arbeitsplatz —, kennen sich die einzelnen meistens unverhältnismäßig gut und wissen das nonverbale kommunikationsverhalten des jeweiligen gegenüber ohne weiteres richtig zu interpretieren. Die geringere neigung der unterschicht zu umfangreicherer verbaler kommunikation ist meiner meinung nach nicht nur auf thematische beschränkungen zurückzuführen, sondern auch — vielleicht sogar vor allem — eben auf dieses sich-genauer-kennen. Eigentümlicherweise ist die bedeutung der nonverbalen kommunikation in der unterschicht im rahmen der sprachbarrierediskussion zwar gesehen, aber meistens sehr negativ beurteilt worden, und das, obwohl es sich hier um eine für alle schichten bei allen zwischenmenschlichen beziehungen absolut unverzichtbare kommunikative möglichkeit handelt.

Wann im laufe seiner entwicklung erwirbt nun der junge mensch die fähigkeit zur nonverbalen kommunikation? Wir wissen nicht genau, wann und in welchen schritten er diese fähigkeit erwirbt, aber wir wissen mit sicherheit, daß dieser lernprozeß sehr früh vor sich geht, sehr sehr früh sogar. Längst bevor er die ersten verbalen zeichen, die ersten wörter, gelernt hat (das ist im alter von 10—12 monaten), ist der säugling in der lage, einen großen teil der nonverbalen kommunikation richtig zu deuten. Er merkt z. b. sehr genau, ob ihm sein gegenüber freundlich gesonnen ist oder nicht, in vielen fällen besser als so mancher erwachsene, und zwar merkt er das aufgrund von klanglichen, mimischen, gestischen und taktilen gegebenheiten, denn die verbalen zeichen versteht er ohne zweifel noch nicht. Und schon sehr früh erkennt ein kind sehr genau — oft wesentlich genauer als der erwachsene —, ob verbales und nichtverbales verhalten im widerspruch zueinander stehen oder nicht, mit anderen worten, ob der sprecher sich ehrlich verhält.

Nun geht diese fähigkeit vielen kindern eigentümlicherweise nach ihren ersten kontakten mit schulischen einrichtungen zum

teil — oft sogar zu einem großen teil — wieder verloren, und zwar interessanterweise oft den schülern, die — vom traditionellen leistungsstandpunkt aus gesehen — die besseren schüler sind. Sollte es vielleicht so sein, daß das gesamte verhalten von lehrern und schule nicht nur nicht dazu angetan ist, diese fähigkeit zu fördern oder zumindest zu stützen, sondern ganz im gegenteil dazu, sie zu verdrängen, zu verschütten? Schauen wir uns doch einmal unter diesem gesichtspunkt die deutschdidaktiken an: Da ist ständig die rede davon, der schüler müsse lernen, korrekt zu sprechen, sich korrekt zu artikulieren, seine verbalisierungsfähigkeit möglichst weit zu treiben usw. Von nonverbaler kommunikation keine spur, auch nicht zwischen den zeilen! Und in den sprachbüchern — auch in allerneuesten — verhält es sich keinen deut anders.
Offensichtlich haben wir es hier wieder mit dem zu anfang genannten problem zu tun, daß die schule sich als eine schule der geschriebenen sprache versteht, und nicht der gesprochenen. Nonverbales spielt als unterrichtsgegenstand — ich sage bewußt »als unterrichtsgegenstand«, und nicht »im unterricht«, denn das würde natürlich nicht stimmen — keinerlei rolle. Die schule erzieht hier den schüler zu einem homo loquax, zu einem verbalistischen Individuum, das alle kommunikationsakte immer gleich auf das rein verbale reduziert und für alle seine anderen aspekte blind ist.
Und gerade hier läge meines erachtens ein wichtiges ziel des sprachunterrichts, nämlich in der sensibilisierung für die nonverbale komponente in kommunikationsakten. Das gespür hierfür braucht im normalfall allerdings nicht erst geschaffen zu werden. Es darf eben nur nicht verdeckt oder verdrängt werden.
Unterrichtlich würde dieses lernziel zunächst weiter nichts erfordern, als daß man neben der verbalen kommunikation auch die nonverbale gelten läßt und nicht einfach so tut, als gäbe es sie nicht. Das heißt natürlich nicht, daß man nicht behutsam darauf hinarbeiten sollte, daß auch die verbalen möglichkeiten stärker genutzt werden sollten oder könnten, und zwar nach möglichkeit immer eingebettet in einen kommunikativen zusammenhang. Beispiel: »Ich weiß schon, was du damit meinst; aber könntest du mal versuchen, es so zu sagen, wie du es mir am telefon sagen müßtest, damit ich es richtig verstehe (oder gegebenenfalls: wie du es mir schreiben müßtest).«
Zur direkten unterrichtlichen behandlung derartiger phänomene bieten sich natürlich vor allem rollenspiele mit diversen kanalbeschränkungen an, z. b. nur pantomimisch, ohne blickkontakt usw., weiterhin die analyse von film- und fernsehsequenzen. Das ziel derartiger einheiten sollte immer nur die sensibilisierung für diese phänomene sein, jedoch unter gar

keinen umständen so etwas wie der versuch, jedem nonverbalen zeichen einen inhalt zuzuschreiben, denn das würde mit sicherheit in die irre und zu übelsten fehlinterpretationen führen.

Die nonverbale kommunikation verläuft — wie gesagt — zu einem großen teil unbewußt und folglich auch zu einem großen teil unkontrolliert. Nun werden aber im laufe des erziehungsprozesses gewisse verhaltensweisen erworben, die die spontane nonverbale kommunikation (wenn ich einmal so sagen darf) zum teil überlagern, unter umständen sogar fast ganz verdecken. Es handelt sich hier um das, was Goffman interaktionsrituale genannt hat. Was darunter zu verstehen ist, macht man sich am besten an einigen beispielen klar: Es handelt sich um regeln wie die, daß man sich in einem raum, in dem sich auch andere gruppen oder individuen befinden, nicht lautstark unterhält, daß man sich von seinem sitz erhebt, wenn man mit einem ranghöheren oder mit einem älteren oder mit einer dame spricht, daß man zu seinem kommunikationspartner eine gewisse räumliche distanz einhält (sofern das möglich ist), daß man mit seiner meinung oder mit seinem protest nicht unbeherrscht herausplatzt, daß man sein minenspiel unter kontrolle hält usw. Weiterhin gehören hierher höflichkeitsfloskeln wie etwa die, daß man sich nach dem werten befinden von jemanden erkundigt, auch wenn es einen überhaupt nicht interessiert, und die, daß man auf diese frage eine höfliche antwort gibt, meistens eine unehrliche. Weiterhin gehört hierher etwa die regel, daß man sich bei bestimmten adressaten und in bestimmten situationen bestimmter stil- und sprachebenen bedient. Das braucht keineswegs immer hochdeutsch zu sein, sondern gegebenenfalls auch honoratiorenschwäbisch oder etwa ein regionaler akzent. Aufmerksam gemacht sei noch darauf, daß durch dialektische färbung der aussprache auch die beziehung zwischen den kommunikationspartnern definiert werden kann.

Während nun die nonverbalen gegebenheiten mehr oder weniger nichtkonventionell sind, nicht auf übereinkunft beruhen, ja zum teil sogar intrakulturell sind, sind die interaktionsrituale im großen ganzen reine konvention, also an bestimmte kulturbereiche gebunden. Zu einem großen teil sind sie sogar schichtenspezifische konvention.

Das kind erwirbt nun — wie bereits gesagt — die fähigkeit zur nonverbalen kommunikation von selbst, ohne bewußtes, planvolles zutun von außen. Die interaktionsrituale hingegen müssen ihm zum teil explizit beigebracht werden, zum teil lernt es sie natürlich durch imitation. Man denke in diesem zusammenhang nur an so altbekannte sprüche wie: »Nun gib der dame mal das rechte händchen«, »Bitte heißt das«, »Man spricht nicht mit vollem munde«, »Nun entschuldige dich mal«, »Sprich mit deinem lehrer immer hochdeutsch« usw., lauter interaktionsrituale.

Die interaktionsrituale sind konvention, aber sie sind als konvention nicht auch notwendigerweise sinnlos oder abzulehnen. Auch gesellschaftliche konventionen können durchaus sinnvoll sein, wenn sie dazu dienen, die zwischenmenschlichen beziehungen zu verbessern bzw. möglichst reibungslos zu gestalten. Sie können aber auch sehr leicht unsinnig und sogar gefährlich werden, vor allem, wenn sie erstarren, also mechanisch angewendet werden, und wenn sie nur dazu dienen, bestimmte gesellschaftliche strukturen zu erhalten oder zu verfestigen. In der schule sehe ich bezüglich der interaktionsrituale zwei aufgaben: 1. den schüler — sofern erforderlich — mit den gängigsten interaktionsritualen bekanntmachen und sie gegebenenfalls einüben, etwa im imitationsspiel, und 2. über sinn und unsinn dieser gesellschaftlichen formen diskutieren, mit anderen worten: derartiges hinterfragen lernen. Hinterfragen bedeutet natürlich nicht notwendigerweise abbauen, sondern bewußt oder bewußter verwenden lernen.

Die interaktionsrituale können das nonverbale kommunikationsverhalten zum teil überlagern oder blockieren, z. b., wenn das kind beigebracht bekommen hat, seine gefühle äußerlich nicht erkennen zu lassen oder wenn ihm bestimmte mimiken und bestimmte gesten einstudiert worden sind.

Alles bis hier behandelte, sowohl verbales wie nonverbales, wird nun quer überlagert von den prinzipien zur auswahl der einzelnen zeichen in einem gegebenen kommunikationsakt. Soll ein kommunikationsakt effektiv sein, d. h., will der sprecher erreichen, was er erreichen will, so muß er die auswahl, die er zu diesem zweck aus der fülle der ihm zur verfügung stehenden möglichkeiten treffen muß, an folgenden variablen orientieren:

1. an seiner intention. Ich zähle ein paar möglichkeiten auf: sich informieren, jemanden über etwas informieren, sich unterhalten, kontakte anknüpfen, sich über etwas lustigmachen, jemanden trösten usw.

2. am adressaten, an seinem gegenüber und an dessen eigenheiten. Es ist hier z. b. wichtig, ob er den adressaten gut kennt oder überhaupt nicht, ob er wesentlich älter oder wesentlich jünger ist, welchen bildungsstand er hat, welches vorwissen er in bezug auf den inhalt des betreffenden kommunikationsaktes hat usw. Und dann spielt natürlich auch noch eine wichtige rolle, ob es nur eine person ist oder mehrere oder eine große gruppe.

3. muß sich seine auswahl aus seinen möglichkeiten nach der situation richten, in der dieser kommunikationsakt stattfindet. Ist es eine mehr oder weniger legere zusammenkunft oder ein hochoffizieller anlaß? Ist es eine situation, bei der man relativ viel zeit hat oder ist die zeit sehr beschränkt (z. b. bei einer flüchtigen begegnung)? Kann man ungestört miteinander sprechen oder gibt es störungen (z. b. unliebsame zuhörer)? Und vor allem: Ist die kommunikation reflektiv oder unilateral, d. h., ist eine frage-und-antwort-situation möglich oder kann der eine nur sprechen und der andere nur zuhören?

4. am sog. nachrichtenkanal. Die wichtigste unterscheidung ist hier mündlich oder schriftlich, und bei mündlichen mit blickkontakt und ohne blickkontakt. Auf die unterscheidungen, die man bei einem schriftlichen kanal noch vornehmen kann, gehe ich hier nicht ein.
Situation und nachrichtenkanal hängen sehr eng miteinander zusammen.

Es sei noch darauf hingewiesen, daß diese vier variablen sich wechselseitig sehr stark beeinflussen, unter umständen sogar sehr schnell und oft, vor allem bei mündlicher kommunikation. So kann sich z. b. die einschätzung des empfängers durch den sender in abhängigkeit von seiner — verbalen und nonverbalen — situation sehr schnell verändern.
Modelle hierfür sollten in der schule im sprachunterricht bzw. im kommunikationsunterricht (in dem fach kommunikation) nicht nur zugrunde gelegt, sondern auch als solche explizit unterrichtlich behandelt werden, zunächst an beispielen, und zwar schon von der grundschule an, später auch auf einer abstrakteren ebene. Hierbei werden oft auch die gesellschaftlichen hintergründe mituntersucht werden müssen oder zumindest mituntersucht werden können.
Sie können mich nun natürlich fragen, warum ich hier den bereich der nonverbalen kommunikation so unverhältnismäßig breit dargestellt (zumindest im rahmen dieses vortrages relativ breit) und die bereiche interaktionsrituale und prinzipien für die auswahl der zeichen nur so relativ kurz gestreift habe. Die antwort darauf ist ganz einfach: Ich habe den bereich der nonverbalen kommunikation so breit behandelt, weil sich gerade in diesem bereich in den schulen so gut wie gar nichts tut, zumindest nichts positives, wohingegen die beiden anderen bereiche zumindest hier und da schon eingang in den unterricht gefunden haben, wenn auch noch keineswegs in ausreichendem ausmaß.
Von dem hier in seinen grundzügen vorgestellten modell aus dürfte es möglich sein — so nehme ich wenigstens an —, sämt-

liche vorkommenden kommunikationsprozesse in den griff zu bekommen, sowohl mündliche wie schriftliche, sowohl solche aus dem mehr öffentlichen wie solche aus dem mehr privaten bereich, sowohl standardsprachliche wie nichtstandardsprachliche, sowohl ästhetisch orientierte wie nicht ästhetisch orientierte usw. Und zwar ist es von diesem modell aus möglich, kommunikationssituationen als ganzes in den griff zu bekommen, und nicht nur einzelne teilbereiche, nicht nur die verbale komponente.

Bisher hat offensichtlich die fixierung der aufmerksamkeit auf die komponente rechtschreibung (sowie auf formalgrammatische korrektheit – was das auch immer sei – und auf bestimmte aufsatzformen) von dem problembereich kommunikation, menschliche kommunikation, abgelenkt. Durch diese – meiner meinung nach abwegige – akzentuierung mußten die sprache und vor allem das schreiben als selbstzweck erscheinen und nicht als soziale phänomene, als kommunikationsinstrumente. Durch die überwindung der fixen idee, die rechtschreibung sei das a und o in der schule, kann vielleicht der weg geebnet werden für eine möglichst umfassende, möglichst integrative kommunikationskunde. Hoffen wir, daß die schule diesen weg geht, daß sie auf diese weise zu einem sinnvollen kommunikationsverhalten anleitet, vorurteile abbauen hilft und dadurch letztlich emanzipiert und humanisiert, zu sozialem lernen führt.

podiumsdiskussion »vernünftiger schreiben«

Ingeborg Drewitz

Für mich ist es jetzt gut ein jahr her, daß ich mich mit den problemen der rechtschreibreform intensiver befaßt und sehr deutlich gesehen habe, daß da eine entwicklung im gange war, von der wir schriftsteller nur sehr oberflächliche kenntnisse hatten. Ich schlug dem PEN und dem VS vor, in die diskussion »einzusteigen« und bekam das plazet, den kongreß vorzubereiten.

Sicher, wir schriftsteller wußten, daß Jacob Grimm klein geschrieben hat, daß unsere rechtschreibregeln gerade siebzig jahre alt sind, daß pläne zur einführung der gemäßigten kleinschreibung im ersten nachkriegsjahrzehnt aktuell gewesen sind — in der DDR, aber auch in der Bundesrepublik. Aber genügte das — und genügt es noch?

Daß nunmehr das interesse an der reform in der Bundesrepublik wieder öffentlich geworden ist, nachdem sich pädagogen und linguisten seit einigen jahren »die bälle zuwerfen«, muß natürlich im zusammenhang mit der entwicklung der endsechziger jahre gesehen werden, mit der spät einsetzenden selbstreflexion der gesellschaft in der Bundesrepublik.

Daß das nachdenken über die schriftsprache als sozialbarriere (oder nicht) auch eine sache der schriftsteller, der publizisten und der verleger ist, scheint eine binsenweisheit. Die ersten vorbereitenden arbeiten, der erste all-round-briefwechsel zeigten mir jedoch, daß sie das problem kaum so wichtig genommen hatten wie die pädagogen. Und erst während der vorbereitungen des kongresses seit januar 73 änderte sich das und wurde etwa die publizistische diskussion so heftig, als gälte es einen politischen umsturz. Zugegeben, das war so nicht zu erwarten und ist denn doch erfreulich, weil es beweist, daß hier bei uns die sprache und die schrift noch immer — und vielleicht gerade jetzt — als voraussetzung der demokratie begriffen werden. Und schließlich haben die briefe pro und contra, die auf meinen schreibtisch gelangt sind, bestätigt, daß die schriftsteller und publizisten an der sache der pädagogen und linguisten anteil nehmen.

Steht aber unsere kultur zur debatte, wie es aus manchen briefen abzulesen war? Kann es denn um die zerstörung der sprache gehen, wenn doch unsere rechtschreibregeln erst gut siebzig jahre alt sind und sie damals durchaus als kompromiß zwischen den verschiedenen schulen und meinungen begriffen wurden?

Nein, es geht nur darum, unser verhältnis zur rechtschreibung zu durchdenken, die bessere lesbarkeit, die die verteidiger der großschreibung anführen, gegen die *lernerleichterung* abzuwägen. Zu bedenken bleibt doch, daß die deutsche sprache die einzige sprache mit einer differenzierten großschreibung ist, seit die dänische rechtschreibreform vor einem vierteljahrhundert die kleinschreibung freigegeben hat. Und gerade die dänische erfahrung schwächt die einwände von seiten der verleger ab. Der alte buchbestand wird nicht unlesbar, die lagerbestände müssen nicht eingestampft werden. Nur im schulbuchbereich wird es bei den »long-sellern«, den fachbüchern, engpässe geben. Doch sind hier sicher erfahrungen aus der zeit der abschaffung der deutschen druckschrift nützlich.

Ich bin sehr froh, daß wir die vertreter der rechtschreibreform aus Österreich und der Schweiz hier am tisch haben, die über den dortigen stand der diskussion informieren werden. Die sprachwissenschaftler aus der DDR haben zu unserem bedauern abgesagt. Doch auch dort gibt es anzeichen für das wachsende interesse an der rechtschreibreform. Auch dort haben die linguisten die arbeit seit den fünfziger jahren weitergeführt.

Sicher, wir müssen sehr genau fragen, was die reform auslösen, was sie leisten wird. Neben der fachlichen auseinandersetzung in den arbeitsgruppen hat die abendveranstaltung vor allem repräsentativfunktion und ist denn doch nicht etwa eine gala-vorstellung. Denn die meisten von uns hier oben haben die schrift zum handwerkszeug, und unser aller arbeit ist ohne die vermittlung durch schrift kaum vorstellbar.

Natürlich weiß ich, daß gerade schriftsteller, publizisten, verleger, universitätsprofessoren vorbehalte gegen die einführung der gemäßigten kleinschreibung und die vernachlässigung der rechtschreibung im unterricht haben. Und gerade deshalb sind sie zu dem kongreß gebeten, weil auch ablehnung klären hilft, weil die ideologisierung einer so wichtigen entscheidung vermieden werden soll, weil es darauf ankommt, ein aktuelles problem so klar und allseitig wie möglich zu durchdenken, zu besprechen.

Ich habe der diskussion nicht vorzugreifen. Ich habe für den PEN und den VS grüße an alle teilnehmer des kongresses und dieser abendveranstaltung auszurichten und zu versichern, daß die schriftsteller in der Bundesrepublik, Ihre, die sorgen der pädagogen und linguisten ernst nehmen. Daß wir Ihre be-

mühungen zur überwindung der sozialbarrieren, die ja auch unsere sind, hochschätzen und gründlich kennen zu lernen wünschen. Darum ja dieser gemeinsame kongreß!
Ehe ich das wort an die kollegen und freunde hier auf dem podium gebe, möchte ich Heinrich Bölls überlegungen zum thema vortragen, ein typischer Böll-text, mit dem ernsten lächeln eines mannes aufgeschrieben, dem das schreiben noch immer das gleiche abenteuer ist wie der blick auf die straße zu denen hin, denen seine liebe gehört.

Heinrich Böll

Eine sprache verliert weder an informationswert noch poesie, wenn sie — wie die englische und die dänische — von der groß- zur kleinschreibung übergeht. Ich habe außerdem noch einen subjektiven, oder besser gesagt, familienegoistischen grund, für die kleinschreibung zu plädieren: die entlastung meiner frau, die ich in fragen der groß- und kleinschreibung immer noch und immer wieder um rat fragen und in ihrer arbeit unterbrechen muß, und das seit nunmehr fast dreißig jahren! Multipliziere ich dieses familieninterne problem in die küchen, wohnzimmer, schlafzimmer von millionen familien hinein, so spricht alles für kleinschreibung, bedenke ich — siehe oben — noch einmal die tatsache, daß eine sprache weder informationswert noch poesie verliert, wenn sie einige dutzend majuskeln ablegt.

Erich Frister

Ich habe bedenken bekommen, ob es richtig war seitens der GEW, diesen kongreß zur reform der rechtschreibung zu unterstützen. Teile der bundesregierung und der regierungen der bundesländer haben sich in diesen wochen im zusammenhang mit besoldungsregelungen zur aufgabe und qualifikation des lehrers für die grundschule geäußert.
Die hohen herren haben bekundet, ein lehrer für die grundschule brauche fachlich nichts zu studieren, da er das, was die schüler der grundschule lernen sollen, selbst bereits in der schule gelernt habe. Zwar hätten sie auch schon etwas von der

existenz so exotischer wissenschaftsgebiete wie pädagogik oder didaktik gehört, meinen die ministeriellen bildungsbürger, doch letzten endes lasse sich erziehen und unterrichten doch nicht lernen.

Derart durch eigene erfahrung zur gereiften erkenntnis eines begrenzten horizonts gelangt, schlagen diese experten vor, lehrer für die grundschulkinder kürzer als bisher auszubilden und schlechter als bisher zu bezahlen.

Wenn nun dieser kongreß und seine folgewirkungen zu einer reform der rechtschreibung führen sollten, kommen die gebildeten spitzenbürokraten mit sicherheit und konsequenz zu dem schluß, nun müßten lehrer an grundschulen noch weniger lernen und noch billiger arbeiten. So kommen wir als GEW in gefahr, mit dieser veranstaltung gegen die interessen unserer mitglieder an den grundschulen zu handeln.

Wer nicht gewohnt ist, hinter die kulissen des trauerspiels der bundesrepublikanischen bildungspolitik zu schauen, wird meine ausführungen für eine ironisierende übertreibung halten. Leider ist das nicht so. In einem lande, wo die bildungspolitik für die stars und matadore der politischen arena nur ein lästiges übel darstellt, wo bildungspolitiker zur kombination der rolle des prügelknaben mit der des beschwichtigungsapostels verurteilt sind, wird die bildungspolitik von den grauen und schwarzen eminenzen in den kanzleien formuliert.

Füı diese heimlichen herrscher ist die grundschule nur eine durchgangsstation für ihre kinder und enkel aus den führungsschichten der gesellschaft auf dem wege zum gymnasium und zum hochschulstudium. Die förderung der benachteiligten, die fürsorge für die behinderten, die lernfähigkeit der kinder aus »schulfernen« familien, das erzielen eines vernünftigen sozialen verhaltens, das eingehen auf die bedürfnisse und fähigkeiten des einzelnen kindes, die wissenschaftlich fundierte diagnose und therapie von verhaltensstörungen u. a. m., das alles kümmert die bewohner der spitzenregion des stellenkegels nicht.

Wir fordern den bundeskanzler und seine minister Genscher, Schmidt und von Dohnanyi, die ministerpräsidenten und ihre zuständigen ressortminister auf, diese bildungspolitischen analphabeten in den vertraulichen zirkeln der ministeriellen arbeitskreise in ihre schranken zu verweisen.

Vom bundeskanzler und den sozialdemokratischen ministerpräsidenten erwarten wir klare weisungen an die ministerialbeamten, sich bei der vorbereitung von gesetzen strikt an den bildungsbericht '70 und das mehrheitsvotum von bund und SPD/FDP-ländern im bildungsgesamtplan zu halten.

Die bundesregierung und die sie tragenden politischen par-

teien verlieren in bund und ländern an vertrauen, wenn sie ihr bildungspolitisches programm durch die bürokratie zur karikatur entarten lassen. Man sieht also, für viele kommt die parole »vernünftiger schreiben« zu früh, sie müssen noch vernünftig denken lernen.
Dennoch, die GEW wünscht diesem kongreß vollen erfolg und dankt allen, die ihn vorbereitet haben, die an ihm mitwirken und die seine ergebnisse in die praxis umsetzen werden.
Der abbau des statussymbols, eine weitgehend willkürlich und durch geistlose regeln geprägte rechtschreibung zu beherrschen, ist ein wesentlicher beitrag zur chancengleichheit.
Der ungerechtfertigte vorsprung von kindern aus schreibgewohnten familien bei der verteilung von sozialchancen würde verringert. Diese gesellschaftspolitische auswirkung der rechtschreibreform erklärt auch die gegnerschaft aus den schichten der privilegierten und ihrer politischen und publizistischen repräsentanten. Darüber wird auch heute abend zu streiten sein. Ich will mich mit einer bemerkung zu einem argument begnügen.
Es gibt politiker, die sagen mit einem augenzwinkern ja zur reform, indem sie die zustimmung aller deutschsprachigen staaten zur voraussetzung erklären. Diese scheinheiligen müssen entlarvt werden. Es ist notwendig, die übereinstimmung mit den anderen staaten zu suchen.
Aber wenn bis zum herbst 1974 keine einigung erzielt worden ist, dann müssen wir im alleingang vorgehen.
Der rückzug der verantwortlichen politiker auf abgrenzungsbedürfnisse der DDR oder andere profilbedürfnisse muß verbaut werden.

Ludwig von Friedeburg

»Vernünftiger schreiben«: Die forderung steht neuerdings wieder verstärkt — aber nicht zum ersten mal — auf der tagesordnung einer lebhaften diskussion um das richtige deutsch und das richtige schreiben. Die schwerkraft des überkommenen, mehr aber vielleicht noch politische schwierigkeiten im verhältnis der deutschsprechenden länder untereinander — vor allem jener beiden staaten, die auf deutschem boden entstanden sind —, sind ursache dafür, daß das gespräch über das vernünftigere schreiben bislang immer wieder ins stocken geraten ist. Vielfältige neue vorstöße, aber auch die hoffnung, im gefolge der politischen veränderung in mitteleuropa nunmehr mit allen deutschsprachigen ländern an einen tisch zu kommen, haben das thema wieder aktuell werden lassen, für das in gestalt der »wiesbadener empfehlungen« seit 1958 empfehlungen bereits vorliegen. »Vernünftiger schreiben«: Bei diesem stichwort steht zunächst die groß- und kleinschreibung im vordergrund (wie auch auf diesem kongreß), deren unwägbarkeiten schuld daran haben, daß immer wieder berechtigtes unbehagen über überkommene regeln sich äußert. Die wendung führt bereits mitten ins thema – »schuld« ist hier klein zu schreiben; hätte ich behaupten wollen: »keine Schuld haben«, so schriebe sich dasselbe wort groß – »nicht schuld haben« darf wieder klein geschrieben werden. So jedenfalls will es der duden. Ihn nach ähnlichen beispielen zu durchsuchen, fiele nicht schwer – aber es hilft nichts, dem duden »Schuld zu geben«, nun wieder groß geschrieben, der nur festhält, was überkommen ist. Die frage muß zurückgegeben werden an die instanzen, die für rechtschreibreform verantwortlich sind – und das sind sicherlich nicht zuletzt die kultusminister, aber nicht nur sie. Davon wird noch die rede sein. Daß groß- und kleinschreibung im vordergrund der bemühungen um vernünftigeres schreiben steht, haben die »wiesbadener empfehlungen« bereits damit begründet, daß »die forderung der großschreibung für bestimmte wörter das einfallstor der unverstandenen grammatik in das erste schuljahr ist; sie zieht zwangsläufig die art des sprachunterrichtes nach sich, die dem jungen menschen, weil er sie nicht begreifen kann, die freude an der muttersprache dauerhaft verleidet.« Daß die schöne regel, hauptwörter groß zu schreiben, nicht zur klarheit führt, sondern eher nur zu der umkehrlogik, daß das ein hauptwort sei, was groß geschrieben wird, ist in den auseinandersetzungen vielfach belegt worden, weil der begriff hauptwort selbst keineswegs jene klarheit der abgrenzung gibt, die er zunächst vorspiegelt. An ihm zu operieren, ihn »klarer« zu machen oder was dergleichen mehr man sich vorstellen könnte, wird daher zu keinem erfolg führen, jedenfalls nicht zu dem gewünschten, sondern bestenfalls zu einem neuen, nicht minder komplizierten regelsystem. Daher war es konsequent, daß die »wiesbadener empfehlungen« von einem solchen versuch abstand nahmen und für die gemäßigte kleinschreibung plädierten; dies in der tat allein ist die alternative zu bisheriger schreibpraxis.

»Vernünftiger schreiben«: Das kann aber nicht nur gemäßigte kleinschreibung bedeuten, sondern muß eine reihe von zusätzlichen problemen in die reformdiskussion einbeziehen – die frage etwa, inwieweit grammatische gliederung eines satzes und rhythmisches empfinden des schreibenden in der kommasetzung besser als bisher verknüpft werden können; die frage, inwieweit bei der silbentrennung dem grundsatz entsprochen werden kann, daß sie den sprechsilben folgen sollte und weniger einer ableitung von sinnabschnitten, die für viele schreibende längst nicht mehr durchschaubar sind; die frage auch der getrennt- und zusammenschreibung oder die verwirrende vielfalt, mit der die deutsche schrift länge oder kürze eines vokals zu bezeichnen pflegt. Zählt man so die probleme auf, so ist sicherlich ein dilemma schnell erkennbar: Die berechtigte forderung, nicht stückwerk zu betreiben, sondern eine umfassendere reform ins auge zu fassen, die sich für längere zeit als tragfähig erweist, kollidiert mit der forderung, daß die umstellung die belastungsgrenze des schreibenden und lesenden beachten muß — packt rechtschreibreform zu viele probleme in ein paket, so kann ihr ergebnis zwar logisch überzeugend sein, dennoch jedoch eher zu einer verwirrung und komplizierung der situation führen als zu einer erleichterung und klärung, weil es das umstellungsvermögen des schreibenden wie des lernenden überfordert. Auch darüber ist bei erarbeitung der »wiesbadener empfehlungen« seinerzeit nachgedacht worden und wurde eine entscheidung getroffen darüber, was gegenstand der reform in dieser phase der entwicklung sein sollte — wurden bestimmte themen neben der groß- und kleinschreibung mit aufgegriffen, wie die kommasetzung, die silbentrennung oder das getrennt- und zusammenschreiben, andere aber zunächst vertagt, wie die gesamte problematik der kennzeichnung der länge oder kürze von vokalen. Rechtschreibreform zu verwirklichen, stieß bislang nicht nur auf jene schwierigkeiten, die sich aus der gestörten kommunikation der deutschsprachigen länder untereinander ergaben, sondern auch auf den widerstand eines öffentlichen bewußtseins, das dem regelsystem von rechtschreibung einen unverhältnismäßig hohen rang in der definition von »bildung« zuwies, obwohl alle untersuchungen, die man über den zusammenhang von rechtschreibfähigkeiten und intelligenz vorweisen kann, eher belegen, daß von dem einen keineswegs zwingend auf das andere geschlossen werden darf. Was läge daher näher, als jener pragmatischen empfehlung zu folgen, die der vorsteher des Börsenvereins des deutschen Buchhandels, Ernst Klett, im juni dieses jahres formuliert hat: »Die rechtschreibregeln des dudens, dieses perfektionsterroristen, nur insoweit ernst nehmen, als sie vernünftig sind und praktikabel, erlernbar ohne krampf. Duden: »in bezug«, »Rechtens«, »zu guter Letzt« — warum so und nicht anders?« Und er fährt fort: »Dabei muß man wissen, daß der duden stellvertretend steht; er ist nur der sack, auf den man haut. Er gibt nur weiter eine alexandrinisch zugespitzte, sterile, zum selbstzweck gewordene regelsucht. Die schulen sind es, die lehrer. Aber

auch die sind es nicht, auch sie führen nur aus; instanzen über ihnen sind es, ministerien, regelkommissionen, was weiß ich.« (FAZ vom 7. 6. 73)
Die ableitung, die hier vom duden über lehrer zu ministerien und regelkommissionen erfolgt, sieht — leider — nicht so einfach aus, wie sie sich hier darstellt: Schön wäre es, wenn es nur der einsicht eines ministeriums bedürfte, hier wandel zu schaffen; die auseinandersetzung um die deutsch-rahmenrichtlinien in Hessen freilich zeigt, welch' erbitterter widerstand entsteht, wenn ein ministerium einen schritt in diese richtung tut. Jene pragmatische forderung, die regeln »nur insoweit ernst zu nehmen, als sie vernünftig sind, praktikabel, erlernbar ohne krampf« — das genau ist das resümee der ausführungen der deutsch-rahmenrichtlinien zur frage der rechtschreibung, in denen es — um nur den kernsatz zu zitieren — heißt: »Wenn die vermeidung von mißverständnissen das entscheidende kriterium für die ›rechte‹ schreibung ist, dann ist sie von unnötigen, nicht zu rechtfertigenden schwierigkeiten zu entlasten.« (RR deutsch/sekundarstufe I, 1972, seite 44)
Der vorsteher des Börsenvereins des deutschen Buchhandels formuliert dasselbe so: »In allen randbereichen sollte man liberal sein und keinesfalls sollten die kinder zensuriert werden, wenn sie abseits der hauptstraße wider den duden löcken. Es gibt unabdingbares . . . ; die könner sind aufgerufen, eben dieses unabdingbare zu fixieren. Und die lehrer, tolerant zu sein, wenn die kinder sich, lässig oder auch nachlässig, im abdingbaren bewegen.« (FAZ aaO) Eben dies war die meinung der rahmenrichtlinienkommission deutsch und die meinung des kultusministeriums in Hessen; zum zeitpunkt aber, da Ernst Klett seinen beitrag veröffentlichte, zeigte ein jahr diskussion über die deutsch-rahmenrichtlinien bereits, wie schwierig es ist, das einfache und vernünftige durchzusetzen. Es bedarf dazu mehr als des aufgeklärten bewußtseins einer kommission oder einer verwaltung. Das einfache und vernünftige kann nur gelingen, wenn — die autoren der deutsch-rahmenrichtlinien haben dies gewußt und entsprechend formuliert — »die überbewertung der rechtschreibung in schule und *öffentlichkeit* korrigiert« wird (RR deutsch 1972, Seite 24). Solche einsicht muß aus dem kongreßsaal hinausgelangen in eine breite öffentlichkeit. Das ziel, »vernünftiger zu schreiben«, wird nur erreicht werden können, wenn es uns gelingt, daß über dieses ziel in der öffentlichkeit »vernünftig diskutiert« werden kann und nicht auf der folie jener vorurteile und denkblockaden, wie sie in der auseinandersetzung um Hessens rahmenrichtlinien in so vielfältiger weise deutlich geworden sind.

Dieter Lattmann

Wir, die wir vom schriftstellerverband am frankfurter kongreß zur rechtschreibreform mitgewirkt haben, taten das jeder für die eigene person. Kein mandat berechtigte uns — Ingeborg Drewitz, mich oder andere —, in dieser sache im namen aller VS-mitglieder oder gar der gesamtheit der autoren in der Bundesrepublik zu sprechen. Dies anzumerken, ist notwendig. Es geschieht nicht aus ängstlichkeit.
Für die schreibenden bürger der republik bedeutet die durch die »wiesbadener empfehlungen« angeregte und durch die kultusministerkonferenz bekräftigte reform ein vorhaben, das vorteile und nachteile mit sich bringt. Die positiven aspekte, meine ich, überwiegen bei weitem. Dennoch ist offensichtlich, daß die sogenannte kleine rechtschreibreform gegenüber dem vorhandenen auch einschränkungen in der differenzierung des literarischen ausdrucks verursacht. Die gemäßigte kleinschreibung erfordert in dem einen oder anderen fall zum beispiel umschreibungen, wenn man verständlich bleiben will. Gegner wie befürworter der veränderung haben anschauliches material mit formulierakrobatik geliefert. Doch solche verzichte sind relativ, im ganzen steigert die reform die möglichkeiten der schriftlichen kommunikation für menschen deutscher sprache.
Deutsch ist keine linguistische großmacht. Erst recht soll am deutschen wesen niemand mehr genesen. Im gegenteil, wir haben anlaß uns zu fragen: Welche sprache soll europa sprechen? Auf dem weg zur wirtschaftlichen und kulturellen vereinigung westeuropäischer staaten werden nationale erwägungen provinziell. Deutsch wird zwar eine wichtige, doch nicht die erste sprache in einem europa sein, das sich — dies wäre vorzuschlagen — auf eine übergeordnete verkehrssprache einigt, am besten das englische — so schwer das auch den europäischen romanen fallen mag: es ist nun einmal das praktischste so.
Komplikationen unserer rechtschreibung, die ausländischen arbeitnehmern wie europäischen nachbarn den umgang mit unserer sprache erschweren, sollten reduziert werden, wo dies ohne substanzverlust vernünftig und also durchführbar ist. Die gemäßigte rechtschreibreform stellt ziemlich genau das verwirklichbare dar. Deswegen, denke ich, werden zunehmend viele schriftsteller dieser konzeption ihre zustimmung nicht verweigern, obwohl das nicht ohne (gelinde) einbußen am material schriftlicher sprache abgeht. Jedenfalls ist, was man rechtschreibregeln nennt, vielfach so zufällig, subjektivisch und irrational entstanden, daß für die kompromißlose verteidigung des status quo kaum ein nüchterner auf eloquente barrikaden steigt.

Freilich beweist unter anderem die durch diesen frankfurter kongreß in der öffentlichkeit ausgelöste diskussion, daß auch wortgewaltige teilnehmer am kontroversen disput zuweilen mehr emotion als ratio investieren. Die regel sollte lauten: Machen wir das deutsche schreiben für andere wie für unsere kinder leichter, um für die lebendigkeit der deutschen sprache in aller welt etwas sinnvolles zu tun. Nivellieren will hoffentlich niemand das sprachmilieu. Darum bleibt das ja zur begrenzten rechtschreibreform gebrochen durch wissen um die schwierigkeiten und konsequenterweise durch vorsicht.

Hanna-Renate Laurien

Jeder, der einmal in der schulpraxis gestanden hat, weiß, daß rechtschreibung tatsächlich für viele kinder, und zwar nicht nur für kinder bestimmter schichten, eine barriere im schulerfolg darstellen kann. Diese wirkung kommt durch die starke gewichtung der rechtschreibung bei der notengebung und bei der versetzungsbeurteilung zustande. Sie nimmt im allgemeinen ein drittel der im deutschunterricht zur verfügung stehenden zeit in anspruch und wird nicht selten durch das üben seltener besonderheiten erheblich belastet. Hier müssen neue überlegungen einsetzen über die grundsätzliche funktion der rechtschreibung und über das verhältnis von grundregeln und besonderheiten. Eine vernünftige bereinigung wird von jedem mit den problemen vertrauten bejaht.
Die diskussion hat sich in den letzten wochen und monaten allerdings nicht auf die reform von rechtschreibeunsitten konzentriert, sondern richtet sich auf die abschaffung der großschreibung, die einführung der gemäßigten kleinschreibung. Dabei überrascht die ideologisierung der argumentation, die alle schwierigkeiten schichtenspezifisch erklären möchte, und es überrascht ebenso die einseitigkeit der argumentation. Der hinweis auf eine veröffentlichung einer arbeitsgemeinschaft unter führung des verlegers Ruprecht (Vandenhoek & Ruprecht) versucht ein differenziertes bild zu geben. Einmal muß gedacht werden: entweder beim schreiben oder beim lesen. Die einführung der gemäßigten kleinschreibung mindert die schwierigkeiten beim schreiben, sie erhöht sie beim lesen. Hier müssen wir uns entscheiden, ob wir den ansprüchen des lesenden oder denen des schreibenden vorrang geben wollen. Bisher ist auch nicht hinreichend untersucht, welche wirkung die einführung der gemäßigten kleinschreibung für schüler mit

schreib-lese-schwächen (legastheniker) haben kann. Mir scheint es notwendig, solche untersuchungen anzusetzen, ehe man über jede einzelheit der grundlegenden änderung entscheidet.

Im zeitalter der weltweiten kommunikation kann eine reform der rechtschreibung nicht ohne die übrigen deutschsprachigen länder erfolgen. Neue verständigungsschwierigkeiten wären der fall, die Bundesrepublik würde sich zu einer provinz entwickeln. Der übereinkunft der kultusminister aller bundesländer müssen verhandlungen mit der DDR, mit Österreich und der Schweiz folgen. Frühere verhandlungen müssen wieder aufgenommen werden. Nur ein gemeinsames vorgehen aller deutschsprachigen länder kann zu einer sinnvollen neuregelung führen. Immerhin liegen die »wiesbadener empfehlungen« nun auch schon über 15 jahre zurück, und man sollte in die verhandlungen einbeziehen, welche lösungen insgesamt nach heutigen wissenschaftlichen und pädagogischen einsichten am besten erscheinen.

Daß man bei der einführung einer solchen reform geduld miteinander haben muß, daß man von größeren zeiträumen, ähnlich wie in Dänemark ausgehen muß, erscheint mir selbstverständlich. Wenn man jedoch die forderung erhebt, es solle dem einzelnen lehrer überlassen bleiben, groß- oder kleinschreibung in seinen klassen zu üben, verkennt man wohl die situation und die spannungen, denen ein solcher lehrer ausgesetzt wäre. Die vergleichbarkeit der leistung, die gemeinsamkeit des zu erlernenden und die verständigungsmöglichkeiten würden aufs dramatischste gefährdet. Der einzelne lehrer darf auch nicht die auseinandersetzung um das ja oder nein zu einer solchen reform, die bestimmung der inhaltlichen einzelheiten alleine führen müssen. Er sähe sich dann angriffen wie ansprüchen der elternschaft ungeschützt gegenüber, er müßte seinen unterricht, der doch das hinführen zu gemeinsamen vorstellungs- und verständigungsformen zum ziel hat, alleine verantworten. Die einführung einer solchen änderung und die bestimmung der einzelnen etappen muß von den kultusministern verantwortet werden.

Rechtschreibreform muß demnach auf zwei ebenen vollzogen werden,

– auf staatlicher ebene in der übereinkunft aller deutschsprachigen länder,
– auf schulischer ebene als reform des rechtschreibunterrichts im sinne einer methodisch didaktischen neubesinnung.

Die grundregeln der rechtschreibung sind gar nicht so schwer erlernbar, wie es sich z. b. in legastheniker-kursen zeigt.

Alleingänge müssen vermieden werden, alleingänge von ländern ebenso wie alleingänge von lehrern oder lehrergruppen.

Ideologisierung dient der diskussion nicht. Derjenige, der es heute schick findet, groß zu schreibende wörter klein zu schreiben, wird künftig, wenn die kleinschreibung eingeführt sein sollte, derjenige sein, der sich dann durch großschreibung hervortut. Der hinweis auf die tradition, der hinweis auf die syntaktische gliederung durch die orthographie muß ernst genommen werden. Nur eine sachliche debatte wird zu einer vertretbaren reform führen; radikalisierung und ideologisierung berauschen im allgemeinen nur diejenigen, die sie vertreten und schaden denjenigen, die die opfer sind.

Rudolf-Walter Leonhardt*

Ich finde es zwar nicht erstaunlich, aber doch etwas bedauerlich, daß eine frage, für die es sachliche entscheidungskriterien gibt, in Deutschland vielerorts schon wieder ideologisiert wird. Da wird unterstellt, nur greise mit elitärem dünkel wollten bei der großschreibung von substantiven bleiben, junge progressive jedoch wiesen sich aus durch gemäßigte kleinschreibung. Ich kann nicht verstehen, was nun so ungeheuer progressiv daran ist, wenn jemand die schreibweise des 16. jahrhunderts – also etwa der lutherbibel – der des 17. jahrhunderts – also etwa des »Simplizissimus« – vorzieht.
Die zusammensetzung solcher diskussionsgremien bringt es mit sich, daß wir alle immer viel zuviel an schreiber und viel zuwenig an leser denken. Und obwohl alle kinder in der schule arbeiten schreiben, obwohl manche von uns zuweilen auch noch briefe schreiben, sollten wir nicht ganz vergessen: Die meisten menschen sind leser. Jede reform der rechtschreibung – das ist doch sicher richtig – würde für die jetzt, heute des lesens fähigen das lesen erschweren. Der einwand heißt dann: Aber die, die später lesen lernen, aber unsere kinder, unsere enkel . . . Daran ist wahrscheinlich etwas richtiges. Nur eins steht dem, meinen erfahrungen nach, entgegen, nämlich: die notorische abneigung von kindern gegen vaters oder opas reformen.
Opas reformen sollten dann wenigstens durchdacht sein. Meiner ansicht nach ist der reformvorschlag, der unter der flagge »gemäßigter kleinschreibung« läuft, noch nicht ausreichend durchdacht.

* Dieses statement wurde als zeichen guten willens und für den fall eines totalen blackouts auf dem podium vorher so formuliert. Was ich dann tatsächlich gesagt habe, klang anders, da ich es in den rahmen des bis dahin gesagten einzupassen versucht habe.

Ich habe drei grundsätzliche einwände, die im einzelnen sehr lang diskutiert werden können. Ich möchte mich vorerst auf ganz kurze begründungen beschränken.
Zunächst die drei einwände:

1. Es soll ausgerechnet die großschreibung aufgegeben werden, die syntaktische funktionen hat; und beibehalten werden soll die, die rein dekorativ ist.
2. Es gibt unsinnigeres in der deutschen rechtschreibung als den großbuchstaben am anfang von substantiven.
3. Der abbau von schwierigkeiten beim schreiben muß zum aufbau von anderen schwierigkeiten führen.

Zur begründung vorerst nur ein paar anmerkungen im telegrammstil.

zu 1:
Die philosophie des deutschen idealismus wird ja wohl umgeschrieben werden müssen, wenn sich nicht mehr unterscheiden läßt, ob vom großen, absoluten »Sein« oder vom kleinen hilfszeitwort »sein« die rede ist. Aber warum sie nicht umschreiben? Dann würden sie vielleicht allgemein verständlicher. Nur: wenn man so weit gehen will, warum dann einen neuen satz zweimal ankündigen: durch den punkt vorher und den (rein dekorativen) großbuchstaben? Warum eigennamen großschreiben? Reine dekoration. Und es möge mir nicht als blasphemie ausgelegt werden: Die existenz gottes gewinnt wirklich nicht dadurch, daß man ihn mit einem großen g schreibt. Warum also? Um der anpassung an das englische willen? Wollen wir dann auch »ich« mit einem großen i schreiben?
Ich könnte mir gut vorstellen, daß unsere enkel klein schreiben wollen. Aber dann konsequent! Es wird ihnen schwerlich einleuchten, warum allein an schreibmaschinen milliardenbeträge für rein dekorative zwecke investiert werden sollen — von den zusätzlichen kanälen für zusätzliche computer-informationen nicht zu reden.

zu 2:
Bei der großschreibung, die schwierigkeiten macht, handelt es sich ja nur um eine ziemlich kleine gruppe von wörtern: substantivierungen wie »das schwimmen« oder »das ich«, entsubstantivierungen wie »radfahren« und schließlich entsubstantivierte substantivierungen wie »aufs angenehmste«. Soll man doch jedem freistellen, die so zu schreiben, wie er will. Ich sehe darin keinen grund, warum auch »der tisch« kleingeschrieben werden müßte.
Viel schwieriger sind doch, für unsere kinder wie für ausländer, die irren komma-regeln zum beispiel oder die vielen schreibmöglichkeiten für ein scharfes s. Außerdem haben wir

einen buchstaben in unserem alphabet, den gibt es gar nicht: er nennt sich q, kommt jedoch immer nur in verbindung mit u vor.

zu 3:
Schnell noch drei sätze zu denen, die von rechtschreibreform reden, aber in wirklichkeit sozialreform wollen. Sie gehen davon aus, daß die schwierigkeit deutscher rechtschreibung, daß also zum beispiel die großschreibung den kindern sozial benachteiligter familien das lernen und leben schwer mache. Diese these halte ich in dieser form für nachweisbar falsch. Als kurz-nachweis mögen die verhältnisse in ländern mit »gemäßigter kleinschreibung« dienen: In England und in Frankreich haben es diese kinder kein bißchen leichter, aus ihrem milieu herauszukommen. Da müssen wir uns schon was besseres einfallen lassen als gemäßigte kleinschreibung. So einfach sind sozialreformen nicht.

Wolf Thümmel

0. Diskussionen um rechtschreibreformen werden – nicht nur im deutschsprachigen bereich – oft mit emotionen ausgetragen: so in Dänemark seit den siebziger jahren des letzten jahrhunderts, so z. b. auch in den sechziger jahren dieses jahrhunderts in der Sowjetunion (in bezug auf das russische). Ich plädiere für sachlichkeit, für nüchternheit, für nützlichkeit.

1. Als argument gegen eine reform der deutschen rechtschreibung – insbesondere auch gegen die einführung der gemäßigten kleinschreibung – wird angeführt, daß sie mit »einem bewußten bruch der kulturtradition« (»mitteilungen« I, 1961: 38) verbunden sei. Mit groß geschriebenen substantiven seien »die werke der großen dichter der deutschen klassik, ist die gesamte literatur Deutschlands, Österreichs und der Schweiz seit der Goethe-zeit geschrieben und gedruckt, so daß diese großschreibung einen *traditionsbesitz* darstellt, der ohne zwingende gründe nicht aufgegeben werden sollte« (»mitteilungen« I, 1961: 37). Hierzu ist zu sagen:

a) Kulturbrüche sind weder durch die einführung der gemäßigten kleinschreibung in Dänemark noch durch die niederländische reform 1947, noch durch die russische 1917 aufgetreten. Der däne kann seinen Grundtvig – wenn er will – auch in der alten orthographie lesen, der niederländer seinen Multatuli und der russe seinen Puškin.

b) Gerade die klassikerausgaben (klassiker im weitesten sinne) für nichtphilologen geben die texte nicht in der originalschreibung, sondern in der jeweils gültigen rechtschreibung. Herausgeberbemerkungen wie die folgende sind gang und gäbe: »Kleists rechtschreibung wurde der modernen schreibung angeglichen, doch ist in allen fällen davon abstand genommen worden, wo lautstand und rhythmus verfälscht worden wäre« (Stapf 1960: 1380). Auch wissenschaftliche werke werden neueren schreibweisen angeglichen: »Der so gebotene text unterscheidet sich also von dem kantischen nur in der anwendung einer moderneren schreibweise« (Schmidt 1930: VII).

c) Selbst wenn es so wäre, daß die mehrheit der deutschlesenden und -schreibenden nach einer reform die ausgaben in älteren orthographien nicht mehr mühelos lesen könnten, müßte man sich die frage stellen, wieviele bürger der BRD, der Schweiz und Österreichs überhaupt die klassiker lesen und insofern von dem »bruch der kulturtradition« betroffen wären. Der befürchtete »bruch« hätte auch beim übergang von der frakturschrift zur lateinischen schrift auftreten müssen.

d) Auch bei vermeidung eines bruchs der tradition kann ohne philologische hilfsmittel bisweilen nicht gewährleistet werden, daß die klassiker heute so verstanden werden, wie sie geschrieben haben. Die Goethe-zeilen etwa:

(1) *feiger gedanken*
bängliches schwanken

(2) *dich sah ich, und die milde freude*
floß von dem süßen blick auf mich

dürften dem heutigen leser wegen der inzwischen veränderten bedeutung der wörter *feig* und *mild* in der regel nicht im goethischen sinne zu verstehen sein.

2. In seinem auf der tagung vorgelegten memorandum »rettet die großschreibung!« behauptet Michael Landmann: »Das deutsche macht also von den großbuchstaben quantitativ mehr gebrauch [als andere sprachen], indem es sie qualitativ zum sichtbaren äquivalent einer [. . .] sinnkategorie erhebt. [. . .] Dadurch verrät nämlich schon das schriftbild weit mehr vom inneren aufbau eines satzes. Die visuelle aufteilung spiegelt etwas von der grammatischen einteilung. Man durchdringt auf diese weise den aufbau viel direkter, viel schneller, mit mehr bestimmtheit, während im französischen und englischen der weg von den wortelementen zum satzaufbau ungleich mehr analytisch-synthetischen geistesaufwand von uns verlangt.«
Landmann argumentiert aus der sicht des lesers, nicht aus der

sicht des schreibenden oder des schreiben lernenden schülers. Dem beim lesen eingesparten »analytisch-synthetischen geistesaufwand« müßte ein ›synthetisch-analytischer‹ »Geistesaufwand« beim schreiben gegenüber stehen (was immer auch des genaueren unter ›synthetisch‹ und ›analytisch‹ hier zu verstehen ist). Welcher aufwand ist größer?
Daß man durch die großschreibung einer »wortklasse« die struktur eines satzes »direkter, viel schneller« durchdringen soll, bleibt zumindest fraglich. Man müßte zeigen können, daß man die grammatische struktur von (3) »direkter, viel schneller« erkennt als die entsprechende struktur von (4):

(3) *Am gestrigen Abend hat Onkel Max seine Freundin vor der Haustür von ganzem Herzen willkommen geheißen.*
(4) *Gestern abend hat er sie hier herzlich willkommen geheißen.*

Stefan George, der in seinen gedichten die substantive in der regel kleingeschrieben hat, habe – so Landmann – »in intellektualisierter zeit die musikalische, zauberische komponente seiner kunst retten« wollen. Der vorschlag Landmanns – »Man mag also George für gedichte folgen« – dürfte einigen argumenten entgegenstehen, die von der »konferenz der kantonalen erziehungsdirektoren« (»stellungnahme« 1963: 24 ff) zur demonstration der unmöglichkeit einer gemäßigten kleinschreibung angeführt werden, wobei gerade auch zitate aus gedichten eine rolle spielen:

(5) a) *Im Kelche der Blume, der farbigen, nun*
das stille Verschließen, das liebliche Ruhn.
b) *Im kelche der blume, der farbigen, nun*
das stille verschließen, das liebliche ruhn.

Korrekterweise muß noch hinzugefügt werden, daß George nicht nur gedichte, sondern auch prosatexte wie vorreden und alltagsbriefe klein geschrieben hat, so daß selbst die berufung auf George nicht plausibel erscheint.

3. Der verleger Unseld gibt zu bedenken, daß bei der einführung der gemäßigten kleinschreibung die bücher, zumindest die schulbücher, teurer werden müßten. Einleuchtend ist dies freilich nicht, müssen schulbücher doch auch in anderen fällen von neuerung regelmäßig neubearbeitet werden. »Die einführung der mengenlehre in die mathematik auf grund eines beschlusses der kultusministerkonferenz der länder hat zur folge, daß sämtliche lehrbücher für mathematik und rechenunterricht nicht nur geändert, sondern neu konzipiert werden müssen« (Gönner 1971: 19). Ähnliches gilt, wenn z. b. eine neue straßenverkehrsordnung in kraft tritt, wenn steuersysteme

verändert werden, wenn neue schulfächer geschaffen und alte umstrukturiert werden, wenn währungskurs- und preisänderungen auftreten, wenn währungen neu organisiert werden (z. b. die einführung des dezimalsystems in Großbritannien), bei einführung neuer postleitzahlen (wie jüngst in Frankreich) und in vielen anderen fällen.
Es wird sicher nicht unüberwindliche schwierigkeiten bereiten, die orthographischen änderungen gleichzeitig mit derartigen nichtorthographischen änderungen vorzunehmen. Zumal in den oberen klassen können in einer übergangszeit die lehrwerke mit nicht reformierter schreibweise weiterverwendet werden.

4. Beispielsammlungen, wie sie z. b. die »konferenz der kantonalen erziehungsdirektoren« (»stellungnahme« 1963: 24 ff) gegen eine gemäßigte kleinschreibung vorgelegt hat, kennt man auch aus der diskussion um die dänische großschreibung. Auch die argumente sind im großen und ganzen von der gleichen art.
Ernst von der Recke (1888: 9) führte etwa an:

(6) a) *aftenrøden bringer fred,*
nattens stjerner hvile (Ingemann)

zu deutsch:

b) *das abendrot bringt frieden,*
die sterne der nacht $\frac{\textit{bringen ruhe}}{\textit{ruhen}}$

(7) a) *Paa jord jeg intet bedre kjender* (Hauch)

zu deutsch:

b) *Auf erden kenne ich* $\frac{\textit{nichts besseres}}{\textit{nichts besser}}$

Von der Recke bemerkt dazu: »Die fälle, bei denen das fehlen großer anfangsbuchstaben in gebundener rede ein stolpern verursacht, welches den genuß an den versen total verdirbt, kommen legionenweise vor« (1888: 8; übers. von W. T.). In seiner »komparativen statistik« suchte er für einige europäische sprachen (dänisch, schwedisch, französisch, deutsch und englisch) anhand gleich langer textstücke alle die wörter, die — freilich ohne berücksichtigung der syntaktischen umgebung, in der sie vorkommen — syntaktisch mehrdeutig sind. Er kommt zu dem ergebnis, daß die zahl der »verwechslungsmöglichkeiten« in keiner der untersuchten sprachen annähernd so groß ist wie im dänischen. »In 500 verszeilen von Paludan-Müller [. . .] findet man, wenn man die von unseren radikalen beabsichtigte rechtschreibung durchführt, 1075, in worten: eintausendfünfundsiebzig wörter, die verwechselt werden können« (1888: 20; übers. von W. T.).

Als resultat seiner untersuchungen faßt er u. a. zusammen (43 f),

»1. daß die großbuchstaben in substantiven nicht nur ein für uns außergewöhnlich bedeutungsvolles historisches recht haben, das durch die schreibweise der größten literaturperiode garantiert ist, sondern in der natur unserer sprachformen und unseres sprachgebrauchs begründet ist, da bei ihrem wegfall eine anzahl von zweideutigen formen entstünde, die bei weitem das überschreitet, was irgendeine andere orthographie zu dulden sich getraut hat.
2. daß unsere schriftsprache auf der basis der großbuchstaben sprachliche nuancen entwickelt hat, die sich ohne sie nicht ausdrücken lassen und die aufzugeben ein beispielloses unrecht wäre« (übers. von W. T.).

Auch von der Recke sprach schon von einem »bruch der tradition« der »gesamten literatur«.

Er war es denn auch, der entscheidend dafür sorgte, daß die einführung der gemäßigten kleinschreibung ende des letzten jahrhunderts in Dänemark verhindert wurde, obwohl gezeigt werden konnte, daß die allermeisten angeblichen mehrdeutigkeiten bei berücksichtigung des kontextes gar keine verwechslungen aufkommen lassen.

Es bleibt für das dänische, und es bleibt für das deutsche je eine verschwindend geringe anzahl von fällen, bei denen die einführung der gemäßigten kleinschreibung »verwechslungen« denkbar erscheinen läßt bzw. denkbar erscheinen ließe. Offensichtlich sind die dänen mit dem problem fertig geworden. Es kann kein zweifel bestehen, daß auch der deutschschreibende und -lesende das problem bewältigen wird. Jeder text, der vorgelesen werden soll (z. b. beim rundfunk) muß eh frei solcher mehrdeutigkeiten sein, die nur bei kenntnis des schriftbildes aufgelöst werden können, wie es etwa in folgendem beispiel der fall ist (»stellungnahme« 1963: 24):

(8) a) *Neben der öffentlichen Hand stehe es aber auch dem Privaten an, in der Dorfgemeinschaft das Schöne, das Edle und das geistig-sittliche Leben fördern zu helfen.*

b) *Neben der öffentlichen hand stehe es aber auch dem privaten an, in der dorfgemeinschaft das schöne, das edle und das geistig-stittliche leben fördern zu helfen.*

Hier kann man beim lesen betonen, wie man will, der zuhörer wird die mehrdeutigkeit nicht auflösen.

5. Die einführung der gemäßigten kleinschreibung kann nur – wie das dänische beispiel zeigen dürfte – einen ersten schritt im rahmen einer gesamtreform darstellen. Die dänen haben, da sie auf halbem wege stehengeblieben sind, zwar eine bessere orthographie als früher, aber noch keine gute.
Dieser erste schritt ist relativ leicht durchführbar und in den verschiedensten hinsichten vertretbar. Sprachwissenschaftliche argumente für die großschreibung der substantive im deutschen gibt es bis heute nicht. Erst die anderen, notwendigen maßnahmen haben folgen, die sich kurzfristig finanziell bemerkbar machen. Bei einführung der gemäßigten kleinschreibung muß kein einziges alphabetisches register neugeordnet werden. Keine taste auf der schreibmaschine muß verändert werden. Das dänische beispiel lehrt, daß ein nebeneinander von großgeschriebenen und kleingeschriebenen texten für die benutzer keine verständigungsschwierigkeiten bereitet.

Einschneidendere maßnahmen wären:

a) einführung neuer buchstaben, wie z. b. die einführung des dänischen å, Å (als ersatz für älteres aa, Aa);
b) ersetzung von buchstaben im alphabet durch andere, bereits vorhandene, wie z. b. die ersetzung von qu, Qu durch kw, Kw im niederländischen, die ersetzung von x, X durch ks, Ks oder die 1964 vorgeschlagene ersetzung von unbetontem a, A durch o, O im russischen;
c) wegfall von einzelbuchstaben in einzelnen wörtern, wie z. b. bei der niederländischen ersetzung von doppelvokalschreibung durch einfachvokalschreibung in bestimmten fällen (boomen → bomen), bei der vorgeschlagenen tilgung des sog. dehnungs-h und der bereits 1901 vorgenommenen weglassung von h in wörtern wie thür im deutschen.
d) regelungen, bei denen eine aussprachenormierung notwendig würde, etwa die vereinfachung der f/w/v-schreibungen im deutschen.

6. Die »kultusministerkonferenz der länder« der BRD hat beschlossen, davon auszugehen, daß die alsbaldige »durchführung einer gemäßigten rechtschreibreform auf der grundlage der ›wiesbadener empfehlungen‹ aus dem jahre 1958 von den deutsch-sprachigen ländern gemeinsam und in enger abstimmung erfolgen sollte« (beschluß auf der 159. plenarsitzung der KMK am 25. mai 73).
Sofern es sich bei der durchführung »einer gemäßigten rechtschreibreform« nur um die einführung der gemäßigten kleinschreibung handelt, dürfte ein gemeinsamer alleingang der länder der BRD keine negativen folgen in dem sinne haben, daß etwa die 1901 erreichte relative einheitlichkeit aufgegeben

würde. Es darf aufgrund der erfahrungen in Dänemark davon ausgegangen werden, daß

a) in einer übergangsphase das nebeneinander von groß- und kleinschreibern, von groß- und kleingeschriebenen texten keine erheblichen schwierigkeiten bereitet: beide schreibweisen können von den benutzern jeder der beiden schreibweisen – abgesehen vielleicht von einer sehr kurzen eingewöhnungszeit – mit der gleichen leichtigkeit gelesen werden. Die wechselseitige lesbarkeit ist auch bei weit größeren orthographischen differenzen gewährleistet: dänische bücher können in norwegen gelesen werden.
b) Die emotionen gegen ein teilweise verändertes schriftbild, das die einführung der gemäßigten kleinschreibung zur folge hätte, dürften sich in kurzer zeit gelegt haben.

7. Die argumente, die für eine reform sprechen, sind bekannt. Die sachlichen wiegen schwer. Sie wogen auch schon zu zeiten Konrad Dudens schwer. Die argumente dagegen – abgesehen von den emotional bedingten – betreffen 1. eine verschwindende zahl durch andere sprachliche mittel vermeidbarer mehrdeutigkeiten, die bei kleinschreibung auftreten können, und 2. bei weitergehenden reformierungen kurzfristige finanzielle belastungen in wirtschaft und staatlicher verwaltung.
Das ja oder nein zur rechtschreibreform ist eine güterabwägung. Die fragen lauten: Was gewinnt man? Was verliert man? Wer gewinnt? Wer verliert?
Die argumente für ein ja sind zwingend. Sprachwissenschaftlich gibt es hier keine unlösbaren probleme.
Aber: die einführung der gemäßigten kleinschreibung ist nur eine teilreform. Man soll bei ihr nicht stehen bleiben.

Gerhard Zwerenz

Meine damen und herren, machen wir uns nichts vor, von reformen reden alle, doch wer eine zu verwirklichen trachtet, ist ein böser juso, den Gottvaters blitz- und donnerwetter niederstrecken möge . . . Gottvater wünscht auch weiterhin großgeschrieben zu werden.
Sie verlangen hier eine gemäßigte kleinschreibung, eine kleine reform, ein reförmchen, doch müssen Sie selbst zugeben, den großbuchstaben soll's an den kragen gehen. Ich bin nicht sicher, ob die buchstaben sich das gefallen lassen werden, viel weniger groß und viel öfter klein zu erscheinen; wer hat so was schon gern.

Vielleicht bricht ein buchstabenkrieg aus, schlägt die konterrevolution der ans große gewöhnten buchstaben los. Was dann? Bei den ersten sturmzeichen werden sich unsere führenden sozialdemokraten treuherzig an die brust schlagen und versichern, sie seien nie für eine solche systemveränderung der schreibweise gewesen.
Ich frage also: Sind wir genügend kleinschreibebewußt? Haben wir mit genügendem ernst die klassenlage der klein- und großbuchstaben einsichtig gemacht? Was aber, wenn die konservative FAZ in der gemäßigten kleinschreibung weiterhin das rote teufelswerk von linksradikalen sieht und rechtsgenähte Springer-zeitungen gar den teufel einer blutigen oktoberrevolution an die wand malen?
Schließlich leben wir auch ohne kleinschreibung schon in schweren zeiten. Das reich ist zerfallen, das abendland im eimer, und mit der gemäßigten kleinschreibung steht uns direkt die liquidierung von tradition und geschichte ins haus.
Bezeichnenderweise sollte dieser kongreß ursprünglich in der durch revolutionäre umtriebe schon sattsam bekannten Paulskirche stattfinden. Lenin, Trotzki, Stalin und Che Guevara waren bereits mit händen zu greifen. Mit der kleinschreibung der substantive fängt es an, mit der verkleinerung von macht und besitz kann es enden. Wenn erst die großen buchstaben rollen, werden auch bald köpfe rollen. Wehret den anfängen! Stellen Sie sich nur einige große worte kleingeschrieben vor, etwa: Großgrundbesitz, Spekulation, Dividende, Zölibat, Berufsverbot, Kirche, Armee. Es ist klar, solche worte können und dürfen niemals der gleichmachenden kleinschreiberei verfallen. Wehret den anfängen!
Entlastet die jugend von den guten alten vorschriften und gegenvorschriften der großschreibung, die so schön unübersichtlich, undurchschaubar und unlogisch sind, entlastet die jugend von dem alten krempel und ballast, und sie wird die freigewordene zeit unverzüglich zur verstärkten Marx-lektüre verwenden!
Wir haben keine fürsten und könige mehr, keine kaiser, keine kriegshelden und schlachtenlenker – laßt uns wenigstens unsere großbuchstaben zahlreich erhalten. Denn der schlimmste feind der demokratie ist ihre verwirklichung. Wenn lange genug von reformen geredet worden ist, wird schließlich einer noch damit anfangen. Der kleinschreiberei wird vielleicht, o schreck, eine reform in justiz, bodenrecht, gesundheitswesen folgen.
Lassen Sie mich hier schluß machen mit der ironie, die einen überkommt, bedenkt man, daß die rechtschreibreform ebenso überfällig ist, wie manche andere reform. Diese deutschen bekommen keine revolutionen zustande, sie leisten noch nicht

einmal die notwendigsten reformen.
Die werden dafür in regierungsprogrammen groß geschrieben. Beginnen wir also endlich mit der enteignung der großbuchstaben. Die vielen fehlerquellen unserer rechtschreibung schaffen unsicherheit. Ein volk aber, das in unsicherheit gehalten wird, ist leichter zu unterdrücken. So ein kleiner lehrling oder schüler sollte von der entdeckung seiner ihm verfassungsrechtlich zugeschriebenen menschenwürde nicht durch überflüssige paukerei der klein- und großschreibung abgehalten werden.
Das große niedriger hängen und das kleine höher – man muß sich entscheiden. Lassen Sie uns hier und heute mit einer rechtschreibreform beginnen; aber sorgen Sie auch mit dafür, daß dies nicht die letzte reform sei!

die situation im ausland

Ernst Pacolt

die reform der deutschen rechtschreibung ist unerläßlich

Die schrift ist ein mittel der sprachdarstellung, die rechtschreibung ist die normierte form dieses mittels. Die sprache kann ohne schrift bestehen, die schrift oder die rechtschreibung ohne sprache ist undenkbar. Es ist unbestritten, daß die rechtschreibung im dienste der sprache steht, die sie optisch fixiert. Kann die rechtschreibung ihre aufgabe im dienste der sprache nicht mehr erfüllen, so muß sie den veränderten sprachverhältnissen angepaßt werden.
Die rechtschreibung steht aber auch im dienste des menschen als sprachträger. Es gab eine zeit, da konnten selbst dichter nicht schreiben, und von Goethe und Schiller wissen wir, daß sie sich einer sehr individuellen rechtschreibung bedienten. Später, bis in die anfänge des 20. jahrhunderts, blieb die kunst, recht zu schreiben, einer privilegierten gesellschaftsschicht vorbehalten.
Die sich aus der buchstabenschrift ergebende spannung zwischen der gesprochenen sprache und ihrer optischen fixierung ist unleugbar, aber — wie die erfahrungen mit den sogenannten »stuttgarter empfehlungen« gezeigt haben — irreparabel.
Mit dieser kluft zwischen der gesprochenen sprache und der geschriebenen dürfte sich die sprachgemeinschaft abgefunden haben. Nicht abfinden aber will sie sich damit, daß die geltende rechtschreibung ihre aufgabe im dienste der sprachgemeinschaft nicht erfüllt. Hier muß die rechtschreibung schon deshalb versagen, weil sie für eine andere gesellschaftsstruktur geschaffen wurde. Rechtschreiben zu können — wenn auch nur punktuell — wird in der klassenlosen gesellschaft von jedermann erwartet, nicht nur von einer privilegierten schicht wie noch zur zeit Adelungs und Gottscheds. Damals mag die rechtschreibung eine innerphilologische angelegenheit gewesen sein. Heutzutage legitimieren sich von der sozialen dimension der sprache her pädagogische, bildungspolitische, soziale und wirtschaftliche gesichtspunkte neben den linguistischen.
Was spricht im einzelnen für eine reform der deutschen rechtschreibung?

1. linguistische gründe:
Unsere rechtschreibung bedient sich einer buchstabenschrift, mit deren hilfe mehr recht als schlecht die anpassung der schreibung an den lautbestand der sprache angestrebt wird. Die von Adelung und Gottsched festgelegte großschreibung der sogenannten hauptwörter und der substantivierungen hat nichts mit der relation zwischen graphem und phonem zu tun, sondern ist ein fremdes, grammatisches prinzip. Da im deutschen einerseits substantive häufig ihren grundcharakter verlieren und in eine andere wortklasse übersiedeln, andererseits alle wortarten zu substantiven werden können, ist die unterscheidung zwischen einem hauptwort und einer anderen wortart höchst unsicher.

2. pädagogische und bildungspolitische gründe:
Die geltende rechtschreibung fußt auf einem kompromiß verschiedener systeme, die sich immer wieder durchkreuzen. Obwohl die schule für die rechtschreibung ein nicht mehr vertretbares maß an zeit und kraft aufwendet, stehen die rechtschreibleistungen dazu in offenem widerspruch. Etwa ein drittel aller pflichtschüler in Österreich müssen wegen rechtschreiben einmal in ihrer schulzeit repetieren. Besonders belastet wird der rechtschreibunterricht von der großschreibung, die schon von den schulanfängern miterlernt werden muß. Die großschreibung der substantive und substantivierungen beruht auf grammatischen einsichten, und zwar auf dem erkennen der wortklasse substantiv und der abgrenzung dieser wortklasse gegenüber den anderen wortklassen. Schon der schulanfänger muß entscheidungen treffen, die eine fähigkeit des kategorialen denkens voraussetzen, worüber aber erst kinder mit etwa zwölf jahren verfügen.
So ist es auch nicht verwunderlich, daß von allen rechtschreibfehlern der schüler etwa 40 prozent verstöße gegen die großschreibung sind.

3. soziale gründe:
Wenn die beherrschung der rechtschreibung früher nur von privilegierten schichten gefordert und erwartet worden ist, fordert man sie gegenwärtig von jedermann, denn die schrift ist allgemeingut geworden. Heutzutage stehen wir erst am beginn einer zeit, in der ausbildung und weiterbildung immer wichtiger werden und daher immer mehr menschen an den bildungsmöglichkeiten, die die gesellschaft anbietet, teilnehmen wollen und müssen. Weite teile der bevölkerung werden aufgrund mangelnder rechtschreibleistung von den bildungschancen ausgeschlossen, weil immer noch das können der rechtschreibung als ein kriterium für intelligenz betrachtet

wird. Die geltende rechtschreibung ist ganz offensichtlich eine bildungsbarriere und muß deshalb reformiert werden.

4. wirtschaftliche gründe:
Wirtschaft, industrie und verwaltung benötigen jährlich viele tausende der schulabgänger als bürolehrlinge, angestellte, maschinenschreiberinnen und sekretärinnen. Von diesen jugendlichen wird erwartet, daß sie rechtschreiben können. Wegen der kompliziertheit der geltenden rechtschreibung ist dies gar nicht möglich. Auch in der lehrlingsausbildung kann die angestrebte rechtschreibsicherheit nur vereinzelt erreicht werden. Unzählige arbeitsstunden werden auch später von maschinenschreiberinnen und sekretärinnen damit vergeudet, zu überlegen, wie ein wort zu schreiben ist, ob es einen großen oder kleinen anfangsbuchstaben hat, sich darüber zu erkundigen, nachzuschlagen, auszuradieren im original und auf den durchschlägen, gegebenenfalls durch neuschreiben des schriftstückes. Zu diesem zeitverlust kommt durch die großschreibung noch die manuelle belastung beim maschinenschreiben durch das fortwährende umschalten, das überdies noch zur bekannten maschinenschreiberkrankheit führen kann: der sehnenscheidenentzündung, wodurch arbeitsstunden verlorengehen. Betriebe, die bereits zur gemäßigten kleinschreibung übergegangen sind, haben eine kostenersparnis von etwa 20 prozent errechnet.
Aber auch die arbeit der verlagslektoren, korrektoren und der setzer wird durch eine vereinfachung der rechtschreibung, die vor allem die zweifelsfälle verringert, erleichtert und ökonomischer. Dadurch aber werden die satzkosten erheblich geringer. Eine reform der rechtschreibung, die *kein umlernen* erfordert und *nichts kostet, keine organisatorischen* oder *technischen änderungen* verlangt und obendrein die *arbeit erleichtert,* erspart der wirtschaft jährlich *millionen von teuren arbeitsstunden.*

In ihrer verantwortung gegenüber der sprache und der sprachgemeinschaft bemüht sich die »österreichische gesellschaft für sprachpflege und rechtschreiberneuerung« seit jahrzehnten um eine sinnvolle reform der deutschen rechtschreibung. Die »wiesbadener empfehlungen« scheinen uns eine brauchbare diskussionsgrundlage zu sein.

René Schild

bericht aus der Schweiz

Meine damen und herren, als vertreter des schweizerischen »bundes für vereinfachte rechtschreibung« verzichte ich darauf, auch noch ein glaubensbekenntnis auf die gemäßigte kleinschreibung abzulegen. Ich möchte zuerst kurz auf einen punkt eintreten, der, glaube ich, vom herrn innenminister erwähnt worden ist: Es ist leichter gesagt als getan, die tageszeitungen dazu zu bringen, zur kleinschreibung überzugehen. Die zeitungen befürchten nämlich, sie könnten wegen dieses schrittes abonnenten verlieren. Bei uns haben einzelne während einiger zeit diese schreibweise für eine bestimmte rubrik verwendet, haben aber nach recht kurzer zeit das experiment wieder abgebrochen, wie dies ja auch in der Bundesrepublik Deutschland der fall war. Es gibt vereinzelte pädagogische zeitschriften, die sich jetzt noch — seit längerer oder kürzerer zeit — teilweise der kleinschreibung bedienen.

Im übrigen will ich mich darauf beschränken, Ihnen darzulegen, was in der Schweiz in sachen rechtschreibreform geschieht.

Bei uns wird föderalismus groß geschrieben, d. h., die hoheit der einzelnen kantone und gemeinden spielt eine nicht geringe rolle. Dadurch wird die rechtslage in bezug auf die zuständigkeit ziemlich kompliziert. Anderseits ist es gerade diesem umstand zu verdanken, daß in diesem jahr zwei bernische gemeinden — ich bin geradezu stolz, ein berner zu sein! — in ihren verwaltungen die gemäßigte kleinschreibung einführen konnten. Die eine, eine vorortsgemeinde von Bern, wagte den schritt am anfang dieses jahres, die andere, ein dorf im Emmental, im frühsommer. Die zweitgenannte gemeinde forderte zudem ihre bürger in einem rundschreiben auf, die kleinschreibung ebenfalls anzuwenden.

Auch auf staatlicher ebene tut sich etwas. Zunächst muß ich aber noch etwas über die heute nachmittag erwähnte schweizerische orthographiekonferenz von 1963 sagen, die die damaligen reformbestrebungen zu fall brachte. Diese ominöse konferenz — das muß hier einmal mit aller deutlichkeit gesagt werden — kam nämlich unter reichlich merkwürdigen voraussetzungen zustande. Erstens war der vorberatende ausschuß lediglich aus reformgegnern zusammengesetzt, von denen nicht einmal alle mit der materie vertraut waren; so wußte zumindest einer dieser herren nicht einmal — über den namen sei der mantel der nächstenliebe gedeckt —, daß Dänemark 1948 die kleinschreibung eingeführt hatte. Zweitens wurden

die interessierten verbände und gruppen kurzfristig – und dazu in der ferienzeit – aufgefordert, abgeordnete zu bestimmen. Sie mußten die erstbesten vertreter in aller eile – vor allem wohl telefonisch – aufbieten und hatten keine möglichkeit, zusammenzutreten und die abgeordneten mit instruktionen zu versehen.
Im vergangenen jahr hat das eidgenössische departement des innern eine kommission ins leben gerufen und beauftragt, mit den andern deutschsprachigen staaten wegen einer möglichen rechtschreibreform in kontakt zu treten. In diesem jahr wurden auch in verschiedenen kantonsparlamenten vorstöße für die einführung der gemäßigten kleinschreibung unternommen. Und nun soll in nächster zeit – das datum ist noch nicht bekannt – eine rechtschreibkonferenz in zweiter auflage einberufen werden. Anfangs september dieses jahres sind die interessierten gruppen und verbände mit einem schreiben des innendepartements aufgefordert worden, leute zu bestimmen, die dann für die konferenz aufgeboten werden könnten. Das schreiben hielt ausdrücklich fest, die abzuordnenden seien mit instruktionen zu versehen. – Man scheint seit 1963 also doch etwas gelernt zu haben!
Zum schluß möchte ich doch noch festhalten, daß der »bund für vereinfachte rechtschreibung« schon immer für die »wiesbadener empfehlungen« eingetreten ist. Wir hoffen, es dauert nicht mehr allzulange, bis die reform endlich durchgeführt werden kann.
(Nachträglich nach den notizen ins reine geschriebenes referat.)

Harald Kracht

die rechtschreibreform in Dänemark

Am 23. märz 1948 wurde in Dänemark eine rechtschreibreform vom unterrichtsminister Hartvig Frisch nach vorherigem beschluß der regierung auf dem verordnungswege erlassen.
Dieser für deutsche verhältnisse undenkbare schritt ist auch nur zu verstehen, wenn man die hintergründe für dieses vorgehen in Dänemark kennt. Vor der betrachtung der argumente für und wider die reform ist es deswegen unbedingt notwendig, die geschichtlichen hintergründe zu untersuchen.
Die einführung der großschreibung im dänischen geschah mehr zufällig als begründet, als Christian V. in seinem »danske lov« 1683 große buchstaben verwandte. Hier ist

zweifellos ein entscheidender einfluß der deutschen sprache zu sehen.

Nach dem erwachen des nationalismus wurden die kreise in Dänemark größer, die sich von deutschen einflüssen lösen wollten. Das bezog sich auch auf die sprache. Ressentiments gegen Deutschland sind aber auch in der zukunft nur ein teil der begründung für die einführung der kleinschreibung.

Stets hat man versucht, in Dänemark die rechtschreibung unter all-nordischen gesichtspunkten zu sehen. Es war immer das bestreben dänischer sprachforscher, auf all-nordische formen zurückzugehen und in kongressen den schweden und norwegern klarzumachen, wie wichtig eine gemeinsame rechtschreibung sei. Das zieht sich wie ein roter faden durch die verhandlungen mit Schweden und Norwegen.

Die entscheidenden impulse für eine rechtschreibreform in Dänemark kamen jedoch von lehrkräften. 1865 wurde ein reformvorschlag zur kleinschreibung durch ministerielle verordnung abgewiesen, der von lehrerkreisen mit der bitte um genehmigung vorgetragen war.

1869 fand in Stockholm eine rechtschreibkonferenz statt, die nur in der frage der kleinschreibung eine übereinstimmung ergab. Im jahre 1870 veröffentlichte Svend Grundtvig ein dänisches rechtschreibwörterbuch (»dansk retskrivningsordbog«) nach den in Stockholm erarbeiteten regeln.

Mit der übernahme der kleinschreibung durch die in Dänemark bedeutende volkshochschulbewegung in den jahren 1872—1874 wurde daraus eine volksbewegung, so daß im jahre 1875 der kultusminister Scavenius mit hilfe einer von ihm eingesetzten kommission ein gesetz im folketing durchbringen wollte. Der gesetzesvorschlag von 1888 wurde jedoch von den dänischen schriftstellern unter wortführung des dichters Ernst von der Recke zu fall gebracht.

So ergab die verordnung des kultusministers von 1889 winzige änderungen, die einführung der kleinschreibung und des dänischen a (å) fehlten.

Eines ist jedoch von diesem zeitpunkt an unumstritten: Die rechtschreibreform ist von nun an eine angelegenheit des kultusministers.

In den jahren 1920—23 wurde ein weiterer versuch zur reform durch den dänischen lehrerverein gemacht, der aber 1933 erneut abgelehnt wird. Neben den kreisen der volkshochschulen benutzen jedoch von nun an immer mehr privatleute die kleinschreibung.

1947 wurde ein ausschuß des folketings zur beratung des ministers eingesetzt. Dieser ausschuß entschied sich mit mehrheit für die einführung einer, wie unterrichtsminister Hartvig Frisch sie nennt, »bescheidenen rechtschreibreform«, die er am 22. märz 1948 durch einen erlaß zur änderung der rechtschreibung herausgibt.

Dieser erlaß enthält drei elemente:

a) einführung der kleinschreibung,
b) einführung des å als nordischen buchstaben,
c) wegfall des d in einigen wörtern wie skulle, kunne, ville.

Da der kultusminister seine anweisungen jedoch nur für die schulen geben konnte, galt diese reform vom 1. 4. 48 nur für alle schulen in Dänemark, nicht aber für die privatwirtschaft. Man ging einfach davon aus, daß – und das ist typisch dänisch – ein gewohnheitsrecht sich langsam durchsetzen würde und es bei diesem vorhaben nicht auf einige jahre ankommen könne.

Mit der einführung dieser reform setzte sich Hartvig Frisch zweifellos über die meinung großer teile der bevölkerung hinweg.

Die argumentation konservativer kreise drehte sich zumeist um folgende behauptungen:

a) der weitaus größte teil der bevölkerung ist gegen die reform,
b) die verbindung zur älteren literatur wird schwierig,
c) eine rechtschreibverwirrung ist die folge,
d) die dänische sprache entfernt sich mehr von den nordischen sprachen,
e) von der praktischen seite her wurde behauptet, daß das lesen in zukunft wesentlich schwerer werde.

Die befürworter einer reform wiesen mit recht darauf hin, daß in den jahren vor 1948 35–40 prozent aller rechtschreibfehler im 3. bis 8. schuljahr aus der großschreibung resultierten. Man war der meinung, daß viel kraft der dänischlehrer vergeudet würde.

Das hauptargument war ein demokratisches: Auf dauer soll nicht immer wieder ein großer teil der bevölkerung gezwungen werden, sprachliche unvollkommenheit jedesmal dann zu demonstrieren, wenn man die feder aufs papier setzt.

Dennoch waren sich befürworter und gegner in einem einig: Dadurch, daß im laufe der jahrzehnte mehr und mehr leute und institutionen die großschreibung einfach über bord geworfen hatten, obwohl andere offizielle bestimmungen bestanden, wurden die offiziellen stellen schließlich zur reform gezwungen.

Erste schritte dazu kamen von kommunalen vereinigungen. Im jahre 1946 beschlossen die bürgermeister von Aarhus, Aalborg, Esbjerg, Odense und Randers die einführung der kleinschreibung in ihren kommunalen bereichen und gaben dazu folgende begründung:

a) Unsere neue generation ist nach dem zweiten weltkrieg

weltoffener geworden und nicht mehr so sehr in der vergangenheit verhaftet,

b) die deutsche besetzung zwang zum studium ausländischer presseerzeugnisse, wodurch man mit der kleinschrift schon vertraut war (englisch, französisch),

c) der zweite weltkrieg führte zur abwendung von allem deutschen,

d) die kleinen buchstaben müssen nicht erst neu geschaffen werden.

Die reform von 1948 wurde also eine reform für die schule. Die erkenntnis, daß sie wohl kaum mehr rückgängig gemacht werden konnte, bewog viele institutionen und presseorgane jedoch, sich dieser verordnung sofort zu unterwerfen.
Nach einem jahr zog unterrichtsminister Hartvig Frisch erste bilanz. Abgesehen von seinem eingeständnis, daß die reform im grunde noch nicht richtig durchdacht gewesen sei und die auswirkungen auf die schreibweise, besonders der namen, zunächst noch in einem rechtschreibhandbuch niedergelegt werden müßten, war er begeistert von der art und weise, wie besonders handel und industrie diese reform aufgenommen hatten.
Bei den typographen der tageszeitungen hatte es überhaupt keine schwierigkeiten gegeben.
Die schwierigkeiten in der schule, die von vielen angekündigt worden waren, blieben aus.
Ein halbes jahr nach der einführung der rechtschreibreform in der schule wurde eine umstellung der ganzen offiziellen rechtschreibung des reichstages, der regierung, der kreise und gemeinden vorgenommen.
Der minister selbst bewunderte die kontoristen, die auch als evtl. gegner »mit intelligenz und einsatz« die reform zum leben erweckt hatten.
1949 hatte sich die gesamte SPD-presse der rechtschreibung angeschlossen, zum teil erst nach überwindung technischer schwierigkeiten. Jedoch waren 89 zeitungen bei der großschreibung geblieben, 51 tageszeitungen hatten die kleinschreibung übernommen, aber nur 14 davon das å.
Auf die leser umgerechnet ergab sich, daß 991 500 noch druckerzeugnisse in der alten rechtschreibung lasen, 785 500 mit der neuen kleinschreibung sich vertraut machen mußten.
Zwei jahre nach einführung der rechtschreibreform schrieb K. Lindemann in »nationaltidende« einen artikel, in dem er die rechtschreibung als das vollständige chaos bezeichnete. Hier übte er noch einmal kritik an den nicht allzu klar durchdachten grundregeln des unterrichtsministers. Er glaubte, ungünstige auswirkungen auf die wirtschaft anführen zu können, besonders auf den fremdenverkehr.

Als weiteres wurde als nachteilig herausgestellt, daß nunmehr nur noch typographen von der bürgerlichen presse zur SPD-presse wechseln konnten, umgekehrt jedoch kaum mehr.
Daß die rechtschreibreform in Dänemark zu früh gekommen war, bewies, daß zwei vom unterrichtsministerium eingesetzte ausschüsse zur schaffung eines neuen rechtschreibwörterbuches wegen zu großer gegensätze aufgelöst werden mußten. Noch im jahr 1953 gab es keine allgemeingültigen rechtschreibregeln.
Erst mit der berufung eines ratgebenden organs, das sich von nun an »dansk sprognævn« (»dänischer sprachausschuß«) nannte, wurde 1955 der entscheidende schritt nach vorn getan. Im dezember 1955 erschien ein neues dänisches rechtschreibwörterbuch, das nunmehr verbindlich das alte von 1929 ablöste.
Daraufhin ging bis zum jahr 1958 die gesamte presse zur kleinschreibung über, obwohl 1955 sich noch ein verein für dänische sprachverteidigung gebildet hatte, der jedoch ohne resultate blieb.

Ein fazit aus heutiger sicht ergibt folgende erkenntnisse:
a) die überlegung, durch den ansatz in den schulen zu einer demokratischen regelung auf dauer zu kommen, hat sich als richtig erwiesen,
b) die reform hat keine großen schwierigkeiten gebracht. Die befürchtungen der gegner haben sich nicht bewahrheitet.
c) auch für die wirtschaft hat die reform zu keinerlei schädlichen auswirkungen geführt.

Eine kritische anmerkung zum schluß. Teilreformen haben gewisse nachteile. Der nachteil der dänischen teilreform liegt darin, daß man sich kaum mehr um eine generelle reform der dänischen rechtschreibung bemüht hat, obwohl diese aus manchen gründen viel wichtiger als eine für die deutsche sprache wäre.

anhang

die »wiesbadener empfehlungen«

empfehlungen

des arbeitskreises für rechtschreibregelung vom 15. 10. 1958

I.
Der arbeitskreis für rechtschreibregelung empfiehlt zur reform unserer rechtschreibung folgende änderungen gegenüber der zur zeit gültigen regelung. Die jeweiligen begründungen und die sich aus den empfehlungsgrundsätzen ergebenden einzelrichtlinien stehen in der anlage.

1. zur groß- oder kleinschreibung
Die jetzige großschreibung der »hauptwörter« (vgl. duden, 14. auflage, s. 32 ff.) soll durch die *gemäßigte kleinschreibung* ersetzt werden. Danach werden künftig nur noch großgeschrieben: die satzanfänge, die eigennamen, einschließlich der namen gottes, die anredefürwörter und gewisse fachsprachliche abkürzungen (z. b. H_2O).

2. das komma
Das komma soll weitgehend auf die fälle beschränkt werden, in denen das rhythmische empfinden des schreibenden mit der grammatischen gliederung des satzes übereinstimmt.

3. zur silbentrennung
Das schriftbild soll bei der trennung so wenig wie möglich verändert werden. Der sogenannte trennungsstrich ist als ein verbindungszeichen zu fassen, das über den zeilenwechsel hinweg das wort als schriftliche einheit gegenwärtig hält. Dementsprechend sind auch die trennungsstellen nicht in erster linie als sinneinschnitte zu betrachten, sondern als artikulationsgrenzen, die im wesentlichen den sprechsilben folgen.

4. doppelformen
Rechtschreibliche doppelformen sollen beseitigt werden.

5. zur angleichung der fremdwörter an die deutsche schreibung
a) Häufig gebrauchte fremdwörter aus lebenden sprachen sollen wie bisher nach und nach der deutschen schreibung angeglichen werden.
b) Bei den *allgemein gebräuchlichen* fremdwörtern griechischen ursprungs soll ph, th, rh durch f, t, r ersetzt werden. Die bisherige schreibweise soll jedoch weiterhin zulässig sein.

6. zur zusammen- und getrenntschreibung
Künftig sollen nur noch echte zusammensetzungen zusammengeschrieben werden. Selbständige satzglieder oder gliedteile schreibt man dagegen getrennt. In zweifelsfällen ist die getrenntschreibung vorzuziehen.

II.
Der arbeitskreis beschränkt sich bewußt auf diese sechs empfehlungen, weil sie das vertraute schriftbild am wenigsten verändern. Ihre durchführung erfordert deshalb vom schreibenden keine besondere lernmühe. Andererseits sind diese änderungen gewichtig genug, um das berechtigte drängen nach reformen für längere zeit zur ruhe zu bringen.
Die unterbreiteten empfehlungen dürften aus diesem grunde die richtige mitte zwischen den beiden notwendigkeiten der beharrung und der entwicklung darstellen und zugleich das maß, das dem jetzt fälligen reformgang entspricht. Die anderen fragenkreise, die noch im zusammenhang mit der schriftreform stehen, insbesondere die schriftliche kennzeichnung der langen und kurzen vokale (dehnungsfrage), können späteren generationen überlassen bleiben.

anlage zu den empfehlungen

des arbeitskreises für rechtschreibregelung vom 15. 10. 1958

die begründung der empfehlungen

des arbeitskreises für rechtschreibregelung und
die sich aus den empfehlungen ergebenden einzelrichtlinien

I. zur groß- oder kleinschreibung

1. Die im letzten jahrhundert immer weiter getriebene festlegung der fälle, in denen einerseits hauptwörter groß, andererseits »verblaßte« substantive klein geschrieben werden müssen, hat zu so verwickelten regeln geführt, daß die verteilung von groß- und kleinschreibung eines der schwierigsten kapitel

der deutschen rechtschreibung geworden ist. Trotz einem unverhältnismäßig großen lernaufwand beherrscht kein schreiber der deutschen sprache sie mehr vollständig.

2. Der wunsch, daß auf diesem gebiete eine besserung gewonnen werde, ist allgemein verbreitet. Er wird von dem arbeitskreis anerkannt und geteilt.

3. Die hauptarbeit des arbeitskreises galt der frage, in welchem umfang eine reform der großschreibung nötig und durchführbar ist. Vor allem handelte es sich um die entscheidung, ob man an einzelnen symptomen bessern oder das übel an der wurzel anfassen solle.

4. Angesichts der vielheit der im arbeitskreis geltend gemachten gesichtspunkte konzentrierte sich die arbeit zunächst auf die frage, ob sich zwischen den beiden extremen, der grundsätzlichen beibehaltung der heutigen regelung oder dem völligen abschaffen der großschreibung der hauptwörter, eine mittlere linie finden ließe, die die unzuträglichkeiten einer überkomplizierten regelung beseitigen, andererseits das prinzipielle aufgeben der großschreibung vermeiden ließe.

5. Ein zur genauen prüfung eingesetzter unterausschuß hat auf grund ausgedehnter materialsammlungen und zahlreicher wortlisten festgestellt, daß vom gegenstand her keine solche mittelstellung gefunden werden kann. Jeder der geprüften vorschläge mußte für zahlreiche fälle zu gezwungenen regelungen greifen, und vielfach haben die vorgeschlagenen erleichterungen letztlich zusätzliche erschwerungen zur folge.

6. Der grund für diesen tatbestand liegt in der fragwürdigkeit des begriffes hauptwort selbst. Dieser begriff ist nicht aus dem aufbau der sprache unmittelbar ableitbar. Er entspricht weder einer wortart (die z. t. übliche verdeutlichung von substantiv durch hauptwort deckt sich nicht mit dem begriff hauptwort im sinne der großschreibung und schafft nur neue verwirrung) noch einem satzglied. Die rolle, die das hauptwort in unserem denken spielt, entspringt sekundären gründen: In der frühen neuzeit wollte man tatsächlich in der schrift die »hauptsachen« hervorheben, sei es im sinne besonders wichtiger Substanzen, sei es im sinne der wichtigsten wörter im satze; dieser in sich ungeklärte begriff des hauptwortes wurde dann eine handhabe für die rechtschreibung, als man im 17. jahrhundert das völlig ungeregelte wuchern von großschreibungen auf bestimmte fälle einschränken wollte. Seither bewegt sich die schriftregelung in dem zirkel: Hauptwort ist das, was groß geschrieben

wird, und groß geschrieben wird das, was ein hauptwort ist. Es ist klar, daß ein nicht aus der sprache selbst gewonnener begriff nur bedingt als grundlage für eine verstehbare und sachgemäße regelung dienen kann.

7. Diese erkenntnisse sind im hinblick auf die vielen in der vergangenheit vorgebrachten reformvorschläge von grundlegender bedeutung. Vor allem erlauben sie eine klare stellungnahme zu den versuchen, einen mittelweg zwischen der geltenden rechtschreibung und dem aufgeben der großschreibung zu finden. Nicht nur erwiesen sich die vorliegenden vorschläge als unrealisierbar; es ergab sich zugleich, daß auch künftig alle vermittelnden lösungen aus den gleichen gründen aussichtslos sind: sie müssen für zahlreiche »grenzfälle« neue willkürliche entscheidungen treffen und dabei etwaige verringerungen der anzahl der großschreibungen durch eine vermehrung der zu beachtenden regeln erkaufen.

8. Daraus ergibt sich die ablehnende stellung des arbeitskreises zu den vorliegenden vorschlägen von einzelerleichterungen und punktuellen änderungen. Es bleiben drei punkte, an denen eine über einzelfälle hinausgehende vereinheitlichung durchführbar ist. Klein geschrieben können werden: 1. alle grund- und ordnungszahlwörter, mit ausnahme der ziffernbezeichnung (die Fünf); 2. die von eigennamen abgeleiteten adjektive (platonische dialoge, die schweizer bergwelt) und 3. alle pronominaladjektive, die aber heute schon so gut wie alle klein geschrieben werden. Diese stellen bleiben aber am rande des eigentlichen problems und würden die grundschwierigkeiten unvermindert fortbestehen lassen.

9. Aus den umfangreichen wortlisten* hat sich auch ergeben, daß die schwierigkeiten nicht dadurch behebbar sind, daß man für bestimmte grenzfälle die groß- und kleinschreibung freigibt. Die unentbehrliche praktikable norm, die dort verfügbar sein muß, wo eine gebrauchsform gerechtfertigt werden soll (druck, schule), würde in zu starkem maße gelockert, und die gefahr eines rechtschreibechaos würde noch vergrößert.

10. Nach ausschluß aller dieser möglichkeiten bleibt nur die alternative zwischen
a) der beibehaltung der geltenden regelung (mit unbedeutenden einzeländerungen; vgl. punkt 8) und
b) der einführung der gemäßigten kleinschreibung im sinne

* Veröffentlicht in der schrift: »groß- oder kleinschreibung? Ein hauptproblem der rechtschreibreform.« Von prof. dr. Hugo Moser. duden-beiträge, heft 1, Mannheim 1958.

des aufgebens der großschreibung der hauptwörter und der beschränkung von großschreibungen auf satzanfänge, anredefürwörter und das namengut.

11. Der arbeitskreis hat sich in seiner sitzung am 15. oktober 1958 mit 14 gegen 3 stimmen für die einführung der gemäßigten kleinschreibung ausgesprochen.

12. Die gesichtspunkte, die ihn dabei bestimmten, sind im wesentlichen folgende:
a) Die unüberwindbare spannung zwischen vorschrift und praxis (— unter den rechtschreibfehlern der schule stehen die verstöße gegen die groß- und kleinschreibung vor allem bei substantivierungen prozentual an der spitze; der überwiegende teil der anfragen, die bei der sprachberatungsstelle der dudenredaktion einlaufen, beziehen sich auf diesen bereich; die meisten erwachsenen haben gar nicht mehr den ehrgeiz, den bestehenden regeln bis in die einzelheiten nachzukommen —) wäre in ihrer quelle beseitigt; es gehört nicht zu den aufgaben der schrift, zeitbedingte grammatikermeinungen zu illustrieren.
b) Der kaufpreis für die bewahrung der geltenden regelung ist zu hoch. Es handelt sich nicht nur um die zeit und mühe, die die schule auf die einprägung und sicherung dieses teiles der rechtschreibung verwenden muß und die notwendig anderen, z. t. wichtigeren aufgaben entzogen wird. Es wird weit darüber hinaus das innere verhältnis des menschen zu seiner muttersprache betroffen. Die forderung der großschreibung für bestimmte wörter ist das einfallstor der unverstandenen grammatik in das erste schuljahr; sie zieht zwangsläufig die art des sprachunterrichts nach sich, die dem jungen menschen, weil er sie nicht begreifen kann, die freude an der muttersprache dauerhaft verleidet. Der wegfall dieser schreibforderungen ist eine wesentliche vorbedingung für den aufbau einer sinngemäßen muttersprachlichen erziehung.
c) Tradition bedeutet nicht stillstand, sondern lebendige entwicklung. So wie die sprache in lebendiger entwicklung ist, so darf auch die rechtschreibung nicht versteinern. Nach der barocken vorliebe für großschreibungen ist im heutigen deutsch eine tendenz zu der jahrhundertelang üblichen kleinschreibung unverkennbar. Die reinen auswirkungen der gewohnheit können sachliche entscheidungen nicht aufhalten.
d) Nach vielen meinungserhebungen ist damit zu rechnen, daß die frage der groß- und kleinschreibung, wenn sie nicht jetzt sinnvoll geregelt wird, in kurzer zeit erneut aufbricht. Andererseits könnte eine erfüllung dieser forderung für eine längere zeit ruhe auf dem gebiet der rechtschreibreform bringen.

Bei einer beschränkung auf einzelfälle würde mehr unruhe als nutzen entstehen.
e) Die großschreibung gilt, da sie heute nur noch im deutschen besteht (nachdem andere schriften ähnliche ansätze später wieder beseitigt haben), im ausland als eine der sichtbarsten schwierigkeiten für die erlernung der deutschen sprache. Eine erleichterung in dieser verhältnismäßig äußerlichen eigenart würde für die verbreitung und vertiefung des erlernens der deutschen sprache nur vorteilhaft sein.
f) Etwaige wirtschaftliche und technische probleme, die die einführung der kleinschreibung mit sich brächte, erfordern lösungen wirtschaftlicher und technischer art. Sie dürfen keine rolle bei der sachlichen entscheidung spielen.
g) Die etwaigen widerstände, soweit sie auf gewohnheit und scheu vor neuerungen zurückgehen, sind durch geeignete übergangsmaßnahmen überwindbar.

13. Diesen gründen gegenüber erscheinen der überwiegenden mehrheit des arbeitskreises für die beibehaltung der geltenden regelung vorgebrachten argumente bei aller anerkennung der beweggründe als die schwächeren, zumal von den vertretern der schule und des graphischen gewerbes eine etwaige lockerung der schreibnorm zugunsten einer individuellen schreibpraxis entschieden abgelehnt wurde.
Die von der minderheit des arbeitskreises für die beibehaltung der geltenden regelung vorgebrachten gründe sind:
a) Der übelstand der unsicherheit, was die rechtschreibung (und vor allem die groß- und kleinschreibung der wörter) angeht, wird so lange nicht richtig gesehen, als er allein auf mängel im system unseres orthographischen systems zurückgeführt wird. Kein orthographisches system ist vollkommen, und die heutigen klagen würden auch nach reformen nicht verstummen, sofern solche nicht von einem neuen geist der handhabung begleitet sein würden. Denn es ist ebensosehr das drängen auf resolute sicherheit für einen möglichst mechanisierten gebrauch der rechtschreibung (und die entsprechende unduldsamkeit gegenüber abweichungen), die aus gewissen unklarheiten der orthographie einen unerträglichen übelstand macht, wie jene unklarheiten selbst.
b) Weniger von einer neuen rechtschreibung als von einem anderen geist in ihrer handhabung ist besserung zu erwarten. Er muß in den schulen anfangen, und die schulverwaltung könnte mit einer einzigen verfügung dem unfug einer überbewertung der orthographischen vollkommenheit ein ende machen. Es trifft nämlich nicht zu, daß eine gewisse läßlichkeit im betreiben der rechtschreibung ein chaos zur folge haben würde: Das zeigt sich an der schreibepraxis in der zeit vor der

amtlichen und unitarischen festsetzung einer orthographie, beispielsweise an dem gebrauch der dichter und schriftsteller im 18. jahrhundert.

Eine solch tolerantere haltung der schule würde auf den schreibbetrieb der verwaltung und der wirtschaft ausstrahlen. Immer wieder erfolgende hinweise darauf, daß der gute stil eines geschäftsbriefes wichtiger sei als seine jedem möglichen zweifel entzogene orthographie, würden schließlich gehör und wirkung finden. Eine toleranz von der angedeuteten art ist auch im druck- und verlagswesen denkbar. Denn die forderung nach völlig lückenloser uniformität der schreibung ist keineswegs zwingend, im bereich der schönen, auch der wissenschaftlichen literatur erheben sich sogar sehr ernsthafte einwände gegen eine orthographische einheitstyrannei.

c) Die schwierigkeiten, die heutige orthographie, vor allem was groß- und kleinschreibung angeht, zu erlernen, sind nicht so erheblich, wie das gewohnheitsgemäß behauptet wird. Denn der bestand der zweifelsfreien fälle des groß- und kleinschreibens ist eben, unvoreingenommen zugesehen, doch sehr groß. Das bedeutet, daß der heutige zustand nicht so willkürlich und unsinnig ist, wie von den befürwortern der kleinschreibung betont wird.

Der begriff des hauptwortes mag im licht der vergleichenden grammatik unscharf erscheinen, für deutsche ohne die skrupel syntaktischer reflexionen ist er klar und fest. Diese sicherheit genügt für die praktizierung der bestehenden orthographie. Die tatsache, daß gegenüber der substantivierung von infinitiven, adjektiven, zahlwörtern und gewissen adverbialen unter grammatikern ein schwanken in der rubrizierung besteht (weil sie vom syntaktischen zusammenhang und seiner interpretation abhängig ist), bedeutet für die praxis keine ausweglosigkeit: Sobald man in diesem bereich der substantivierungen u. dgl. auf eine durchgehende, verbindliche einheitsnormierung verzichtet, werden praxis und sprachgefühl sich auch in ihm zurechtfinden. Jener bereich stellt sich im alltäglichen gebrauch anders dar, als dies angesichts von wortlisten der fall ist, die eigens unter dem gesichtspunkt der kontroversität zusammengetragen worden sind.

Im übrigen ist nicht zu verkennen, daß die unsicherheit in diesem betracht durch die mancherlei versuche, eine durchgehende, vereinfachende norm festzusetzen, nur gemehrt worden ist. Deshalb sind sie auch fortan nicht aussichtsreich.

d) Alle bisherigen ausführungen wurden unter dem gesichtspunkt gemacht, daß das fortbestehen des heutigen zustandes, was groß- und kleinschreibung angeht, vorzüge hat, die seine schwächen aufwiegen:

Das schrift- und druckbild bleibt erhalten. Seine leichtere les-

barkeit für die heute lesenden generationen, verglichen mit einem solchen in »gemäßigter« kleinschreibung, steht außer zweifel. Die mühe des umlernens für generationen von schreibenden, die nun einmal an die großschreibung gewöhnt sind, wird vermieden. Das bedeutet angesichts der eigentlichen leistung, die den schreibenden aufgegeben ist, eine gewaltige erleichterung. Die große mühe, ja lästigkeit des umlernens vor allem im schreiben wäre angesichts der nicht hauptsächlichen bedeutung, die der rechtschreibung unter dem gesichtspunkt der vernunft zukommt, gar nicht zu rechtfertigen: Entscheidend muß die zahl der *heute* schreibenden sein, nicht die der künftigen.
e) Endlich werden nicht geringe kosten gespart, die aufgewendet werden müßten, wenn der bestand an bereits gedruckter literatur neu gesetzt werden müßte. Die möglichkeit einer solchen kostenlast wird, wie bereits vorliegende äußerungen zeigen, nicht zuletzt auch von den dozenten der deutschen sprache und literatur im ausland mit sorge betrachtet.

II. zur zeichensetzung

1. das komma

Unsere regeln für die kommasetzung sind einem zweifachen wunsch entsprungen: Man wollte den rhythmus der sprache durch die kennzeichnung der sprecheinschnitte wiedergeben und gleichzeitig die grammatische gliederung des satzes sichtbar machen. Das nebeneinander beider prinzipien ist im einfachen satz und im satzgefüge weithin möglich. Es hat sich aber als völlig unmöglich in der übergangszone erwiesen, die zwischen dem einfachen satz und dem satzgefüge liegt.
In dieser zone ist mit hilfe der infinitive und der partizipien unter ausschluß der satzmöglichkeit selbst eine entfaltung der satzglieder bis zur satzwertigkeit möglich, die sich in fließenden übergängen vollzieht. Die jetzige regelung versuchte diesen übergängen zu folgen und schuf so das heutige regelsystem der kommasetzung vor infinitivgruppen, das von niemandem mehr beherrscht wird und das ohnedies nicht allen möglichkeiten gerecht werden kann.
Der arbeitskreis ist deshalb der ansicht, daß man die kommasetzung in dieser grenzzone unserer syntax dem freien ermessen des schreibenden überlassen muß. Ein komma soll nur dann gesetzt werden, wenn sich die infinitiv- oder partizipialgruppe deutlich von dem vorausgehenden verbalbereich abhebt, d. h. wenn sie das gewicht eines satzes gewinnt:
Er nahm sich vor zu gehen.
Er nahm sich vor sofort zu gehen.

Er nahm sich vor(,) sofort nach hause zu gehen.
Er nahm sich vor, sofort mit seinen freunden nach hause zu gehen.
Durch die einführung dieses freiheitsbereiches in einer sprachzone, die sich jeder normierung entzieht, werden viele schwierigkeiten unserer kommasetzung beseitigt, die nur aus einer falsch verstandenen, logizistischen sprachauffassung heraus entstanden sind.
Im einfachen satz kann es oft in der absicht des schreibenden liegen, ein freier hinzugefügtes satzglied durch rhythmische unterbrechung hervorzuheben. Der arbeitskreis schlägt deshalb vor, für diesen fall die jetzigen regeln über das komma im einfachen satz durch eine neue fakultativregel zu erweitern (s. nachstehende einzelrichtlinien).
Im einfachen satz kann auch ein vergleichsglied wie eine infinitivgruppe das gewicht eines satzes erhalten. Auch hier empfiehlt sich eine fakultativregelung (s. nachstehende einzelrichtlinien).
Im satzgefüge ist lediglich bei jenen sätzen, die durch die beiordnenden konjunktionen »und« oder »oder« verbunden sind, eine starke unsicherheit in der kommasetzung entstanden, weil sich hier die verschiedensten gesichtspunkte kreuzen:
Das rhythmische prinzip verlangt, daß sehr kurze hauptsätze, die durch »und« verbunden sind, nicht abgetrennt werden. (Er grübelte und er grübelte.) Umgekehrt verlangt das grammatische prinzip ohne rücksicht auf das rhythmische, daß kein komma steht, wenn beide sätze ein satzglied gemeinsam haben. (Er stand endlich auf und ging langsam nach hause.) Stimmen aber rhythmisches und grammatisches prinzip überein, dann sträubt sich der schreibende oft gegen das komma, weil er das zusammengehörige der gleichberechtigten beigeordneten hauptsätze stark empfindet. (Es wurde immer kälter(,) und der südwind türmte wolken um die gipfel.) Soll er aber bei nebensätzen gleichen grades das komma weglassen, um die gemeinsame unterordnung zum vorangehenden hauptsatz deutlich zu machen, dann will er es setzen, weil die neben dem »und« stehende unterordnende konjunktion »daß«, »weil« oder eine andere den ausschlag gibt. (Ich weiß, daß du ihn liebst und daß du auch dieses opfer bringst.)
Der arbeitskreis ist der meinung, daß die jetzige regelung den schreibenden überfordert.

einzelrichtlinien

Aus diesen überlegungen ergeben sich folgende einzelrichtlinien:
1. An die stelle der zahlreichen regeln für das komma vor infi-

nitiv- und partizipialgruppen (vgl. duden, s. 22 f.) sollen folgende regeln treten:

a) Der dem hauptsatz nachgestellte infinitiv mit »zu« wird nur dann durch ein komma abgetrennt, wenn er nähere bestimmungen bei sich hat, die ihm das gewicht eines satzes verleihen. Die entscheidung in den grenzfällen ist dem schreibenden zu überlassen.

Beispiele: Er nahm sich vor, mit allen seinen freunden nach hause zu gehen. *Aber* kein beistrich bei dem reinen infinitiv mit »zu« oder bei dem erweiterten infinitiv mit »zu« ohne das gewicht eines satzes: Er nahm sich vor zu gehen. Er nahm sich vor sofort zu gehen. *Grenzfall* (im ermessen des schreibenden): Er nahm sich vor(,) sofort nach hause zu gehen.

b) Der vorangestellte infinitiv mit »zu« wird durch ein komma abgetrennt, wenn er durch ein hinweisendes wort zum herausgehobenen satzteil wird.

Beispiel: Zu lernen, das ist sein größter wunsch.

c) Der infinitiv mit »zu« wird durch ein komma abgetrennt, wenn mißverständnisse vermieden werden sollen.

Beispiel: Sie rieten ihm, zu folgen. *Aber:* Sie rieten, ihm zu folgen.

d) Das partizip wird nur dann durch ein komma abgetrennt, wenn es nähere bestimmungen bei sich hat, die ihm das gewicht eines satzes verleihen. Die entscheidung in grenzfällen ist dem schreibenden überlassen.

Beispiele: Von der pracht des festes angelockt, strömten viele fremde herbei. Er sank, von der kugel zu tode getroffen, zu boden. Da stürzte er zu meinen füßen, meine knie fest umklammernd. *Aber* kein beistrich bei partizipien mit keiner oder nur einer näheren bestimmung: Lachend kam er auf mich zu. Laut lachend kam er auf mich zu. *Grenzfall* (im ermessen des schreibenden): Laut lachend und scherzend(,) kam er auf mich zu.

2. Die regeln für das komma im einfachen satz sollen durch folgende regeln erweitert werden:

a) wer einen satzteil in besonders gelagerten fällen als einschub kenntlich machen will, um ihn hervorzuheben, *kann* ein komma setzen.

Beispiel: Er wollte seinen leiden insbesondere durch verzicht auf alkohol wirksam begegnen. *Oder:* Er wollte seinen leiden, insbesondere durch verzicht auf alkohol, wirksam begegnen.

b) Ein komma *kann* stehen, wenn beim vergleich von satzgliedern das vergleichsglied das gewicht eines satzes erhält.

Beispiel: Er pflegte nichts anderes zu tun(,) als seine lieben mitmenschen zu ärgern.

3. Die regel über das komma zwischen hauptsätzen, die durch »und« oder »oder« verbunden sind (vgl. duden, s. 20), soll gestrichen werden.
Also nicht mehr: Wir singen ein lied, und wir trinken den wein. Es wurde immer kälter, und der südwind türmte wolken um die gipfel.
Sondern: Wir singen ein lied und wir trinken den wein. Es wurde immer kälter und der südwind türmte wolken um die gipfel.

2. der punkt
Da das gesamte graphische gewerbe dazu übergegangen ist, nach überschriften, buch- und zeitungstiteln keinen punkt mehr zu setzen, die schule aber noch weitgehend an diesem gebrauch festhält, ist hier eine fehlerquelle entstanden, unter der vornehmlich die schulkinder zu leiden haben. Der arbeitskreis empfiehlt deshalb, den punkt auch nach geschriebenen überschriften fallenzulassen (vgl. duden, s. 16,7).

III. zur silbentrennung

Die silbentrennung in schrift und druck ist eine technische notwendigkeit; sie hat sich aus dem zwang ergeben, längere wörter beim übergang von der einen zur anderen zeile zweckmäßig zu zerlegen. Durch diese zerlegung werden aber nicht sprachliche gebilde geschaffen, die unabhängig voneinander aufzufassen sind. Unser lesen ist so selbstverständlich darauf eingestellt, vom ende einer zeile zum anfang der nächsten zeile zu sehen, daß es die durch das zeilenende zerlegten wörter als eine einheit aufnimmt. So kommt niemand beim lesen auf den gedanken, die durch die silbentrennung zerlegten teile eines wortes als selbständige gebilde zu betrachten. *Wie* die wörter am zeilenende zerlegt werden, ist darum eine frage reiner zweckmäßigkeit.
So ertragen wir es ohne schwierigkeit, daß bei der gegenwärtigen silbentrennung des deutschen weder die flexionsformen eines wortes noch die ableitungsgruppen als solche erkennbar werden. Wir trennen unbedenklich: Wor-tes und wör-ter, frage und fra-gen; spie-ler und rau-cher, bo-tin und freun-din, verede-lung und abliefe-rung, abwe-gig und schö-ner. Wir verfahren so nach der regel, daß wörter nach »sprechsilben« zu trennen sind. Diese regel wenden wir auf alle einfachen deutschen wörter an, auch dann, wenn sie abgeleitet sind.
Zusammengesetzte deutsche wörter werden nach »sprachsilben«, d. h. nach den erkennbaren bestandteilen der zusammensetzung getrennt. Dieses verfahren erklärt sich aus der

bedeutung, die den zusammensetzungen im deutschen zukommt. Es trägt dem bedürfnis rechnung, eine zusammensetzung auch bei der silbentrennung als ein gegliedertes gebilde zu behandeln (z. b.: hand-arbeit). Das verfahren kann aber nur durchgeführt werden, wenn die glieder einer zusammensetzung der sprachgemeinschaft bekannt und darum bei der silbentrennung erkennbar sind. Das trifft nicht zu für die mehrheit der namen, vor allem der erdkundlichen namen. Diese sind entweder durch lautliche entwicklung in ihrer zusammensetzung unkenntlich geworden oder nur einem beschränkten landschaftlichen kreis in ihrer zusammensetzung bekannt. Darum empfiehlt der arbeitskreis, deutsche erdkundliche namen allgemein nach »sprechsilben«, also wie einfache deutsche wörter, zu trennen. Ebenso soll bei fremdwörtern verfahren werden. Es kann der sprachgemeinschaft nicht zugemutet werden, die unübersehbare fülle von zusammengesetzten fremdwörtern, die aus vielen sprachen zu uns gekommen sind, in ihrer zusammensetzung zu durchschauen. Die regel für die sprachgemeinschaft kann darum nur sein, *alle* fremdwörter, ob sie einfach oder zusammengesetzt sind, nach »sprechsilben« zu trennen.

einzelrichtlinien

Aus diesen überlegungen ergeben sich folgende einzelrichtlinien:
1. Die besonderen richtlinien für die trennung *einfacher deutscher wörter* (vgl. duden, s. 41) sollen wie folgt geändert werden:
a) st wird künftig wie sp, sk und ft nach der allgemeinen regel getrennt (letzter mitlaut auf die neue zeile).
Beispiel: Wes-te wie jetzt schon wes-pe.
b) ck wird künftig bei der trennung nicht mehr in k-k aufgelöst, sondern als c-k getrennt.
Beispiel: loc-ken.

2. a) *Zusammengesetzte deutsche wörter* sollen weiterhin nach den erkennbaren bestandteilen getrennt werden. Ausgenommen davon sind die heute nicht mehr als zusammensetzung verstandenen adverbien des typus »daran«, »heran«, »hieran«, »voran«, »warum« und »worauf«.
Also: da-ran (und nicht wie jetzt: dar-an).
Entsprechend sind auch wörter wie »garaus«, »kleinod« zu trennen.
Also: ga-raus und klei-nod (und nicht wie jetzt: gar-aus und klein-od).
b) Konsonanten, die in der zusammensetzung nicht geschrie-

ben werden, sollen auch in der silbentrennung nicht wieder aufleben (wie jetzt schon bei den-noch, mit-tag, ro-heit).
Also künftig: schiffahrt = schif-fahrt (und nicht mehr: schiff-fahrt).
In diesem zusammenhang empfiehlt der arbeitskreis, bei dem zusammentreffen von drei gleichen konsonanten in allen fällen nur noch zwei konsonanten zu schreiben:
Also künftig: sauerstofflasche (wie jetzt schon schiffahrt und nicht mehr: sauerstoffflasche).

3. *deutsche erdkundliche namen* werden einheitlich nach sprechsilben getrennt.
Also künftig: Lin-dau (und nicht: Lind-au) wie jetzt schon Ander-nach.

4. *Fremdwörter*, einfache und zusammengesetzte, werden einheitlich nach sprechsilben getrennt.
Also: pä-da-go-gik (und nicht wie jetzt: päd-ago-gik); in-teresse (und nicht wie jetzt: in-ter-esse).

IV. doppelformen

Das problem der doppelformen hat an bedeutung verloren, weil die meisten doppelformen in der 14. auflage des dudens bereits beseitigt wurden. Die noch verbliebenen formen empfiehlt der arbeitskreis wie folgt zu entscheiden:

jetzige doppelschreibung	*empfohlene schreibung*
alp, alpdruck, alptraum *aber:* Alberich, Alboin, Albin	alb, albdruck, albtraum (Die seit der 1. hälfte des 19. jahrhunderts in fast allen wörterbüchern auftretende p-schreibung, die die »orthographische konferenz« von 1901 noch einmal ausdrücklich bestätigte, wurde und wird immer wieder mit guten gründen angegriffen. Man fordert die b-schreibung, weil auch die formen tac, lant, kint usw. als tag, land, kind usw. in die neuhochdeutsche schriftsprache übergingen.)
bete, beete	bete (Diese form ist heute häufiger, weil das wort über den niederdeutschen raum hinausgegriffen hat.)
buddeln, puddeln	buddeln (Die niederdeutsche form entspricht heute dem allgemeinen gebrauch.)
diminutiv, deminutiv	diminutiv (So heute allgemein üblich.)
fuß(s)tapfe	fußstapfe
knabbern, knappern	knabbern (Die niederdeutsche form ist üblicher.)

jetzige doppelschreibung	*empfohlene schreibweise*
knüttelvers, knittelvers	knittelvers
laibung, leibung	laibung (ai-schreibung, da zu laib gehörig)
manschen, mantschen	manschen (in analogie zu planschen)
panschen, pantschen	panschen (in analogie zu planschen)
plaustern, plustern	plustern (plaustern ist veraltet)
rekeln, räkeln	räkeln (Gehört zu niederdeutsch rekel = grober mensch. Siebs kennt nur die aussprache rekeln. Weitgehend üblicher aber ä-aussprache.)
rondell, rundell	rondell (Die u-form, wenn überhaupt, nur landschaftlich. Die verdeutschung rundteil hat sich nicht durchgesetzt.)
rören, röhren	rören (Dehnungs-h überflüssig: mittelhochdeutsch reren.)
schnäpper, schnepper	schnäpper (gehört zu schnappen)
schnorren, schnurren	schnorren (Obwohl u etymologisch richtig [schnurrpfeife des bettelmusikanten], seit dem 19. jahrhundert fast nur noch o.)
spachtel, spatel	spachtel, spatel (Die ursprünglich bayerische form spachtel überwiegt heute, spatel lebt aber noch besonders im medizinischen bereich.)
stießel, stisel	stießel (zu stoßen)
stupsnase, stubsnase	stupsnase (Der form nach zu stupsen, der bedeutung nach zu dem niederdeutschen adjektiv stupp = abgestutzt, stumpf.)
weid, waid	waid (Etymologisch ist nur ei gerechtfertigt. Da sich aber die fachwelt einmütig für die ai-schreibung entschieden hat, scheint es wenig zweckmäßig, den erbitterten kampf fortzusetzen.)

V. zur angleichung der fremdwörter an die deutsche schreibung

1. die fremdwörter aus lebendigen sprachen

Der arbeitskreis für rechtschreibregelung ist der auffassung, daß die angleichung häufig gebrauchter fremdwörter an die deutsche schreibung in der bisherigen weise fortzusetzen ist. Dieser sich ständig vollziehende vorgang in unserer muttersprache (blouse — bluse, façade — fassade, liqueur — likör) fand seinen ausdruck in der regel: »Häufig gebrauchte fremdwörter, vor allem solche, die keine dem deutschen fremden laute enthalten, gleichen sich nach und nach der deutschen schreibweise an.« Der arbeitskreis stellt sich also in dieser frage ganz auf den boden der sprachgeschichtlichen entwicklung und lehnt normungen des ganzen fremdwortbestandes nach einheitlichen gesichtspunkten ab. Da aber durch den vorgang der eindeutschung längere zeit doppelformen nebeneinanderlaufen (sauce — soße, nougat — nugat, trainieren — tränieren), wird von zeit zu zeit immer wieder festzulegen sein, welche formen künftig gelten sollen.

Der arbeitskreis schlägt deshalb vor, von den folgenden, bereits vorhanden doppelformen künftig nur noch die deutsche schreibweise zu verwenden.

jetzige doppelform	*empfohlene schreibweise*
Caritas*, karitas	karitas (verbandsname weiterhin Caritas)
charmant, scharmant	scharmant
charme, scharm	scharm
chok, schock	schock
code, kode	kode
codex, kodex	kodex
contra, kontra	kontra
couch, kautsch	kautsch
cousine, kusine	kusine
creme, krem	krem
fair, fär	fär
friseur, frisör	frisör
haché, haschee	haschee
incl.*, inkl.	inkl.
khaki, kaki	kaki
komplice, komplize	komplize
limousine, limusine	limusine
mayonnaise, majonäse	majonäse
nougat, nugat	nugat
parfum, parfüm	parfüm
placieren, plazieren	platzieren } (zugleich angleichung an platz)
placierung, plazierung	platzierung } (zugleich angleichung an platz)
portrait, porträt	porträt
poussage, pussage	pussage
poussieren, pussieren	pussieren
reineclode, reneklode	reneklode
remoulade, remulade	remulade
revue, revü	revü
roulade, rulade	rulade
rouleau, rollo	rollo
routine, rutine	rutine
routinier, rutinier	rutinier
routiniert, rutiniert	rutiniert
rowdi, raudi	raudi
sauce, soße	soße
sketch, sketsch	sketsch
souverän, suverän	suverän

* Aus gründen der vollständigkeit wurden auch diese beispiele aus den alten sprachen in die liste aufgenommen.

jetzige doppelform	*empfohlene schreibung*
souveränität, suveränität	suveränität
teddy, teddi	teddi
tour, tur	tur
tourenweise, turenweise	turenweise
tourenzahl, turenzahl	turenzahl
tourenzähler, turenzähler	turenzähler
tourist, turist	turist
touristenklasse, turistenklasse	turistenklasse
touristik, turistik	turistik
trainer, träner	träner
trainieren, tränieren	tränieren
training, träning	träning
tranchieren, transchieren	transchieren
triptyk, triptik	triptik
zephyr,* zephir	zefir (zum »f« vgl. s. 155)

Der arbeitskreis empfiehlt der sprachgemeinschaft darüber hinaus, bereits angebahnte entwicklungen, die z. b. in den schreibweisen frisör für friseur zum ausdruck kommen, nach und nach auf gleichgelagerte fälle (amateur — amatör, deserteur — desertör, exporteur — exportör usw.) auszudehnen.
Die hier vertretene entwicklungsgeschichtliche auffassung erfordert es umgekehrt, daß bereits eingedeutschte fremdwörter wieder in der fremden schreibweise geschrieben werden müssen, wenn sie außer gebrauch kommen oder durch ein deutsches wort ersetzt worden sind:
Beispiele: kupee wieder coupé (weil jetzt abteil) oder, weil veraltet: entree wieder entré, jardiniere wieder jardinière, küvette wieder cuvette, levee (aushebung, erhebung) wieder levée, renkontre wieder rencontre.

2. *die aus dem griechischen stammenden fremdwörter*
In dem bereich der aus dem griechischen stammenden fremdwörter hat sich in jüngster zeit eine wandlung vollzogen, die es besonders zu beachten gilt. Die technik hat sich zur benennung der von ihr neu geschaffenen gegenstände weitgehend der drei griechischen silben graph, phot und phon bedient. Zufolge des häufigen gebrauchs dieser wörter treten seit dem ende der zwanziger jahre die ersten f-schreibungen auf. Heute stehen wir vor folgenden formen:

foto
fotograf
fotografie
fotografieren
fotografisch
fotokopie
telefon
telefonat
telefonieren

grafik
grafiker
grafisch
und weiteren zusammensetzungen wie:
elektrografie
galvanografie
hektografie
stenograf
stenografie
stenografieren

telefonisch
telefonist
und weiteren
zusammensetzungen mit
. . .phon
wie:
magnetofon
saxofon
u. a.

stenografisch
telegraf
telegrafie

telegrafieren
telegrafisch
telegrafist
typograf
typografie
typografisch

Eine zweite einbruchstelle ergab sich vom kulturellen bereich her aus Italien, wo die f-schreibung einheitlich durchgeführt ist. Wir stehen hier heute vor folgenden formen:

fantasie (musikstück, aber auch schon für: vorstellungskraft)
sinfonie
sinfoniker
sinfonisch

So sehr sich die mitglieder des arbeitskreises unserem humanistischen erbe verpflichtet fühlen, so sehr sind sie andererseits davon überzeugt, daß dieser einbruch in die bisherige schreibweise nicht mehr rückgängig gemacht werden kann. Er hält es in diesem falle sogar für notwendig, die angebahnte entwicklung zu fördern, weil es in unserem zeitalter nicht mehr möglich ist, die aus dem griechischen stammende schreibweise in den wörtern als alleingültig aufrechtzuerhalten, die von jedermann gebraucht und geschrieben werden müssen.
Der arbeitskreis schlägt deshalb vor, in folgenden *häufig gebrauchten wörtern* ph durch f, rh durch r und th durch t zu ersetzen. Die bisherige schreibung ist jedoch weiterhin zulässig. (Die kursiv gesetzten formen leben bereits.)
Der arbeitskreis hat sich also auch hier zu einem entwicklungsgeschichtlichen weg entschlossen, obwohl auf diese weise längere zeit doppelschreibungen nebeneinander bestehen werden. Er glaubt aber, daß er so dem in der sprachgemeinschaft selbst entstandenen wunsch nach eindeutschender schreibung und dem ebenso verständlichen wunsch nach beibehaltung der bisherigen schreibung am besten gerecht wird.

alphabet	alfabet
alphabetisch	alfabetisch
alphabetisieren	alfabetisieren
analphabet	analfabet
anthrazit	antrazit
antipathie	antipatie
antipathisch	antipatisch
antithese	antitese
antithetisch	antitetisch
apathie	apatie
apathisch	apatisch
apostroph	apostrof
apostrophieren	apostrofieren

apotheke	apoteke
apotheker	apoteker
arithmetik, -er	aritmetik, -er
arithmetisch	aritmetisch
asphalt	asfalt
asphaltieren	asfaltieren
ästhet	ästet
ästhetik, -er	ästetik, -er
ästhetisch	ästetisch
ästhetisieren	ästetisieren
ästhetizismus	ästetizismus
asthma	astma
asthmatiker	astmatiker
asthmatisch	astmatisch
athlet	atlet
athletik, -er	atletik, -er
athletisch	atletisch
atmosphäre	atmosfäre
atmosphärisch	atmosfärisch
authentisch	autentisch
bibliothek, -ar	bibliotek, -ar
bibliothekarisch	bibliotekarisch
biograph, -ie	biograf, -ie
biographisch	biografisch
chemigraph, -ie	*chemigraf, -ie*
chromolithograph, -ie	chromolito*graf*, -ie (hier müßte man auch th in . . . lith . . . fortfallen lassen, um im gleichen wort einheitlich zu bleiben)
chrysantheme	chrysanteme
delphin	delfin
diktaphon	*diktafon*
diptherie	difterie
diphterisch	difterisch
elektrographie	*elektrografie*
enthusiasmieren	entusiasmieren
enthusiasmus	entusiasmus
enthusiast	entusiast
enthusiastisch	entusiastisch
ethik, -er	etik, -er
ethisch	etisch
ethos	etos
galvanographie	*galvanografie*
geograph, -ie	geograf, -ie
geographisch	geografisch
graphik, -er	*grafik, -er*
graphisch	*grafisch*
hektograph, -ie	*hektograf, -ie*
hektographieren	*hektografieren*
hyazinthe	hyazinte
hypothek	hypotek
hypothekarisch	hypotekarisch
hypothese	hypotese
hypothetisch	hypotetisch
kartograph, -ie	kartograf, -ie
kartographisch	kartografisch
kartothek	kartotek
katarrh	katarr
katarrhalisch	katarralisch
katastrophal	katastrofal

katastrophe	katastrofe
katheder	kateder
kathedrale	katedrale
kathete	katete
kathode	*katode*
katholik	katolik
katholisch	katolisch
katholisieren	katolisieren
katholizismus	katolizismus
katholizität	katolizität
kilograph	kilograf
kinematograph, -ie	kinematograf, -ie
kinematographisch	kinematografisch
labyrinth	labyrint
labyrinthisch	labyrintisch
lithograph, -ie	lito*graf*, *-ie* (s. bemerkung bei chromolitograf)
lithographieren	lito*grafieren*
lithographisch	lito*grafisch*
logarithmisch	logaritmisch
logarithmieren	logaritmieren
logarithmus	logaritmus
magnetophon	*magnetofon*
mathematik, -er	matematik, -er
mathematisch	matematisch
megaphon	megafon
methode	metode
methodik	metodik
methodisch	metodisch
mikrophon	*mikrofon*
mikrophonisch	mikrofonisch
orthodox	ortodox
orthodoxie	ortodoxie
orthographie	ortografie
orthographisch	ortografisch
panther	panter
paragraph, -ie	paragraf, -ie
paragraphieren	paragrafieren
paragraphierung	paragrafierung
phantasie	*fantasie*
phantasieren	fantasieren
phantast, -erei	fantast, -erei
phantastisch	fantastisch
phase	fase
phlegma	flegma
phlegmatiker	flegmatiker
phlegmatikus	flegmatikus
phlegmatisch	flegmatisch
phlox, -in	flox, -in
photo	*foto* (auch in allen zusammensetzungen wie: fotograf, fotografieren, fotografisch, fotochemie, fotokopie u. a.)
phrase	frase
phrasenhaft	frasenhaft
physik, -er	fysik, -er
physikalisch	fysikalisch
physisch	fysisch
prophezeien	profezeien
prophezeiung	profezeiung
prothese	protese

prothetisch	protetisch
rhabarber	rabarber
rheuma	reuma
rheumatisch	reumatisch
rheumatismus	reumatismus
rhinozeros	rinozeros
rhythmik, -er	rytmik, -er
rhythmisch	rytmisch
rhythmisieren	rytmisieren
rhythmus	rytmus
sphäre	sfäre
saxophon	*saxofon*
Stenograph, -ie	*stenograf, -ie*
stenographieren	*stenografieren*
stenographisch	*stenografisch*
strophe	strofe
strophisch	strofisch
sympathie	sympatie
sympathisch	sympatisch
sympathisieren	sympatisieren
symphonie	*sinfonie*
symphoniker	*sinfoniker*
symphonisch	sinfonisch
synthese	syntese
synthetisch	syntetisch
telegraph, -ie	*telegraf, -ie*
telegraphieren	*telegrafieren*
telegraphisch	*telegrafisch*
telegraphist	*telegrafist*
telephon, -at	*telefon, -at*
telephonieren	*telefonieren*
telephonisch	*telefonisch*
telephonist	*telefonist*
telephotographie	*telefotografie*
theater	teater
theatralik	teatralik
theatralisch	teatralisch
theke	teke
thema	tema
thematik	tematik
thematisch	tematisch
theoretiker	teoretiker
theoretisch	teoretisch
theoretisieren	teoretisieren
theorie	teorie
thermometer	termometer
these	tese
thron	tron
thronen	tronen
thunfisch	tunfisch
triumph	triumf
triumphal	triumfal
triumphator	triumfator
triumphieren	triumfieren
typograph, -ie	*typograf, -ie*
typographisch	*typografisch*
xylophon	xylofon
zinkograph, -ie	*zinkograf, -ie*
zither	zitter (hier wegen des kurzen vokals gleichzeitig konsonant-verdoppelung)

Schreibt jemand in wörtern griechischen ursprungs f, t, r für ph, th, rh, die nicht in dieser liste stehen, dann ist dies kein fehler mehr.

VI. zur zusammen- und getrenntschreibung

Die vorschläge zur zusammen- und getrenntschreibung gehen von dem grundsatz aus, daß nur echte zusammensetzungen zusammenzuschreiben sind. Die gegenwärtige regelung wird diesem selbstverständlichen grundsatz nicht gerecht. Insbesondere ist der wichtige unterschied zwischen einer grammatischen verbindung im satz (»syntaktische verbindung«) und einer dem satz vorgegebenen zusammengesetzten worteinheit vielfach verdunkelt. Es hat die bedenkliche neigung um sich gegriffen, sprachliche gebilde zusammenzuschreiben, wenn sie häufig zusammen auftreten, ohne rücksicht darauf, ob sie eine wirkliche zusammensetzung oder nur eine syntaktische verbindung sind. Ferner ist vielfach das nebeneinander von getrennt- und zusammenschreibung zu unberechtigten unterscheidungen genutzt; so wird »sitzen bleiben« (nicht aufstehen) von »sitzenbleiben« (nicht versetzt werden) unterschieden.
Am leichtesten ist eine echte zusammensetzung beim substantiv zu erkennen. Hier gilt die bedingung, daß die glieder einer zusammensetzung unlösbar und unumkehrbar in dieser folge stehen. Wenn substantive im satz miteinander verbunden werden (also keine zusammensetzung, sondern eine syntaktische verbindung sind), wird ihr verhältnis zueinander durch grammatische mittel (kasus oder präposition) kenntlich gemacht. In einer echten zusammensetzung dagegen sind die syntaktischen beziehungen gelöscht; wenn das vorderglied in seiner lautgestalt scheinbar eine grammatische form zeigt (z. b. einen genitiv oder einen plural wie in freundeskreis oder hühnerei), so gibt diese nicht einen hinweis auf ein grammatisches verhältnis, sondern dient nur zur verdeutlichung der »fuge«.
Für das verbum gelten andere bedingungen; dadurch ist zum teil die gegenwärtige verwirrung entstanden. Wohl haben wir auch zusammengesetzte verben, die in einer unlösbaren und unumkehrbaren verbindung stehen. Es handelt sich dann um die zusammensetzung mit »vorsilben« oder um ableitungen von zusammengesetzten substantiven. Daneben aber verfügen wir über zusammengesetzte verben (aufpassen, achtgeben), deren verbindung nur dann fest ist, wenn sie im infinitiv, im partizip oder im konjunktionalen nebensatz auftreten (acht-

geben, achtgegeben; wenn er achtgibt). Wenn sie in den einfachen formen (präsens, präteritum) verwendet werden, wird die verbindung gelöst, und zwar so, daß der nichtfinite teil an das ende des satzes tritt (er paßt . . . auf, er gibt . . . acht). Die beiden teile einer solchen zusammensetzung dienen als klammer im satz. Aber auch bei diesen verben gibt es merkmale dafür, ob sie eine echte zusammensetzung sind oder nicht. So ist das verbum eine wirkliche zusammensetzung eingegangen, wenn bei dem hinzutretenden wort die syntaktische beziehung gelöscht ist, wie in »teilnehmen« (in »teil« sind weder kasus noch numerus kenntlich), oder wenn das hinzutretende wort außerhalb der betreffenden verbindung nicht mehr oder so nicht mehr vorkommt.
Die nachstehenden einzelrichtlinien wollen nach möglichkeit ernst machen mit der forderung, nur echte zusammensetzungen zusammenzuschreiben.

einzelrichtlinien

1. substantiv + verb
Ein substantiv schreibt man nur in folgenden fällen mit dem verb zusammen:
a) wenn die verbindung unlösbar und unumkehrbar ist:
wetteifern: ich wetteifere, habe gewetteifert.
b) wenn das substantiv *so* nicht mehr vorkommt:
achtgeben, preisgeben, stattgeben.
c) wenn es sich um ableitungen von substantivistischen zusammensetzungen handelt, die fast nur in den infiniten formen vorkommen:
bauchreden, bruchrechnen, wettlaufen.
In allen anderen fällen schreibt man getrennt, weil es sich nicht um zusammensetzungen handelt:
eis laufen, kegel schieben, kopf stehen, maschine schreiben. (Um der einheitlichkeit willen auch rad fahren, obwohl hier eine ableitung von radfahrer vorliegt.)

2. adjektiv oder partizip perfekt + verb
Ein adjektiv oder partizip perfekt schreibt man nur in folgenden fällen mit dem verb zusammen:
a) wenn die verbindung unlösbar und unumkehrbar ist:
vollbringen: ich vollbringe, habe vollbracht; frohlocken: ich frohlocke, habe frohlockt.
b) wenn das adjektiv *so* als selbständiges wort nicht mehr vorkommt:
losschlagen, weismachen, feilbieten.
c) wenn es sich um ableitungen von substantivischen zusammensetzungen handelt, die fast nur in den infiniten formen vorkommen:

blindfliegen (zu: blindflug); kurzarbeiten (zu: kurzarbeit).

d) wenn das adjektiv nur noch präfix ist, das den ablauf des vorganges bestimmt:
festnehmen: Die polizei wird ihn schon festnehmen.

In allen anderen fällen schreibt man ohne rücksicht auf reale oder übertragene bedeutung adjektiv oder partizip perfekt vom verb getrennt, weil es sich nicht um zusammensetzungen handelt:
Es wird in diesen neuen schuhen *besser gehen* als in den alten. Dem kranken wird es nach dieser behandlung schnell wieder *besser gehen*. Du sollst den wein *kalt stellen*. Man will ihn im politischen leben *kalt stellen*.

3. adverb + verb

a) einfache adverbien + verb
Die einfachen adverbien da, dar, her und hin werden mit dem verb zusammengeschrieben; jedoch *nicht:* hier und dort (hier bleiben, dort bleiben): dableiben, dartun, herbringen, hingehen.

b) zusammengesetzte adverbien + verb
Zusammengesetzte adverbien werden vom verb getrennt geschrieben, sofern sie nicht als präfixe gelten:
abwärts gehen, beisammen sitzen, hervor holen;
aber als präfixe: herbeiführen, zusammenschlagen.

4. substantiv + partizip

a) substantiv + partizip des präsens
Ein substantiv wird nur dann mit einem partizip präsens zusammengeschrieben, wenn es nicht deutlich als selbständiges glied (objekt) empfunden wird:
maßgebend, glückstrahlend, prachtliebend, postlagernd, himmelschreiend.
Aber getrennt als objekt:
die steine klopfenden arbeiter.
Zu den selbständigen objekten sind jedoch jene substantive nicht mehr zu zählen, die mit einem partizip präsens eine klassenbildende verbindung eingehen:
die *fleisch*fressenden pflanzen, die *besitz*anzeigenden fürwörter, die *blut*stillenden mittel.

b) substantiv + partizip des perfekts
Ein substantiv wird in der verbindung mit einem folgenden partizip des perfekts immer zusammengeschrieben:
angsterfüllt, meerumschlungen, kriegsgefangen.

5. adjektiv + partizip des präsens

Geht ein adjektiv in unflektierter gestalt einem partizip des präsens voran, dann wird es von diesem getrennt geschrieben, weil es hier selbständige umstandsbestimmung ist:

die hell strahlenden lichter, die klar blickenden männer, die schräg laufenden fenster.
Von dieser regel sind nur die zusammensetzungen ausgenommen, in denen das adjektiv allein dazu dient, das folgende partizip zu steigern oder zu mindern:
die *hochglänzenden* stiefel, die *tiefschürfenden* gedanken, seine *wohltönenden* worte.

6. adjektiv + partizip des perfekts
Geht ein adjektiv einem partizip des perfekts voran, dann wird es mit diesem zusammengeschrieben, wenn es nicht selbständige umstandsbestimmung ist:
hochgeehrt, tiefgekühlt, wohlgeraten, gutgelaunt, blondgelockt. *Aber* als selbständige umstandsbestimmung: fein gemahlen, hoch geschlossen, jüngst vergangen, schwer beladen, weich gekocht, genau genommen.

7. adverb oder pronomen + partizip
a) adverb + partizip des perfekts
Folgt einem adverb ein partizip des perfekts, dann sollen beide getrennt geschrieben werden:
anders geartet, anders gesinnt, einwärts gebogen, oben erwähnt, oben gedacht, oben genannt, vornüber gebeugt.
Ausnahme: sogenannt; *aber:* die fälschlich so genannten übereinkünfte.
b) adverb + partizip des präsens
Die verbindung eines partizips des präsens mit einem adverb wird ebenso behandelt wie die verbindungen der anderen formen desselben verbums:
Also: darauf folgend (weil darauf folgen); vorher gehend (weil vorher gehen).
c) pronomen + partizip des präsens oder des perfekts
Folgt einem deklinierten pronomen ein partizip des präsens oder des perfekts, dann sind beide getrennt zu schreiben:
dem entsprechend, des ungeachtet.
Zusammengeschrieben wird aber weiterhin »selbst« mit einem partizip, weil »selbst« hier in einer unlösbaren verbindung steht, die syntaktisch nicht mehr gedeutet werden kann:
selbstredend, selbstgemacht, selbstgeschrieben, selbstgesponnen.

8. infinitiv + infinitiv
Zwei aufeinanderfolgende infinitive werden immer getrennt geschrieben:
kennen lernen, spazieren gehen, bestehen bleiben.

9. adjektiv + adjektiv

Zwei adjektive werden in folgenden fällen zusammengeschrieben:

a) wenn sie als additionswörter sagen, daß zwei qualitäten gleichzeitig gelten sollen:
dummdreist, naßkalt, taubstumm.

b) wenn das erste adjektiv das zweite nur steigert oder mindert:
hellicht, tollkühn, bitterböse, halbleinen.

c) wenn es sich um ableitungen von einer wortgruppe handelt:
er hat blaue augen = Er ist *blauäugig*. Entsprechend: freiwillig, graubärtig, hartherzig u. a.

d) Hierher gehören auch die zusammensetzungen mit »gemein«, weil sie in einer verwendung stehen, die sonst das adjektiv »allgemein« übernommen hat:
gemeingefährlich, gemeinfaßlich.
Getrennt schreibt man aber, wenn das erste adjektiv als selbständige umstandsbestimmung dem zweiten vorangeht:
die schwer verdaulichen speisen, die meist gebräuchlichen wörter.

10. präposition + substantiv

Eine präposition wird nur dann mit einem folgenden substantiv zusammengeschrieben, wenn beide eine feste worteinheit bilden und das substantiv seinen eigentlichen verwendungsbereich verlassen hat:
anhand, infolge, zugange, zugute, zuhauf.
Steht aber das substantiv noch in seinem eigentlichen verwendungsbereich, dann wird getrennt geschrieben:
auf grund, in frage, zu hause, in kürze, auf zeit.
Die jetzt bestehenden übergangsschreibungen (getrennt und klein) sind zugunsten der noch bestehenden großschreibung oder der zusammenschreibung zu ändern:

in bezug auf	=	in Bezug auf
auf seiten	=	auf Seiten
von seiten	=	von Seiten
zu seiten	=	zu Seiten
außer acht lassen	=	außeracht lassen

Nachstehende zusammenschreibungen sind wieder zu lösen:

unverrichteterdinge	=	unverrichteter dinge
unverrichtetersache	=	unverrichteter sache
unterderhand	=	unter der hand
vorderhand	=	vor der hand
dortzulande	=	dort zulande
hierzulande	=	hier zulande

Nachstehende doppelschreibungen sind zugunsten der getrennt- oder der zusammenschreibung zu beseitigen:

an hand, anhand	= anhand
auf grund (von)	
aufgrund (von)	= auf grund
an stelle (von)	(von)
anstelle (von)	= anstelle (von)

11. einzelregelungen

Es sollen künftig geschrieben werden

so daß	*als* sodaß
gar nicht	*als* garnicht
gar nichts	*als* garnichts
um so	*als* umso

genauso, ebenso, allzu werden von einem folgenden adverb getrennt geschrieben:
genauso lang, ebenso gut, allzu oft.

entschließung der sektion I des »deutschen germanistentages« in Trier vom 14. februar 1973

1. Die sektion I des »deutschen germanistentages« schließt sich der NRW-resolution »kleinschreibung in der grundschule« an. Die durchführung dieses punktes hält sie für unabdingbar.
2. Die sektion I stimmt folgenden erweiterungen dieses reformvorschlages zu:
   a) kommasetzung erfolgt nach sinn- und sprecheinheiten gemäß aussageabsicht und im hinblick auf kommunikative relevanz.
   b) ß kann durch ss ersetzt werden.
   c) pronomen und konjunktion werden einheitlich »das« geschrieben.
   d) hinsichtlich der silbentrennung und getrenntschreibung schließt sich die sektion I den »wiesbadener empfehlungen« in den punkten 3 und 6 an.
3. Die sektion I des »germanistentages« fordert die kultusminister aller bundesländer auf, anzuordnen, daß rechtschreibleistungen weder im primar- noch im sekundarbereich der schule als kriterium der versetzung gewertet werden dürfen. Das schließt ein, daß diktate nur noch als übung, nicht mehr als klassen- und prüfungsarbeiten geschrieben werden.
4. Die sektion I des »germanistentages« fordert alle deutschlehrer auf, verstößen gegen die rechtschreibnorm geringeres gewicht als bisher beizumessen.

»fachschaft deutsch« an den pädagogischen hochschulen des landes Nordrhein-Westfalen

kleinschreibung in der grundschule

Aufgrund eines auf ihrer tagung am 7. juli 1972 in Dortmund einstimmig gefaßten beschlusses fordert die fachschaft deutsch an den pädagogischen hochschulen des landes Nordrhein-Westfalen, bestehend aus den lehrenden des faches deutsch und vertretern der studentenschaft, folgende rechtschreibregelung, die zunächst für die grundschule gelten soll:
Bei der vermittlung der deutschen rechtschreibung verzichtet die grundschule auf die großschreibung der substantive.
Groß geschrieben werden im sinne einer »gemäßigten kleinschreibung« nur: 1. die satzanfänge, 2. die eigennamen. (vgl. dazu auch die »wiesbadener empfehlungen«.)
Verstöße gegen die großschreibung der substantive gelten bis zu einer allgemeinen regelung auch im sekundarschulbereich nicht als rechtschreibfehler.

begründung

1. *linguistisch*
Die großschreibung der substantive ist linguistisch nicht zu rechtfertigen. – Eine eindeutige abgrenzung der substantive, z. b. in den bereichen der substantivierung und der verblaßten substantive, ist nicht möglich.
Zur begründung der bisherigen rechtschreibregelung bleibt nur die tautologie: »Substantive schreibt man groß – groß geschriebene wörter sind substantive.« Daß die geltende rechtschreibung von keinem schreiber beherrscht wird, ist seit langem empirisch erwiesen.

2. *pädagogisch*
Die schwierigkeiten der geltenden rechtschreibregelung erfordern einen aufwand an unterrichtszeit und arbeitskraft, der pädagogisch nicht zu rechtfertigen ist.
Der verzicht auf die großschreibung der substantive würde die fehlerzahlen bei den schülern etwa um ein viertel verringern. Die eingesparte unterrichtszeit könnte den zentralen aufgaben der spracherziehung, insbesondere der förderung des aktiven und rezeptiven sprachgebrauchs zugute kommen. Die geltende regelung führt notwendigerweise zu einem verfehlten sprachunterricht, der die schüler zu früh und dazu noch auf fragwürdige weise mit problemen der grammatik belastet.

3. *bildungspolitisch*
Die immer noch vorherrschende überbewertung der rechtschreibleistung – z. b. beim übergang auf eine andere schulform oder bei der entscheidung über eine versetzung – wird durch den verzicht auf die großschreibung der substantive von der sache her reduziert. Damit werden weniger schüler als bisher aufgrund ihrer rechtschreibleistungen von der weiteren förderung ausgeschlossen.

4. *politisch*
Seit der einführung der gemäßigten kleinschreibung in Dänemark (1948) ist die großschreibung der substantive in europa (und der welt) auf den deutschen sprachraum beschränkt. Diese sonderstellung erschwert dem ausländer das erlernen der deutschen sprache. Sie bildet zugleich ein unnötiges hindernis für eine europäische integration.

Eine reform der rechtschreibung ist am ehesten über die schule zu erreichen, deren apodiktisch-unkritischer rechtschreibunterricht zu den hauptursachen für das scheitern aller bisherigen reformbestrebungen gerechnet werden muß. Wie das beispiel Dänemark gezeigt hat, führt der verzicht auf die großschreibung der substantive in der grundschule in kurzer zeit zum gebrauch der kleinschreibung in der gesamten öffentlichkeit.
Mit dem verzicht auf die großschreibung der substantive wäre der erste schritt zur reform unserer rechtschreibung getan, die seit deren festlegung (1901) ununterbrochen gefordert worden ist. Wenn die unantastbarkeit der geltenden rechtschreibung an einer stelle durchbrochen und damit ihre veränderbarkeit dokumentiert wird, ist damit zu rechnen, daß weitere notwendige schritte folgen werden.

WIENER KONGRESS 1973*

18. und 19. oktober

Die reform der deutschen rechtschreibung

Die geltende rechtschreibung ist so voller mängel und inkonsequenzen, dass sie von niemandem wirklich beherrscht wird. Eine reform in weitem ausmass wäre daher gerechtfertigt, doch ist zu bedenken, dass einer generation nicht aufgebürdet werden kann, was andere bislang versäumt haben. Im bewusstsein ihrer verantwortung beschränken sich daher die teilnehmer des kongresses auf solche empfehlungen, die verhältnismässig wenige veränderungen notwendig machen. Der wiener rechtschreibkongress 1973, an dem delegierte bzw. beobachter und experten aus allen vier deutschsprachigen staaten teilgenommen haben, empfiehlt aus theoretischen und praktischen erwägungen folgende vereinfachungen bzw. massnahmen:

I Die geltende grossschreibung soll durch die gemässigte kleinschreibung ersetzt werden.

II Die silbentrennung soll grundsätzlich nach »sprechsilben« erfolgen.

III Die setzung des beistrichs soll künftig weitgehend auf die fälle beschränkt werden, in denen das rhythmische empfinden des schreibenden mit der grammatischen gliederung des satzes übereinstimmt.

IV ß soll durch ss ersetzt werden. Es wäre zu prüfen, ob artikel bzw. pronomen »das« und die konjunktion »daß« künftig einheitlich »das« geschrieben werden sollen.

V Die zusammen- und getrenntschreibung soll in bestimmten bereichen freigegeben werden.

VI Die angleichung häufig gebrauchter fremdwörter an die deutsche schreibweise soll wie bisher von fall zu fall geschehen. Es wird aber empfohlen, ph, th und rh durch f, t bzw. r zu ersetzen.

VII Organisationsentwurf zur einführung der vereinfachten rechtschreibung.

* Der wiener kongress (veranstaltet von der österreichischen gesellschaft für sprachpflege und rechtschreiberneuerung) 1973 hat seinen beratungen u. a. zugrunde gelegt: die »Empfehlungen des Arbeitskreises für Rechtschreibregelung« aus dem jahr 1958, die »Mitteilungen der Österreichischen Kommission für die Orthographiereform«, redigiert von R. Meister, und die vorschläge des schweizer »Bundes für vereinfachte rechtschreibung«.

Einzelrichtlinien

zu den »empfehlungen des wiener kongresses«

I. Zur gross- und kleinschreibung

Vorsitzender: dr. Ernst Holzfeind

Die derzeit gültige regelung der gross- und kleinschreibung verlangt vom schreibenden die beherrschung eines sehr verwickelten regelwerks, das kaum jemand vollständig beherrschen kann. Daher ist hier eine reform dringend notwendig. Diese soll von folgenden grundsätzen bestimmt sein:

Die regelung soll

1. eine möglichst grosse vereinfachung bringen und an die stelle des bisherigen komplizierten regelwerks ein einfacheres und praktikableres setzen,
2. weniger von grammatischen als vielmehr von sprachinhaltlichen überlegungen und strukturellen einsichten ausgehen,
3. die grossschreibung auf das mass zurückführen, das in den anderen europäischen sprachen üblich ist.

Um diese grundsätze verwirklichen zu können, schlägt der kongress vor:

Grundsätzlich sind alle wörter, auch die sogenannten hauptwörter, mit kleinem anfangsbuchstaben zu schreiben.

Von dieser hauptregel sind ausgenommen und werden daher weiterhin mit grossem anfangsbuchstaben geschrieben:

A Das erste wort eines satzes oder einer überschrift.

B die eigennamen.

Bei der feststellung, was als eigenname zu gelten hat, kann dem schreiber am wirkungsvollsten eine unterteilung des sehr komplexen und umfassenden begriffs »eigenname« helfen. Diese einteilung in untergruppen erfolgt am besten nach den hauptkategorien, mit denen der gesamte bestand an eigennamen erfasst werden kann. Weitere unterteilungen nach sachfeldern helfen dann immer wirksamer bei der entscheidung, ob im gegebenen fall ein eigenname vorliegt.

Mit grossem anfangsbuchstaben sind daher zu schreiben:

1. Namen im engeren sinn. Dazu gehören z. b.:
   a) die namen »gottes«;
   b) die namen von menschen (vor-, familien-, beinamen u. a.);
   c) die rufnamen von tieren.
2. Geographische und astronomische einzelnamen. Dazu gehören z. b.:
   a) erdteile, länder, landschaften;
   b) gebirge, berge;

c) gewässer;
d) siedlungen (ortsnamen im engeren sinn);
e) verkehrswege (strassen, plätze, brücken u. a.);
f) himmelskörper.

3. Namen juristischer personen, z. b.:
a) staaten, teile davon, rechtsfähige staatliche einrichtungen.
b) überstaatliche organisationen;
c) vereine (gesellschaften, parteien u. a.);
d) firmen

4. Werktitel (werke der kunst und der technik). Dazu gehören z. b.:
a) buchtitel, werke der musik, malerei, bildhauerei u. a.;
b) titel von filmen, fernsehsendungen, theaterstücken u. a.;
c) zeitungen und zeitschriften;
d) namen von bauwerken (Eiffelturm, Haus zum Schwert, der Zwinger in Dresden);
e) namen von sonstigen einzelobjekten (Sputnik, Titanic u. a.).

Die ausgestaltung von werktiteln und überschriften bleibt dem künstler überlassen, z. b.:

HEUTE hessischer rundfunk intervision
klein oder GROSS neue zeitung

C Abkürzungen.

a) fachsprachliche (wie bisher);
b) andere: gross bzw. klein wie die entsprechenden einzelwörter.

D Das anredefürwort »Sie«

in allen seinen formen und die dazugehörigen besitzanzeigenden fürwörter.

Bei der grossschreibung von eigennamen ist ferner zu beachten:

1. Für die schreibung mehrgliedriger eigennamen bieten sich mehrere lösungen an:
a) das erste wort wird mit grossem anfangsbuchstaben geschrieben, die anderen mit kleinem, es sei denn, das wort wird ohnehin grossgeschrieben:
Die lustigen weiber von Windsor
Der schuss von der kanzel
b) wie 1, aber durchgekoppelt:
Die-lustigen-weiber-von-Windsor
Der-schuss-von-der-kanzel
c) das erste und das letzte wort werden mit grossem anfangsbuchstaben geschrieben:
Die lustigen weiber von Windsor
Der schuss von der Kanzel
d) das erste wort und alle teile werden grossgeschrieben, mit

ausnahme der formwörter (hilfswörter):
Die Lustigen Weiber von Windsor
Der Schuss von der Kanzel

2. Amtlich registrierte oder behördlich festgesetzte namen werden entsprechend ihrer eintragung oder offiziellen bezeichnung geschrieben.
3. Satzförmige eigennamen, z. b.: Weh' dem, der lügt, werden wie sonstige sätze behandelt.

Der hauptregel entsprechend, sind künftig mit kleinem anfangsbuchstaben zu schreiben:

1. Wörter, die von eigennamen abgeleitet sind, z. b.: wiener musik, berliner mundart, schweizer käse; österreichische lebensart, bayerische grenze;
marxist, gaullist.

Davon unberührt bleiben amtlich registrierte namen wie Schweizer Bundesbahnen, Wiener Verkehrsbetriebe, Deutsche Bundespost, die Deutsche Bücherei in Leipzig.

2. Zusammensetzungen, in denen das bestimmungswort ein eigenname ist, z. b.:
dieselmotor, achillessehne, judaslohn, röntgenstrahlen u. a.

Die gemässigte kleinschreibung ermöglicht, in der zusammensetzung den namen durch grossschreibung und koppelung hervorzuheben, z. b.:
Berlin-abkommen, Philips-konzern.

3. Kalendarische bezeichnungen wie wochentage, feiertage, feste, monate, jahreszeiten u. a.:
sonntag, karfreitag, ostern, april, sommer u. ä. m.
4. Masseinheiten:
ohm, watt, ampere, 20 grad celsius u. ä.
5. Bezeichnungen für sprachen, z. b.:
deutsch, englisch, latein.
6. Titel von personen, funktionsbezeichnungen u. dergl.:
doktor / dr., professor / prof., diplomingenieur / dipl.-ing.; primarius, bundesminister, bürgermeister, erster vorsitzender.
7. Historische und geographische begriffe:
erster weltkrieg, mittelalter, reformation, kalter krieg, dritte welt;
tropen, äquator, tundra, polarkreis, sonne, mond, erde.

Die gemässigte kleinschreibung ermöglicht es dem schreibenden grundsätzlich, seiner persönlichen auffassung durch die wahl der gross- bzw. kleinschreibung ausdruck zu verleihen:

im bezirksgericht Gmünd	— im Bezirksgericht Gmünd
das stadttheater Hannover	— das Stadttheater Hannover
der nördliche wendekreis	— der Nördliche Wendekreis
opel-record	— Opel-Record

II. Zur silbentrennung

Vorsitzender: prof. dr. Karl Ziak

Die trennung erfolgt grundsätzlich nach »sprechsilben«. Darunter sind wortteile zu verstehen, die durch artikulationspausen begrenzt sind. Mit der trennung von wörtern als technischer notwendigkeit ergeben sich keine selbständigen sprachlichen gebilde.
Das zeichen, mit dem wörter abgeteilt werden, erfüllt eine verbindungsfunktion.
Getrennt werden

1. einfache und abgeleitete wörter wie bisher Eu-le künftig auch:
   E-sel, I-gel, Ü-bung; wie bisher Knos-pe künftig auch: Kasten; wie bisher Flüs-se, künftig auch: Füs-se;
   ck wird künftig wie jetzt sch und ch nicht getrennt: brü-cke, lo-cken.
2. zusammengesetzte wörter werden künftig wie einfache nach »sprechsilben« getrennt:
   a) daher wie bisher schon ar-mut und hei-mat künftig auch: da-ran, hi-naus, wa-rum; ga-raus, klei-nod; Sal-zach wie schon jetzt Krieg-lach; Lin-dau, Wa-chau wie schon jetzt Nas-sau.
   Das abteilen nach sprachsilben wird jedoch freigegeben.
   b) Konsonanten, die in der zusammensetzung nicht geschrieben werden, leben auch in der silbentrennung nicht wieder auf: mit-tag, den-noch . . .
   c) Beim zusammentreffen von drei gleichen konsonanten werden alle drei geschrieben. Also wie bisher: schifffracht und sauerstoffflasche künftig auch schifffahrt und stofffülle.
3. Fremdwörter werden grundsätzlich wie deutsche wörter nach »sprechsilben« abgeteilt. Also wie bisher schon metho-de, mee-ting und ab-strakt künftig auch pä-da-go-gik, at-mos-phä-re, e-xakt, pa-ral-lel, in-te-res-se.
   Gegen das abteilen von fremdwörtern nach sprachsilben ist jedoch nichts einzuwenden.

III. Zur kommasetzung

Vorsitzender: direktor dr. Wilhelm Sommergruber

Ziel der reform ist eine gewisse erleichterung für den schreibenden, um dem persönlichen ausdruck und der abstufung seiner gedanken gerecht werden zu können. Die regelfülle des kommas soll wieder dem ursprünglichen zweck, nämlich der akzentuierung des rhythmischen und sinnlogischen dienen. Seine funktion, grammatisch zu gliedern, soll bei der trennung von haupt- und gliedsätzen und bei einschüben und zusätzen erhalten bleiben.

1. Bei den infinitiv- und partizipgruppen wird die freigabe des kommas empfohlen, z. b.:
   Ich befehle dir zu gehen.
   Du bist zu jung um zu heiraten.
   Wir haben keine gelegenheit uns zu sehen.
   Der arzt versprach zu kommen.
   Der arzt versprach morgen zu kommen.
   Der arzt versprach(,) morgen nach der ordination zu kommen.
   Der arzt versprach, morgen nach der ordination mit seinem kollegen zu kommen.
   Jedoch bleibt das komma bei infinitivgruppen mit »zu« erhalten, wenn missverständnisse ausgeschlossen werden sollen:
   Sie rieten ihm, zu folgen.
   Sie rieten, ihm zu folgen.

   Partizipgruppen
   a) Von der musik angelockt, strömten viele neugierige herbei.
   b) Er sank, von der kugel zu tode getroffen, zu boden.
   c) Schimpfend und mit den fäusten drohend, suchte er das weite.
   Kein beistrich wird gesetzt: Laut lachend kam er auf mich zu.
   Aber: Laut lachend und scherzend(,) kam er auf mich zu.
2. Kein komma vor »und« bzw. »oder«, wenn es hauptsätze verbindet:
   Es dauert nur eine halbe stunde und wir können beginnen.
   Im hof bellte ein hund und die gänse schnatterten.
   Das beispiel ist unrichtig gerechnet oder die angaben stimmen nicht.
3. Beigeordnete adjektive:
   a) kein beistrich: ... ein grosses altes schwarzes auto;
   b) beistrich bei demonstrativem oder gegensätzlichem charakter:
   die alte, gute zeit ...
   die dritte, veränderte auflage ...

IV. Zur s-schreibung

Vorsitzender: OStR prof. dr. Adolf Plautz

Die s-schreibung gehört zu den schwierigsten kapiteln der deutschen rechtschreibung und verlangt unbedingt eine neuregelung bzw. vereinfachung.

Um eine allzu grosse veränderung des schriftbildes zu vermeiden, beschränken sich die empfehlungen darauf, ß durch ss zu ersetzen, wie es schon bisher bei maschinschrift gestattet ist.

A Einfaches s wird wie bisher geschrieben:

1. nach langem vokal in wörtern wie:
   gras, lesen, wiese, hose, bluse, los, dies, lies (lesen);
2. nach kurzem vokal in wörtern wie:
   es, das, was, weshalb, des, deshalb, bis u. a.;
3. in wörtern mit st im stamm bzw. st in der endung:
   rest, last, rasten, festlich, rostig, fast (beinahe);
   ist, bist, hast, horchst, machst.
4. Es wird empfohlen, das bindewort »daß« künftig mit einfachem s zu schreiben: das.

B Doppel-s (ss) wird geschrieben:

1. nach kurzem vokal wie bisher bzw. anstatt ß:
   fass — fässer, kuss — küsse, ross — rösser, fluss — flüsse;
   er fasst, fass an! fasslich;
   bessern, bessre dich! der biss — bisse — ein bisschen;
   küssen — küsste — geküsst; hassen — er hasst — gehasst;
   wissen — wusste — gewusst; essen — isst — gegessen;
   spross — sprosse — sprössling;
   lassen — lässt — gelassen — verlässlich; Russland;
   miss-: misslingen, misstrauen;
2. nach langem vokal oder nach zwielaut wie bisher bzw. anstatt ß:
   strasse, fuss — füsse, gruss — grüsse, grüssen, grüsste, gross — grösser, am grössten; ich weiss, ich ass, er liess, ausser, heissen — heisst — geheissen.

C Um die mehrzahlformen der wörter »maße« und »masse« in der neuen schreibung eindeutig voneinander zu unterscheiden, könnte künftig im wort »maße« die länge des vokals durch verdoppelung des a (also: maasse) bezeichnet werden: das maass, die maasse (abgeteilt: maas-se), mässig, maassvoll . . .

V. Zur zusammen- und getrenntschreibung

Vorsitzender: korrektor Wilhelm Grünes

Die zusammen- und getrenntschreibung gibt die möglichkeit, eine mehr oder weniger enge zusammengehörigkeit von wortfügungen zu verdeutlichen, wie dies beim sprechen durch die betonung geschieht. Gleichmässige betonung der teile einer fügung wird durch getrenntschreibung wiedergegeben, stärkere betonung eines teiles verlangt zusammenschreibung. Dabei

handelt es sich um einen ständigen entwicklungsvorgang, sodass es nicht geraten erscheint, ein starres regelwerk dafür zu schaffen.
Da die getrenntschreibung das ursprüngliche ist, bleibt somit nur zu klären, wann die zusammenschreibung zu empfehlen ist.

Zusammengeschrieben wird:

1. wenn sich eine neue begriffseinheit gebildet hat (übertragene bedeutung), z. b.: freisprechen — frei sprechen, gleichmachen — gleich machen, aufwärtsgehen — aufwärts gehen;
2. wenn die bedeutung verblasst ist, z. b. anhand, anstelle, brandmarken, haushalten, wetterleuchten, eislaufen, also auch: autofahren;
3. bei adjektivischem charakter der fügung: eine bahnbrechende erfindung, die eisenverarbeitende industrie, halbrund, hochbetagt, schwerverständlich — aber bei verstärkung des vorderglieds: überaus schwer verständlich.
4. Wie bisher werden unlösbare und nicht umkehrbare zusammensetzungen zusammengeschrieben: wetteifern, preisgeben, bauchreden, frohlocken.
   Bei der entscheidung, ob es sich bereits um einen einheitlichen begriff handelt, kann die betonung herangezogen werden:
   a) zusammenschreibung — die zusammensetzung hat nur e i n e n hauptton:
   wéttlaufen, vollbríngen, wégtragen, féstbinden;
   b) getrenntschreibung — beide wörter haben einen hauptton: schnéll fáhren, fést bínden.
5. Strassennamen u. ä., deren bestimmungswort ein auf -er abgewandelter geographischer name ist, werden zusammengeschrieben: Hamburgerplatz, Linzerstrasse, Vierwaldstättersee.
   Besteht bereits das grundwort aus einer zusammensetzung, dann gilt das vorderglied des namens als attribut (nicht als bestimmungswort) und wird demnach nicht mit dem zusammengesetzten teil der fügung zusammengeschrieben: Simmeringer Hauptstrasse, Wienerneustädter Hauptplatz.
   Getrennt wird geschrieben, wenn der erste teil einer einfachen fügung nicht als bestimmungswort, sondern als attribut empfunden wird, z. b.: Lienzer Dolomiten, Rottenmanner Tauern.
6. Dem schreibenden soll jedoch ein genügend grosser freiraum gewährt werden, wenn durch die schreibung die eindeutigkeit der information erhalten bleibt, z. b.: Die einfahrt frei halten — Die einfahrt freihalten; die substantive klein schreiben — die substantive kleinschreiben.

VI. Zur angleichung der fremdwörter an die deutsche schreibung

Vorsitzender: hochschullehrer dr. Sepp Weidacher

Die beiden extremen lösungsmöglichkeiten in dieser frage – vollständige angleichung der schreibung aller fremdwörter oder beibehaltung der fremden schreibung – sind nicht zielführend; einerseits weil die angestrebte reform auch bei den erb- und lehnwörtern keine fonetisch eindeutige schreibung vorsieht; andererseits weil die angleichung ein fortwährender prozess ist.

Es soll also im wesentlichen den bestehenden entwicklungstendenzen gefolgt und die angleichung der häufig gebrauchten fremdwörter – besonders wenn sie keine laute enthalten, die dem deutschen fremd sind – in der bisherigen weise fortgesetzt werden. In manchen fällen könnten bereits angebahnte entwicklungen auf gleichgelagerte fälle ausgedehnt werden.

Im folgenden sei eine auswahl von bereits erfolgten angleichungen (doppelformen) und angleichungsmöglichkeiten gegeben. (A = bisher schon erfolgte angleichung; B = fälle, bei denen nach dem vorbild bisheriger angleichungen vorgegangen werden könnte.)

ph/f

A: elefant (früher: elephant), photographie – fotografie, graphik – grafik;

B: alphabet, phantasie, phase, phonetisch, pharmazie, symphonie

th/t

A: tat, tal, tür, tor, träne;

B: athlet, apotheke, thron, asthma, bibliothek, katholisch, sympathisch, theke, thema, thermometer, thunfisch.

rh/r

Die bei ph und th zum teil schon erfolgte angleichung sollte auf rh ausgedehnt werden: rheuma – reuma, rhombus – rombus, katarrh – katarr.

eur/ör

A: chauffeur – schofför, friseur – frisör, liqueur – likör;

B: amateur, redakteur, exporteur, billeteur.

ou/u

A: bluse, cousine – kusine, coupon – kupon;

B: routine, tourist.

VII. Organisationsentwurf zur einführung der vereinfachten rechtschreibung

Vorsitzender: prof. dr. Leopold Wech

1. Die arbeitsgruppe »Organisatorische massnahmen zur durchführung der reform« schlägt zunächst vor, dass die regierungen der deutschsprachigen länder delegierte zu gemeinsamen verhandlungen baldmöglich entsenden sollten, die die »Wiener empfehlungen« als verhandlungsgrundlagen zu nehmen hätten.
2. Die reform der deutschen rechtschreibung soll nach möglichkeit in allen deutschsprachigen ländern gleichzeitig erfolgen. Den regierungen wird empfohlen, den beginn der reform auf dem erlasswege zu ermöglichen.
3. Als bezeichnung der richtlinien für die rechtschreibreform wird »Vereinfachte rechtschreibung« vorgeschlagen.
4. Hinsichtlich der einführung ist die arbeitsgruppe der meinung, dass spätestens mit dem schuljahresbeginn 1975 mit dem unterricht in vereinfachter rechtschreibung begonnen werden müsste. Bis dahin sind die notwendigen materialien für den rechtschreibunterricht dieser schulstufe in vereinfachter rechtschreibung herzustellen.
5. Vom schuljahresbeginn 1975 an soll in der grundschule die rechtschreibung allein nicht mehr als kriterium für die versetzung oder nichtversetzung (aufsteigen oder repetieren) herangezogen werden. Die kontrolle der rechtschreibleistung ist nur als diagnose, die dem schüler zu helfen hat, anzusehen. Von zuständigen fachleuten (schulpsychologen) als legastheniker erkannte schüler sollen besonders gefördert und bei beurteilung ihrer rechtschreibleistung soll darauf rücksicht genommen werden.
6. Die regierungen sollen die behörden, die höheren schulen, die bildungsstätten für lehrer und erzieher und die hochschulen, aber auch die betriebe ermutigen, sich auf die vereinfachte rechtschreibung umzustellen. Ebenso sollen die massenmedien für eine solche bald mögliche umstellung gewonnen werden.
7. Es ist eindeutig festzuhalten, dass mit einer längeren übergangsphase zu rechnen ist, in der die gesamte literatur in der noch nicht reformierten rechtschreibung weiterbestehen wird. Auch können die alten schulbücher (lesestoffe, lernmittel) weiter verwendet und aufgebraucht werden.
8. Umgehend muss eine umfassende information der bevölkerung erfolgen. Diese öffentlichkeitsarbeit muss in den einzelnen ländern von den entsprechenden organisationen (vereinen, gesellschaften) ausgehen. Es ist geboten, dass eine überstaatliche informationsstelle diese öffentlichkeits-

arbeit dadurch fördert, dass sie die reformbeschlüsse zentral weitergibt, dass sie ferner die bestrebungen in den einzelnen ländern sammelt und sie an die anderen länder weiterleitet. Diese überstaatliche informationsstelle sollte auch nach der offiziellen einführung der rechtschreibreform weiterbestehen. Vorgeschlagen wird, dass der »Internationale arbeitskreis für deutsche rechtschreibung« die funktion einer solchen überstaatlichen informationsstelle übernimmt bzw. sich um deren einrichtung bemüht.

9. Es ist an alle vier regierungen die bitte heranzutragen, dass jede der regierungen die anderen drei über den stand der amtlichen reformbestrebungen im eigenen staat unverzüglich und laufend informiere.

10. Die arbeitsgruppe warnt eindringlich vor einer ideologisierung oder verpolitisierung der rechtschreibreform und ersucht, alle entscheidungen über das wie der reform ausschliesslich nach sachlichen überlegungen zu treffen.

resolution des kongresses »vernünftiger schreiben«

beschlossen am 6. oktober 1973,
mit 156 : 3 stimmen bei 3 enthaltungen

1. Unsere rechtschreibung ist zu kompliziert und inkonsequent.

– Die immer noch vorherrschende überbewertung der rechtschreibleistung z. b. beim übergang auf eine andere schulform oder bei der entscheidung über die versetzung – schließt viele kinder, besonders kinder aus der unterschicht, von weiterführenden bildungsmöglichkeiten aus.

– Die schwierigkeiten der geltenden rechtschreibregelung erfordern einen aufwand an unterrichtszeit und arbeitskraft, der pädagogisch nicht zu rechtfertigen ist.

– Seit der einführung der gemäßigten kleinschreibung in Dänemark ist die großschreibung der substantive in europa auf den deutschen sprachraum beschränkt. Diese sonderstellung erschwert den ausländern das erlernen der deutschen rechtschreibung.

Die teilnehmer des »kongresses zur reform der rechtschreibung« fordern von den politisch verantwortlichen in regierung und parlament:

vernünftiger schreiben – jetzt!

2. Kernpunkte der reform sollen sein:

– Die jetzige großschreibung der hauptwörter soll durch die gemäßigte kleinschreibung ersetzt werden. Danach werden künftig nur noch großgeschrieben:
  der satzanfang
  die eigennamen
  die anredefürwörter (in der 3. person mehrzahl)
  und abkürzungen wie bisher.
– Das komma soll denk- und sprechschritte kennzeichnen.
– Das schriftbild soll bei der trennung von wörtern so wenig wie möglich verändert werden. Der sogenannte trennungsstrich ist als ein verbindungszeichen aufzufassen, das über den zeilenwechsel hinweg das wort als schriftliche einheit gegenwärtig hält. (Dieser abschnitt wird zur überarbeitung der »ständigen kommission vernünftiger schreiben« überwiesen.)
– ß soll durch ss ersetzt werden. Pronomen und konjunktion werden einheitlich »das« geschrieben.
– Bei den allgemein gebräuchlichen fremdwörtern griechischen ursprungs sollen ph, th, rh durch f, t, r ersetzt werden.
– Zusammen- und getrenntschreibungen sollen nicht normiert werden; sie sollen allein der besseren sinnerfassung dienen.

Weitergehende, auf ein konsequenteres phonologisches system zielende vereinfachungen sollen dadurch nicht abgeblockt, sondern verstärkt diskutiert und bis zur durchführungsreife ausgearbeitet werden.

3. Nachdem das abwarten einer einigung aller deutschsprachigen länder 15 jahre lang ergebnislos geblieben ist, erwarten die teilnehmer des kongresses von den politisch verantwortlichen klare entscheidungen, um mit anfang des schuljahres 1974/75 die rechtschreibreform in der schule beginnen zu können.

4. Die kultusminister der länder werden aufgefordert anzuordnen, daß rechtschreibleistungen weder im primar- noch im sekundarbereich der schule als kriterium der versetzung gewertet werden dürfen. Das schließt ein, daß diktate nur noch als übung, nicht mehr als klassen- und prüfungsarbeiten geschrieben werden. Eine rechtsverbindliche einführung der unter 2. aufgeführten rechtschreibreform ist zum schuljahresbeginn 1974/75 möglich.

5. Die teilnehmer des kongresses wenden sich mit ihren forderungen besonders auch an die GEW als organisation von lehrern, die die »geltende« rechtschreibung einerseits durch einübung und zensierung mitzuverantworten haben, die aber

andererseits reformen mit durchsetzen wollen und müssen, weil sie die unsinnigkeit der gegenwärtigen regelungen täglich erfahren.

6. Wenn die kultusminister die erforderlichen gesetzlichen regelungen auch weiterhin nicht beschließen, fordern die teilnehmer des kongresses, daß die GEW möglichst in zusammenarbeit mit den anderen lehrerverbänden durch androhung eines diktat- und zensurenboykotts die gesetzliche kodifizierung des vereinfachten systems mindestens für die schulen erzwingt. Die lehrer sollen unter berufung auf ihre grundgesetzliche verpflichtung (niemand soll wegen seiner sprache oder seiner herkunft benachteiligt oder bevorzugt werden) ankündigen, daß sie rechtschreibleistungen im bereich der unter 2. genannten regeln nicht mehr benoten werden.

7. Die veranstalter dieses kongresses werden aufgefordert, nach diskussion und willensbildung in den gremien folgende maßnahmen einzuleiten:

a) Es soll eine *»ständige kommission vernünftiger schreiben«* eingerichtet werden, die sich aus vertretern folgender organisationen zusammensetzen soll:

— Gewerkschaft Erziehung und Wissenschaft, PEN-Zentrum Bundesrepublik, Verband deutscher Schriftsteller (VS), bürgerinitiativen zur rechtschreibreform, DGB und einzelgewerkschaften.

b) Diese kommission soll folgende aufgaben wahrnehmen:

— Propagierung der kongreßresolution »vernünftiger schreiben« in der öffentlichkeit, um die ziele der rechtschreibreform zu verdeutlichen und um die angst vor ihrer durchsetzung abzubauen. U. a. sollen informationsveranstaltungen für lehrer und eltern durchgeführt werden.
— Koordination der aktivitäten der beteiligten organisationen, die angebahnten kontakte zu den anderen deutschsprachigen staaten sollen ausgebaut werden.
— Initiativen von schriftstellern und journalisten, zeitungs- und buchverlagen, die die reform im vorlauf verwirklichen wollen, sollen unterstützt werden.
— Die kommission soll die ausarbeitung von rechtschreibregeln gemäß den beschlossenen reformvorstellungen einleiten und die vorgetragenen weitergehenden vorschläge bis zu ihrer durchführungsreife weiterentwickeln.
— Die konsequente vertretung dieser positionen gegenüber den politischen entscheidungsträgern, besonders gegenüber der KMK, soll weitere aufgabe der kommission sein.

c) Die GEW wird aufgefordert, jenen lehrern, die aufgrund der umsetzung dieser reformmaßnahmen in ihrem unterricht in konflikt mit den schulbehörden geraten, rechtsschutz zu gewähren.

d) Die veranstalter dieses kongresses werden darüber hinaus aufgefordert, ihre schriften und zeitschriften in gemäßigter kleinschreibung zu drucken. Der kongreßbericht soll diese beschlüsse berücksichtigen.

Diese resolution orientiert sich an den entsprechenden empfehlungen

- der »berliner grundschultage«, mai 1973,
- der »fachschaft deutsch« an den pädagogischen hochschulen Nordrhein-Westfalens, juli 1972,
- der sektion I des »deutschen germanistentages«, Trier, februar 1972,
- und den »wiesbadener empfehlungen« des »arbeitskreises rechtschreibreform«, 1958.

Ernst Reuter

auszug aus der rede »hauptschule auf dem wege in die sekundarstufe I?«

mit einem beispiel für einen rechtschreibtest
der Industrie- und Handelskammer Mannheim

Der zufall will es, daß ich Ihnen hier ein musterbeispiel für ein künstliches und willkürliches aufstiegsverhinderungsinstrument vorstellen kann. Ein vertreter der Industrie- und Handelskammer Ludwigshafen sprach mich kürzlich während einer reise durch berufsbildungseinrichtungen der industrie und des handwerks sehr ungehalten auf den rechtschreibkongreß der GEW an und schickte mir anschließend zur weiteren aufklärung, warum eine rechtschreibreform vom übel sei, einen von ihm verfaßten aufsatz mit dem titel »der schulische leistungsstand unserer lehranfänger« sowie testmaterial der IHK für lehrlingsaufnahmeprüfungen zu.
In dem genannten aufsatz wird zunächst einmal — und das ist ein bemerkenswerter wechsel der taktik — der hauptschule und dem hauptschullehrer absolution erteilt. Lehrer- und raummangel sowie große klassenstärken, so heißt es, würden wahrscheinlich überschätzt. Die wahre ursache der fehlleistungen der hauptschüler sei wohl in wahrheit »die schwache begabung«. Nachgewiesen hat der IHK-vertreter diese schwache begabung des hauptschülers durch »objektive messung«. Als mittel für die objektive messung der begabungshöhe boten sich ihm »insbesondere die deutsche sprache und das rechnen« an. Über die rolle der sprache für die gedächtnisleistung erfahren wir: »Jeder mensch verfügt latent über einen vorrat an worten, aus dem bei gegebenem anlaß geschöpft wird und der die sprache ermöglicht. Die gedächtnisleistung, die diese verfügbarkeit bedingt, wird möglich durch die gliederung des wortschatzes in sachbereiche, innerhalb deren jedem wort eine bestimmte stelle in einem feld des gehirns, dem sprachfeld, zukommt. Nach neuesten forschungen ist die langfristige gedächtnisleistung chemisch gespeichert. Der wortvorrat eines menschen ist individuell sehr unterschiedlich ... Hierbei ist selbstverständlich, daß der ›gebildete‹ die sprache besser beherrscht als der ›mann auf der straße‹. In dem deutschen wort ›sprachgefühl‹ wird augenscheinlich, daß diese fähigkeit anlagebedingt ist; denn gefühle kann man nicht erlernen.« Und daraus wird der kühne schluß gezogen: »Bei der prüfung der rechtschreibung der muttersprache wird ein teil der vorhandenen theoretischen begabung (gedächtnisleistung) sichtbar.«

Diese art und weise, wie hier ein diplom-ingenieur und IHK-vertreter sich zum privatgelehrten hochstilisiert und ergebnisse wissenschaftlicher begabungsforschung durch abenteuerliche deduktionen zu ersetzen versucht, könnte man auf sich beruhen lassen, wenn wir nicht den skandalösen zustand zu verzeichnen hätten, daß eine derartige eigenbrötelei unmittelbare folgen für das bildungsschicksal wahrscheinlich tausender von hauptschulabsolventen hat. Diese folgen lassen sich aus dem erwähnten rechtschreibtest ablesen. Dieser test ist so aufgebaut, daß in jedem satz bestimmte wörter in 2 bis 5 verschiedenen schreibweisen nebeneinander erscheinen, wobei eine schreibweise richtig und in einem gesonderten lösungsbogen zu kennzeichnen ist. Das sieht dann folgendermaßen aus:

Industrie- und Handelskammer für die Pfalz in Ludwigshafen am Rhein

Rechtschreibtest

In dem folgenden Rechtschreibtest befindet sich unter den unterstrichenen und mit großen Buchstaben versehenen Wörtern jeweils eins, das richtig geschrieben ist. Die richtig geschriebenen Wörter sollen Sie ermitteln und in dem Lösungsblatt ankreuzen.

Sind Sie z. B. der Auffassung, daß bei Aufgabe 1 der Buchstabe B die richtige Lösung ist, so führen Sie die Kennzeichnung wie folgt aus:

Aufg. Nr.	
1	A B C D E
2	A B C D E
3	A B C D E

Die Markierung ist in dem vorgesehenen Feld sauber und kräftig auszuführen. Unsaubere Markierungen werden vom Leser nicht erkannt. Bitte die Aufgabenblätter nicht beschreiben!

A. Peinlich

A B C D E
Ein sehr (1) korekter-Korrekter-korrekter-korreckter-Korreckter Herr
F G
hat eines Tages seinen Regenschirm zum (1) reparieren-reperieren-
H I
Reperieren-Reparieren abgegeben. Als er, wie gewöhnlich, am nächsten
K L
(1) morgen-Morgen mit der Untergrundbahn zum Dienst fährt, greift er
M N
automatisch nach dem Schirm eines (1) mitreisenden-mitreißenden-Mit-
O P Q R
reisenden-Mitreißenden. Unter vielen (1) Entschuhldigungen-entschul-
S T
digungen-Endschuldigungen-Entschuldigungen muß er ihn dem (2) Prote-

A B C D E
stierenden-proteßtierenden-protestirenden-Protestierenten-protestie-
F G
renden-Proteßtierenden Eigentümer zurückgeben. (2) Vorsichthalber-
H I K
Vorsichtshalber-Vorsiechtshalber kauft er sich beim (2) abholen-ab-
L M
hohlen-Abholen seines eigenen Schirmes gleich einen zweiten zur
N O P Q R
(2) Reserve-reserve-Reßerve-Reserfe-Resärve. Beide in der Hand, fährt
S T U A
er nach (2) Geschäftsschluß-Geschäftsschlus-Geschäftschluß (3) Heim-
B C
haim-heim. Ihm gegenüber sitzt zufällig wieder derselbe Mann. Nach ei-
nem kritischen Blick auf die beiden Schirme bemerkt dieser ruhig: "Im-
D E
merhin, Sie haben heute noch ganz tüchtig (3) geschaft-Geschafft-ge-
F
schafft.

Beachten Sie bitte, daß bei jedem beispiel die groß- oder kleinschreibung, für die es bekanntlich allein 78 regeln gibt, zusätzlich zu anderen schwierigkeiten als lösungsaufgabe mit hereingenommen worden ist.
Jeder lehrer weiß, daß die früher so beliebten unterscheidungsübungen (x, chs, cks) heute als methodisch überholt betrachtet werden, weil sie nicht der speicherfähigkeit dienen, sondern zu interferenzen, zur vermischung von wortbildern im gedächtnis, zur verunsicherung führen. Jeder lehrer weiß von sich selbst, wie man auch als verhältnismäßig sicherer rechtschreiber nach korrektur von 30 diktaten durch ständiges lesen falscher wortbilder verunsichert sein kann. Der beschriebene rechtschreibtest, noch dazu angewandt in einer prüfungssituation, kann selbstverständlich nur dazu führen, daß die prüflinge durch das inferno von falschschreibungen regelrecht erschlagen werden und der für notwendig gehaltenen anzahl von hauptschulabsolventen ihr begabungsdefizit bescheinigt werden kann.
Wenn der verfasser erklärt, diese testmethode habe sich als erfolgreich erwiesen, so glaube ich das. Sie muß in der weise erfolgreich sein, daß sie nur einen bestimmten, für den betrieb besonders brauchbaren typ des jugendlichen durch das orthographische minenfeld heil hindurch gelangen läßt. Das ist sicherlich nicht jener typ, den die hauptschule als eingangsstufe des beruflichen bildungswesens nach den vorstellungen des »deutschen ausschusses« — vor allem durch einführung der arbeitslehre — einmal hervorbringen sollte: ein jugendlicher also, der »durch anschauung und geistig durchdrungene arbeit . . . ein vorverständnis der rationalisierten und technisierten arbeitsverfahren in der modernen arbeitswelt« erhält, und

Industrie- und Handelskammer für die Pfalz in Ludwigshafen am Rhein

IBM 101 622

Betrieb	Prüfungsnummer
	0 1 2 3 4 5 6 7 8 9
	0 1 2 3 4 5 6 7 8 9
	0 1 2 3 4 5 6 7 8 9
	0 1 2 3 4 5 6 7 8 9
	0 1 2 3 4 5 6 7 8 9
Prüfling	
-LÖSUNG-	Rechtschreibtest

Aufg. Nr.						Aufg. Nr.						Aufg. Nr.						Aufg. Nr.					
1	A	B	**C**	D	E	1	F	G	H	**I**	K	1	**L**	M	N	**O**	P	1	Q	R	S	**T**	U
2	A	B	C	D	**E**	2	F	G	**H**	I	K	2	L	**M**	**N**	O	P	2	Q	R	**S**	T	U
3	A	B	**C**	D	E	3	**F**	G	H	I	K	3	**L**	M	N	O	**P**	3	**Q**	R	S	T	U
4	**A**	B	C	D	E	4	F	G	**H**	I	K	4	**L**	M	N	**O**	P	4	**Q**	R	S	T	U
5	A	**B**	C	D	E	5	**F**	G	H	I	**K**	5	L	**M**	N	O	P	5	**Q**	R	S	T	U
6	A	B	C	**D**	E	6	**F**	G	H	I	**K**	6	L	M	N	**O**	P	6	Q	R	**S**	T	U
7	A	B	**C**	D	E	7	**F**	G	H	**I**	K	7	L	M	N	**O**	P	7	Q	R	**S**	T	U
8	A	**B**	C	D	E	8	**F**	G	H	**I**	K	8	L	M	N	**O**	P	8	Q	R	S	**T**	U
9	A	B	C	**D**	E	9	F	**G**	H	I	**K**	9	**L**	M	N	O	P	9	**Q**	R	S	T	**U**
10	A	B	**C**	**D**	E	10	F	G	H	I	**K**	10	L	M	**N**	O	P	10	Q	**R**	S	T	U
11	A	B	**C**	D	E	11	**F**	**G**	H	I	**K**	11	L	M	**N**	O	P	11	**Q**	R	S	T	U
12	**A**	B	C	D	E	12	F	G	**H**	I	K	12	L	**M**	N	O	P	12	**Q**	R	**S**	T	U
13	A	B	**C**	**D**	E	13	F	G	H	**I**	K	13	**L**	M	N	O	P	13	**Q**	R	S	T	U

16	A	B	C	D	E	16	F	G	H	I	K	16	L	M	N	O	P	16	Q	R	S	T	U
17	A	B	C	D	E	17	F	G	H	I	K	17	L	M	N	O	P	17	Q	R	S	T	U
18	A	B	C	D	E	18	F	G	H	I	K	18	L	M	N	O	P	18	Q	R	S	T	U
19	A	B	C	D	E	19	F	G	H	I	K	19	L	M	N	O	P	19	Q	R	S	T	U
20	A	B	C	D	E	20	F	G	H	I	K	20	L	M	N	O	P	20	Q	R	S	T	U
21	A	B	C	D	E	21	F	G	H	I	K	21	L	M	N	O	P	21	Q	R	S	T	U
22	A	B	C	D	E	22	F	G	H	I	K	22	L	M	N	O	P	22	Q	R	S	T	U
23	A	B	C	D	E	23	F	G	H	I	K	23	L	M	N	O	P	23	Q	R	S	T	U
24	A	B	C	D	E	24	F	G	H	I	K	24	L	M	N	O	P	24	Q	R	S	T	U
25	A	B	C	D	E	25	F	G	H	I	K	25	L	M	N	O	P	25	Q	R	S	T	U
26	A	B	C	D	E	26	F	G	H	I	K	26	L	M	N	O	P	26	Q	R	S	T	U
27	A	B	C	D	E	27	F	G	H	I	K	27	L	M	N	O	P	27	Q	R	S	T	U
28	A	B	C	D	E	28	F	G	H	I	K	28	L	M	N	O	P	28	Q	R	S	T	U
29	A	B	C	D	E	29	F	G	H	I	K	29	L	M	N	O	P	29	Q	R	S	T	U
30	A	B	C	D	E	30	F	G	H	I	K	30	L	M	N	O	P	30	Q	R	S	T	U
31	A	B	C	D	E	31	F	G	H	I	K	31	L	M	N	O	P	31	Q	R	S	T	U
32	A	B	C	D	E	32	F	G	H	I	K	32	L	M	N	O	P	32	Q	R	S	T	U
33	A	B	C	D	E	33	F	G	H	I	K	33	L	M	N	O	P	33	Q	R	S	T	U
34	A	B	C	D	E	34	F	G	H	I	K	34	L	M	N	O	P	34	Q	R	S	T	U
35	A	B	C	D	E	35	F	G	H	I	K	35	L	M	N	O	P	35	Q	R	S	T	U
36	A	B	C	D	E	36	F	G	H	I	K	36	L	M	N	O	P	36	Q	R	S	T	U
37	A	B	C	D	E	37	F	G	H	I	K	37	L	M	N	O	P	37	Q	R	S	T	U
38	A	B	C	D	E	38	F	G	H	I	K	38	L	M	N	O	P	38	Q	R	S	T	U
39	A	B	C	D	E	39	F	G	H	I	K	39	L	M	N	O	P	39	Q	R	S	T	U
40	A	B	C	D	E	40	F	G	H	I	K	40	L	M	N	O	P	40	Q	R	S	T	U

zwar durch vermittlung von »elementen«, die »im prinzip für alle berufsarbeit gelten«. Nur auf der grundlage einer solchen neuen, durch einsichten in technische und ökonomische zusammenhänge bereicherten allgemeinbildung, so meinte man damals, sei der schnelle wandel in produktion und gesellschaft für den einzelnen menschen künftig noch zu bewältigen.

Den unternehmern ist eine solche allgemeine höherqualifizierung indessen von anfang an suspekt gewesen. Sie sagen ihre meinung dazu heute ganz offen. »Was wollen Sie eigentlich«, so muß man sich fragen lassen, »unsere produktion funktioniert doch vorzüglich, und sie wird auch weiterhin vorzüglich funktionieren. Wo es veränderungen in den technologien und produktionsverfahren gibt, haben es die betriebe immer noch verstanden, den neuen aufgaben durch umsetzung von arbeitskräften und schnelle einweisung in neue aufgaben gerecht zu werden.« Höher geschätzt wird daher alles, was der disziplinierung dient und der bereitschaft, sich fremdbestimmten normen kritiklos zu unterwerfen. Dafür gibt es kein geeigneteres mittel als die rechtschreibung.

literaturhinweise

zur einführung:

Beinlich, Alexander (hg.): handbuch des deutschunterrichts, Emsdetten 1963, bd. 1, s. 451 f.
Boueke, Dietrich u. a. (hg.): bibliographie deutschunterricht, Paderborn 1973, s. 120 f. (UTB 230)

zu den texten dieses buches:

aktion kleinschreibung: materialsammlung zur rechtschreibreform, hg. von W. W. Hiestand, als manuskript veröffentlicht, Tuttlingen 1973.
Balhorn, H./Harries, B.: zum leidigen thema rechtschreibung, versuch der ableitung von lernzielen — darstellung einer lernzielorientierten methode, in: »westermanns pädagogische beiträge« 12 (1972), s. 647—662.
Bauer, Gerhard: kampf der rechtschreibzensur, dem pflichtdiktat, der normativen geltung der irrationalen duden-regeln — für eine vereinfachte rechtschreibung jetzt und nicht erst in 20 jahren, vortrag für den »trierer germanistentag« 1973 (hektogr. manuskript).
Bauer, Gerhard/Bauer, Sibylle: religion der kleinschreibung, in: »linguistische berichte‹, heft 18 (1972), s. 64—69.
»der deutschunterricht«, 7. jahrgang, heft 3 (1955).
fachschaft deutsch an den pädagogischen hochschulen des landes Nordrhein-Westfalen, kleinschreibung in der grundschule, in: »linguistik und didaktik«, 3. jahrgang, heft 12 (1972), s. 266 f.
Gönner, K.: schulbuchänderungen — objektiv gesehen, in: »blickpunkt schulbuch«, heft 12 (1971), s. 19—21.
Grebe, Paul: geschichte und leistung des dudens, Mannheim 1968, s. 9—22.
Habe, Hans: in: »Welt am Sonntag« 1973/31.
Haberl, Herbert: die lesbarkeit der kleinschreibung, in: »die tribüne«, Wien 1970/43.
Höhn, E.: der schlechte schüler, München 1967.
INFAS-untersuchung zur rechtschreibung, frühjahr 1973.
Institut für Demoskopie Allensbach, 12. 10. 1973, zitiert nach: »Frankfurter Allgemeine Zeitung« 16. 10. 1973.
Jäger, Siegfried: sprachnorm und schülersprache, in: H. Moser u. a.: sprache und gesellschaft, Düsseldorf 1971, s. 166—233 (dialekt- und schichtenbezogene fehleranalyse an rd. 1000 texten).
Kemmler, Lilly: erfolg und versagen in der grundschule, Göttingen 1967.
Korn, Karl: in: FAZ 2. 12. 1963, zitiert nach: aktion kleinschreibung a.a.o., s. 25.
Korn, Karl: klarstellung — zur neuen initiative der orthographiereformer, in: »Frankfurter Allgemeine Zeitung« 7. 3. 1973.

Kosog, O.: unsere rechtschreibung und die notwendigkeit ihrer gründlichen reform, Leipzig 1912.
»linguistik und didaktik«, 3. jg., heft 12 (1972), s. 266 f.
»linguistische berichte«, heft 25 (1973), s. 107.
Mentrup, W.: die regeln der deutschen rechtschreibung, Mannheim 1968.
Mentrup, W.: wann schreibt man groß, wann schreibt man klein?, Mannheim 1969 (mit historischem überblick).
mitteilungen der österreichischen kommission für die orthographiereform, I, redigiert von Richard Meister, Wien 1961 (österreichische akademie der wissenschaften).
Moser, Hugo: groß- oder kleinschreibung? ein hauptproblem der rechtschreibreform, in »duden-beiträge«, heft 1, Mannheim 1958, s. 9—12.
von der Recke, E.: store og små bogstaver, et. indlœg i retskrivningsspørgsmålet, Kopenhagen 1888.
SCOPE-befragung, Luzern 1973.
»der sprachpfleger«, sonderheft 3, 1973.
Rigol, R.: schichtzugehörigkeit und rechtschreibung, versuch einer soziologischen fehleranalyse, in: »diskussion deutsch«, 1 jahrgang, heft 2 (1970), s. 154—168.
stellungnahme der schweizerischen orthographiekonferenz zu den »empfehlungen des arbeitskreises für rechtschreibregelung« (wiesbadener empfehlungen), hg. von der konferenz der kantonalen erziehungsdirektoren in verbindung mit dem eidgenössischen department des innern, august 1963.
Tausch, A. M./Fittkau, B.: aufnahmeprüfung zum gymnasium, in: »schule und psychologie« 15, 1968, heft 3, s. 65 ff.
Weisgerber, Bernhard: elemente eines emanzipatorischen sprachunterrichts, Heidelberg 1972, s. 121—133.
Weisgerber, Leo: die verantwortung für die schrift. Sechzig jahre bemühungen um eine rechtschreibreform, in: »duden-beiträge«, heft 18, Mannheim 1964.
Zbinden, prof. dr. Hans (universität Bern): zitiert nach: aktion kleinschreibung a.a.o., s. 25.
Zeiher, H.: untersuchung des Max-Planck-Instituts für bildungsforschung, 1972 abgeschlossen.

adressen der reformvereine

BRD: aktion kleinschreibung e. V. — bürgerinitiative für sprachpflege und rechtschreibvereinfachung e. v., D. 72 Tuttlingen/Donau, Wilhelmstr. 39/1

Schweiz: BVR (bund für vereinfachte rechtschreibung) CH 8006 Zürich, Pflugstr. 18

Österreich: österr. gesellschaft für sprachpflege und rechtschreiberneuerung, A 1080 Wien, Zeltgasse 7

pressespiegel rund um den kongress »vernünftiger schreiben«

Digeser, Andreas: große und kleine buchstaben: gut mit großen gefahren, in: »Frankfurter Allgemeine Zeitung« 2. 6. 1963.

Grebe, Paul: plädoyer für die kleinschreibung, in: »Deutsche Zeitung« 18. 5. 1973.

D. H.: die diktatur der schwachen, in: »Frankfurter Neue Presse« 8. 10. 1973.

Hochgesang, Michael: groß- oder kleinschreibung?, in: »Tagesspiegel« 30. 9. 1973.

Joppe, Georg: die unsichtbare bücherverbrennung, in: »Frankfurter Allgemeine Zeitung« 30. 11. 1973.

Klett, Ernst: emotion oder wissenschaft, die deutsche verlegerschaft zur »gemäßigten kleinschreibung«, in: »Frankfurter Allgemeine Zeitung« 7. 6. 1973.

Korn, Karl: die rechtschreibreform wird zum politikum, in: »Frankfurter Allgemeine Zeitung« 8. 10. 1973.

Landmann, Michael: es gibt keine bessere lesehilfe, in: »Die Welt« 27. 10. 1973.

Leonhardt, Rudolf Walter: kleinschreibung, in: »Die Zeit« 9. 2. 1973.

Leonhardt, Rudolf Walter: ». . . helft den notleidenden vögeln«, in: »Die Zeit« 12. 10. 1973.

Löwenstern, Enno von: rechtschreibreform nach diktat?, in: »Die Welt« 14. 10. 1973.

Matthiesen, Hayo: gemeinsame deutschstunde? die reform der rechtschreibung, die DDR und die germanistik, in: »Die Zeit« 23. 2. 1973.

Mörschbach, Fritz: orthographie als weltanschauung, in »Welt der Arbeit« 12. 10. 1973.

Rietz, Gerhard: an der kleinschreibung scheiden sich die geister, »Tagesspiegel« 7. 10. 1973.

Rosenbaum, Ulrich: die kleinschreibung kommt, in: »Vorwärts« 11. 10. 1973.

Schütte, Wolfram: widerstand gegen die enteignung der großbuchstaben, ein kongreß möchte die rechtschreibung voranbringen, in: »Frankfurter Rundschau« 18. 10. 1973.

Skasa-Weiss, Ruprecht: großes engagement für kleine buchstaben, in: »Stuttgarter Zeitung« 8. 10. 1973.

Spiegel: verfolgter floh, in: »Spiegel« 73/41 8. 10. 1973.

Warwel, Kurt: arbeitskreis grundschule e. v. fordert: beginn einer rechtschreibreform durch kleinschreibung in der grundschule, in: »die grundschule« 70/2, s. 7—14.

Weisgerber, Bernhard: klarstellung zur »klarstellung«, in: »Frankfurter Allgemeine Zeitung« 16. 3. 1973.

Wüster, Eugen: getrennt klein, zusammen groß, in: »Die Welt« 27. 10. 1973.

Zehm, Günter: hochsprache — klein geschrieben?, in: »Die Welt« 26. 5. 1973.

die autoren

prof. dr. Gerhard Bauer — Freie Universität Berlin, sprachwissenschaftler.

Gerhart R. Baum — parlamentarischer staatssekretär im Bundesministerium des Innern.

Heinrich Böll — schriftsteller, präsident des internationalen PEN.

dr. Ingeborg Drewitz — schriftstellerin, vizepräsidentin des PEN-Zentrums der Bundesrepublik Deutschland, stellvertretende bundesvorsitzende des Verbandes deutscher Schriftsteller (VS).

dr. Günther Drosdowski — leiter der duden-redaktion.

prof. dr. Bernhard Engelen — PH Münster, professor für deutsche sprache und sprachdidaktik.

prof. dr. Ludwig von Friedeburg — hessischer kultusminister.

Erich Frister — vorsitzender der Gewerkschaft Erziehung und Wissenschaft (GEW).

prof. dr. Wilhelm Gössmann — PH Neuss

W. W. Hiestand — geschäftsführender vorsitzer der bürgerinitiative »aktion kleinschreibung«.

prof. dr. Siegfried Jäger — gesamthochschule Duisburg, sprachwissenschaftler.

Gerd Köhler — referent für allgemeine bildungspolitik beim hauptvorstand der Gewerkschaft Erziehung und Wissenschaft (GEW).

Harald Kracht — lehrer, vorsitzender des Deutschen Lehrervereins für Nordschleswig.

Dieter Lattmann — bundesvorsitzender des Verbandes deutscher Schriftsteller (VS), mitglied des Deutschen Bundestages.

dr. Hanna-Renate Laurien — staatssekretärin im kultusministerium Rheinland-Pfalz.

dr. Rudolf Walter Leonhardt — journalist.

Gerhard Moos — staatssekretär im hessischen kultusministerium.

Ernst Pacolt — bundesvorsitzender der »österreichischen gesellschaft für sprachpflege und rechtschreiberneuerung«.

Ernst Reuter — generalsekretär der Gewerkschaft Erziehung und Wissenschaft (GEW).

René Schild — vorsitzender des »bundes für vereinfachte rechtschreibung« (Schweiz).

prof. dr. Wolf Thümmel — universität Göttingen, sprachwissenschaftler.

prof. dr. Bernhard Weisgerber — gesamthochschule Wuppertal, sprachwissenschaftler.

Gerhard Zwerenz — schriftsteller.